西安楼观中国道文化展示区
"大道楼观"系列丛书

寻迹

重阳宫

CULTURE OF CHINA TAOISM

赵国庆 著

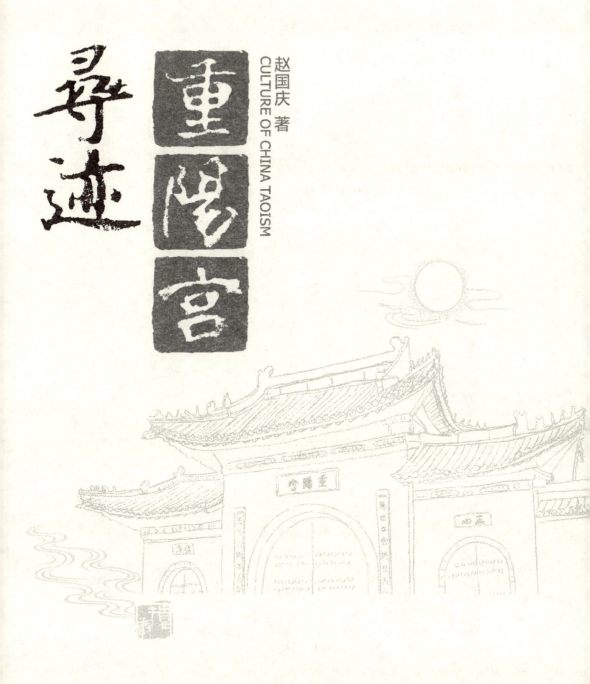

陕西师范大学出版总社有限公司
西安曲江出版传媒股份有限公司

图书代号：SK11N1109

图书在版编目（CIP）数据

寻迹重阳宫 ／ 赵国庆著．—— 西安 ： 陕西师范大学出版总社有限公司，2011.12

（大道楼观系列丛书）

ISBN 978-7-5613-5845-0

Ⅰ．①寻… Ⅱ．①王… ②赵… Ⅲ．道教－寺庙－历史－户县 Ⅳ．①B957.241.4

中国版本图书馆CIP数据核字(2011)第221662号

寻迹重阳宫

作　　者	赵国庆
责任编辑	焦欣波
文字统筹	张爱林　王玉民
封面设计	黑子设计
出　　版	陕西师范大学出版总社有限公司
	（西安市长安南路199号　邮编 710062）
发　　行	西安曲江出版传媒股份有限公司
	（西安市雁塔南路300-9号曲江文化大厦C座 邮编 710061）
网　　址	http://www.snupg.com　http://www.xaqjpm.com
印　　刷	陕西金和印务有限公司
开　　本	710mm×1020mm　1/16
印　　张	17
字　　数	210千
版　　次	2011 年 12 月 第 1 版
印　　次	2011 年 12 月 第 1 次印刷
书　　号	ISBN 978-7-5613-5845-0
定　　价	39.00

读者购书、书店添货或发现印刷装订问题，请与本公司营销部联系、调换。

电　话：(029) 85458066　85458068 (传真)

序

序一

终南山自古为神仙福地，仅据有可靠传承的历史，就可上溯至尹喜结楼观星望气、老子入关授经传道，自兹往后，修道体道之人比肩接踵。从魏晋至隋唐，楼观道叱咤风云，引领朝野风气数百年。老子楼观说经一千七百年后，距离说经台三二十里开外之甘涝二河之间，又有一道教巨观崛起，此即今户县重阳宫。

顾名思义，重阳宫因王重阳修道此地而得名。然而，王重阳不仅仅限于个人修行。想当年，王重阳抛弃功名利禄，甘愿与山野村夫、市井乞丐为伍，虽遭亲友目为"害风"而矢志不渝。王重阳所追求的，是华夏文化体系的重构，是道教组织结构的革新。所谓"全真"，即是后世所言，保全真性、精气神三全；个人内修之真功与传道济世的真行双全。说到底，还是依老子《道德经》为根本，吸收儒、释两家精义，建立起一套自我完善的心灵生态体系，帮助战乱中的苦难民众，创建自己的精神家园。

王重阳创立全真道的历程，颇具传奇色彩。重阳宫的营建沿革，亦充满辛酸与曲折。虽有元代中期的鼎盛，也不乏明末以后的沉寂。自王重阳结茅又烧庵，到马丹阳创建祖庵、于善庆等大师大振玄风，众多高道和功德主倾注心血，造就了千秋祖庭。今日之重阳宫，虽殿堂规模远不如昔，然全真风范尚存，学术影响日增，诚为海内外道教界观礼朝圣之一方净土。

西安曲江新区管理委员会，一向致力于祖国传统文化的发扬光大，在建设楼观道文化展示区的巨大工程时，不忘道教文化学术的整理与传播，不忘向大众普及道文化知识，重阳宫也就顺理成章地进入了他们的视野，《寻迹重阳宫》的编写出版因此得以顺利进行。

《寻迹重阳宫》的最大特点，就是注重阅读的趣味性，同时兼顾学术的严肃性。作者以文学性的叙述和描写方法为行文风格，试图通俗易懂地讲述重阳宫历史及文化内涵，使读者在轻松愉悦中不知不觉地走近重阳宫，并感受重阳宫浓重而神圣的宗教文化氛围以及奇特的文学艺术魅力。而作者所有的文学性叙述，都建立在可靠的历史资料的梳理上。这些资料既有来自史志传记的忠实记录、学术专著的独到评判，也有来自对原始文献的深入探析。比如《重阳全真集》，就是研究王重阳的第一手资料。因为出自本人，就最真实可靠地记录着王重阳的思想和经历，只要我们认真研读，就一定能从中找到新的可靠资料，得出符合历史实际的结论。这是正统史料有时难以做到的。当然，所有史传材料尽管非当事人当时所写，但它的系统性和理智性却也不容忽视。即以王重阳的故事为例，作者十分注重对《重阳全真集》的研读，本书所有关于王重阳生平经历的叙述都是以他本人诗词作品的分析为基础，从而归纳提炼出王重阳的许多鲜为人知的结论。例如，四十八岁前王重阳诗词资料缺失的主要原因在于集子中可能包含相当数量的与金政权"时代声音"不协调的方面，《重阳全真集》中《望蓬莱·边境静》一词留下的对"抗金"旧事的回忆，等等。这样得出的某些结论可能与史料所述不合，甚至相互抵牾，但是我认为，这种分析和叙述可能更加接近历史真实。

樊光春

2011年12月17日

陕西省社会科学院宗教研究所

序二

重阳宫是中国道教全真派的祖庭,因历史变迁,自1982年以来,一直由西安市户县文化局成立的"重阳宫文物管理所"负责管理。1993年,贫道陪时任中国道教协会会长傅园天、副会长闵智亭及香港青松观侯宝垣大师到重阳宫拜祖,傅园天会长就向前来陪同他们的户县县委副书记孙芒德提出了落实重阳宫宗教政策的要求。直到1995年,全国政协常委、中国道教协会傅园天会长向全国政协提出议案,经时任全国政协主席李瑞环批示,又几经周折,重阳宫才回归道教界管理。

1996年冬,受时任中国道教协会副会长、西安市道教协会会长闵智亭委派,贫道来到重阳宫主持修复工作。2005年11月,应户县祖庵镇群众要求,经户县人民政府副县长徐化民等人士到周至县楼观台与中国道教协会会长、陕西省道教协会会长任法融商定,贫道再次回到重阳宫。

2010年冬,西安市市长陈宝根、副市长段先念一同来重阳宫视察,看到国家重点文物"重阳宫道教碑林"后,感到很震撼,贫道藉此机缘向副市长段先念汇报了将重阳宫纳入楼观道文化展示区的想法,段副市长很赞同,并表示先将重阳宫纳入楼观道文化展示区规划的《问道楼观》电视宣传片及"大道楼观系列丛书"之中,令贫道非常感动。不久,楼观道文化展示区派人来重阳宫作了详细考察。今春,西安曲江楼观道文化展示区管理办公室策划推广部副部长吉炜涛等人来重阳宫,就《问道楼观》电视剧本及"大道楼观系列丛书"方案征求贫道意见,建议尽快安排人员编写《寻迹重阳宫》。贫道特邀陕西省社会科学院王西平研究员负责此事,王老举荐社科院宗教研究所青年研究人员赵国庆编写此书。赵先生很快按要求提交了写作提纲，并在亲自考察走访重阳宫及相关遗迹的基础上，完成了书稿。赵先生请贫道审阅并作序，以贫道之才恐难如愿。大约贫道与祖庭甚有因缘吧，兼之作为重阳宫的住持，弘道、证道正是贫道毕生的追求，则作序之责难以推辞，故强为之。

《寻迹重阳宫》以大量翔实的历史资料为依据，运用朴实通俗的文学语言，全面介绍了重阳宫的历史文化，包含作者许多真知灼见。本书再现了一个真实的全真道祖庭，必将引导读者走出以往文学作品导致的对"全真教"的认识误区，必将对弘扬中华优秀的道学文化、净化社会风气、促进社会文明进步大有裨益，可谓功德无量！

最后，感谢段先念副市长及西安曲江楼观道文化展示区管理办公室的大德高士，祝大家吉祥！

终南樵夫：法永

二〇一一年孟冬于祖庭静室

目录
contents

引 言　　重阳宫到底在哪里

　　　　——从金庸小说对王重阳的描写说起

壹　　　英雄愤而出家　　1

第一节　修文习武　　4

第二节　"聚众抗金"　　9

第三节　甘河遇仙　　13

第四节　降心活死人墓　　16

贰　　　新的崛起　　23

第一节　结庵与烧庵　　26

第二节　宁海演法收徒　　30

第三节　化三州立五会　　36

第四节　西归途中　　42

第五节　祖师神迹种种　　46

叁　　　祖庵·灵虚观·重阳宫　　53

第一节　丹阳弘道　　56

第二节　七子择地修真　59

第三节　金时三劫　68

第四节　敕赐大重阳万寿宫　74

肆　丘祖西游畅玄风　81

第一节　王气暗收的金宋　84

第二节　雪山上一言止杀　87

第三节　白云殿会葬祖师　97

第四节　栖云子凿渠引涝水　100

第五节　八通圣旨碑的隆遇　103

第六节　外盛内衰的背后　112

伍　沉寂之后的中兴　119

第一节　大明冷落：三丰派雄踞武当　122

第二节　入清逢时：龙门派代有传人　132

第三节　重阳宫的仙真高道　142

陆　穿越时空的石刻博物馆　153

第一节　碑文中的历史岁月　157

第二节　绝响的文字宝库　162

第三节　石头连接的书画长廊　164

第四节　刻在石碑上的秘密　169

第五节　石上诗墨香　170

柒	凌烟宫殿诗人眼	175
第一节	重阳诗词	179
第二节	七真诗词	185
第三节	历代吟咏	206

捌	画栋层轩压翠微	219
第一节	祖庭今貌	222
第二节	道教活动纪略	226
第三节	遗迹发现述要	231

附录　235

重阳宫大事记　235

重阳遇仙所得五篇灵文　240

重阳立教十五论　241

元太祖成吉思皇帝召丘神仙手诏　245

丘处机《陈情表》及成吉思汗回旨　246

参考文献　249

后记　251

引言

重阳宫到底在哪里

——从金庸小说对于王重阳的描写说起

"过几天我送你去终南山重阳宫，求全真教长春子丘真人收你入门。全真派武功是武学正宗，你好好在重阳宫中用功……"

金庸武侠小说《神雕侠侣》开篇第三回《求师终南》里郭靖这样讲。此时，他已决意要送杨过去重阳宫学习武功，修心养性，希望杨过日后做个正人君子。这立即撩拨起了千百万计的金庸迷们寻访重阳宫的热望与渴求：重阳宫究竟在哪里？在绵延千里、闻名遐迩的终南山上吗，到了重阳宫就能学到天下武学的盖世奇功吗？

一枝生花妙笔把读者带进了艺术世界的重阳宫。

当年，杨过还是个脾气执拗的毛孩，不经意间就惹出祸来。他十二岁时用蛤蟆功打伤了师弟武修文（按第五回“活死人墓”中言，杨过跟随小龙女学习两年后已十六岁，此前又跟着赵志敬学习一年多，所以杨过被送上终南山时约十二三岁的样子），又辱骂了师爷柯镇恶，郭靖不敢再留他在桃花岛上，当晚就准备送他去重阳宫。一则为了正他心性，二来也可让他学到天下武林的正宗功夫。二人收拾行囊，不日便渡过黄河，来到陕西地界。等到了樊川，已是终南山的所在，沿途冈峦回绕，苍松翠柏，水田蔬圃绵延其间，宛然有江南景致。约行半日的工夫，就到了重阳宫山脚下的普光寺。郭靖无心留恋光景，带领杨过一路上山，又行一个多时辰，“已至金莲阁，再上去道路险峻，蹑乱石，冒悬崖，屈曲而上，过日月岩时天渐昏暗，到得抱子岩时新月已从天边出现。”

小说中，重阳宫坐落于高峻的终南山上，沿途经过金莲阁、日月崖和抱子岩，足见通往重阳宫之山路的遥远。郭靖、杨过两人走到天黑，还未曾看见重阳宫的影子。山道越来越崎岖，有时峭壁之间必须侧身而过。

终于来到了重阳宫前的山坡上。

“抬头四望，只见西边山侧有二三十幢房舍，有几座构筑宏伟，料想重阳宫必在其间。当下向东疾趋……”

“郭靖暗暗心惊，见十余幢道观屋宇疏疏落落的散处山间……”

这就是《神雕侠侣》中的重阳宫！令人心驰神往的重阳宫！

无疑，金庸笔下的重阳宫是文学殿堂里的圣宫，它被作者安置在巍峨俊秀、松柏长青的终南山山腰。形制规模虽不算太大，但是墙高院深，道徒甚众，个个身手不凡。透过小说的描述，我们依稀感受到重阳宫不但是神圣庄严的道观，而且也是天下武学正宗的发祥地。隐居在那里的王重阳祖师是当之无愧的武学奇才，全真七子中的丘、马也足以和当时一流的武林高手抗衡。而全真派的御敌法宝——天罡北斗阵和北斗大阵，威力无比，天下无敌。这是多么神奇而又令人向往的地方啊！在这里，各路武林豪杰聚散，恩怨集结，正邪纷斗，其间矛盾产生、激化到终而化解，演绎了一场场、一幕幕荡气回肠的武林传奇故事。从林朝英对王重阳的爱恨情仇到尹志平对小龙女的单思肉欲，从全真七子的天罡北斗阵到由九十八名道士组成的大北斗阵，从全真派到古墓派，金庸小说两《雕》中的重阳宫就像影视作品中的少林寺一样，具有浓烈的武林传奇色彩。

而小说中王重阳不但同样充满了浓烈的传奇色彩，而且还带有一种神秘感。因为他从来没有正面出场，作者只借周伯通之口和丘处机之口①通过回忆的方式进行侧面烘托和渲染。这就使得这一人物形象更加神秘化、传奇化。《射雕英雄传》中周伯通在桃花岛给郭靖讲述当年王重阳武功天下第一，在华山论剑中技压群雄，夺取了武林奇书《九阴真经》。说他死后，《九阴真经》便成为各路高手争夺的目标。丘处机则在终南山上给郭靖讲述了重阳先师青壮年时期的故事，郭靖由此进一步认识了王重阳，对他产生了由衷的敬佩。大体而言，在金庸先生的笔下，王重阳是个矢志不渝的抗金保宋的武林大侠。正所谓侠之大者，为国为民。他智高义绝，热心世事，毕其一生为抗金事业而奋斗。而他在

①周伯通讲述王重阳的故事见《射雕英雄传》十六回《九阴真经》、十七回《双手互搏》。丘处机讲述王重阳故事见《神雕侠侣》第四回《全真门下》。另，《神雕侠侣》第七回《重阳遗刻》中作者以第三者旁观的态度叙述了王重阳的一些故事。

爱情方面显然浑不解情，辜负了情浓意重的林朝英。他修筑的活死人墓，是他抗金起事之根本；他创建的重阳宫，则是他闭门研习并修炼武林绝学的所在。这就是小说里的王重阳和重阳宫。

金庸先生借助重阳宫及全真教的相关史实构筑了武侠小说故事人物活动的历史文化大背景，使小说因此获得巨大的艺术真实感和历史厚重感。他所描绘的一个个全真派人物及重阳宫的故事，可谓五花八门，不断地翻奇出新，什么天罡北斗阵、重阳宫大火、古墓美少女、独臂神雕侠、绝情谷、情花毒，等等。金庸先生描绘的武侠世界就是这样奇幻无比，引人入胜。

在领略了金庸武侠小说的魅力之后，我们再来看看现实中的重阳宫故事。

历史上真实的重阳宫并不在峻极于天的终南山上，相反却在终南山下附近的平原地带——陕西户县祖庵镇。在中国历史上，重阳宫是全真教徒清修之地，直到今天仍然如此。道观屋宇在元代时规模极大，宫域东至涝峪河，西至甘峪河，南抵终南山，北临渭水，殿堂5 000余间，住道士近万名，宫殿盛极一时，成为天下道教丛林之冠。如今占地也有60余亩，近些年来殿堂修葺一新，环境优雅宜人。而历史上的王重阳本人，作为道教全真派的开创人，并非武功天下第一，但可以说是弘道、布教第一。他也是一个为国为民的侠之大者。青少年时修文习武，决意仕进，但"天遣文武之进，两无成焉。于是慨然入道"①。中年以后则东迈山东，致力于创立全真道，布道传

----

① 见金源璹《终南山神仙重阳真人全真教祖碑》。

道，终其一生。王重阳及其七大弟子，还有其他重要徒孙，在历史上都是著名的高道大德，都为社会历史文化做出了有益的贡献。

综上所言，文学世界里的重阳宫与历史上现实的重阳宫相去甚远。这是两个很不同的重阳宫，也是两类行为与性格迥异的全真派人物。

奇幻而神秘的重阳宫经过金庸小说的渲染，早已成为人们耳熟能详、津津乐道的"美味佳肴"。然而现实中的重阳宫同样也是闻名遐迩、魅力四射的。或许我们同时需要两个大不一样的重阳宫，来个两相比照，各取所需，应该也是一种不错的选择吧。

就让我们一起走近现实生活中的重阳宫，看一看历史上和今天的重阳宫及其人物故事吧！

壹

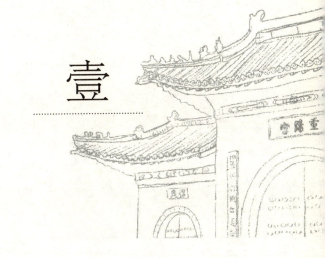

英雄愤而出家

王重阳生逢乱世，壮志难酬，走了一条弃文学武，先儒后道的无奈之路，正所谓"天遣文武之进，两无成焉。于是慨然入道"①。

王重阳地宫走廊壁画

①金源璹：《终南山神仙重阳真人全真教祖碑》。

3

第一节
修文习武

北宋末年，一场民族大灾难悄悄地降临了。

渭河两岸，一片沉寂。

故事从徽宗政和二年，也就是公元1112年开始。腊月二十二日，京兆府咸阳县大魏村忽然降生了一位异人。传说，他母亲怀孕整整二十四个月又十八天后，终于生一个男孩：目大于口，声如洪钟，骨相魁伟，眉宇间还透露着一股英豪之气。

因为是四十岁上又得贵子的缘故吧[①]，王员外抱着小儿子欢喜至极，视如掌上明珠，爱不释手。夫人催他趁早起个名儿，员外心下寻思道：此子气度非常，将来若能光我门庭，实现王家人几世的夙愿，岂不为一桩美事？于是思前虑后，为之定名中孚，字允卿。中孚的意思，是说心中有诚信，恩泽普施于天下。这是王员外平时读《易经》时最喜欢的卦象卦辞。周围十里八村的，员外素有善人的称谓；他觉得这个名儿颇有儒雅文士风范，与自己心意甚是契合。

这王中孚，即后来鼎鼎大名的全真教开教祖师王重阳。

王中孚祖上，原本家道殷实，财雄乡里。喜欢以米谷接济乡邻，有半数以上的乡亲在困难时都得到过王家的救助。后来金人入主关中，家族为避乱而迁居终南边境，"当刘蒋，水竹烟霞爽垲之地，营起别墅，作终焉计"[②]。其父辈兄弟四人，父亲排行居四[③]。中孚则兄弟三人，他排行老三，都是家中最小的儿子。因为家族近几辈人中，人丁渐显稀少，王员外就给中孚起了个十八郎的小名，希冀王家香火能够绵延兴盛。

<hr />

[①]见《重阳全真集》卷九《悟真歌》："三十三上觉婴耽，慈父享年七十三。"依此推知，王重阳父亲四十得重阳。
[②]《金莲正宗记》卷二《重阳王真人》。
[③]《重阳全真集》卷一《述怀》："功成王四父，风害第三孙。"

当时的北宋朝廷，蔡京、童贯等辈专权，皇帝则忙于到处搜集奇花异石和名木，大建宫观园林，与嫔妃、佞臣以及邪道们享乐。政府又通过重税搜刮民脂民膏，闹得民不聊生，各地起义此起彼伏。与此同时，北方女真族兴起，政和五年（1114）建都会宁府（黑龙江阿城南），国号"金"。这是北宋来自外部的最大威胁。

两国对峙，局势飘摇，关中老百姓的生活很是艰辛。可是，王中孚家道殷富，学业一时半会还没有受多大影响。因他自幼聪颖好学，懂事明理，八九岁时已经熟读经史，名闻乡里了。于是私塾读完后，父亲就将他送往京兆府学继续深造。几年过去了，中孚到了弱冠之年，此时他已是满腹经纶，天文地理，无所不晓。又颇喜弓马之事，善武略，讲起《孙子兵法》之类，总是滔滔不绝。又能作得一手好诗词。一日与同伴偶游兴庆池，见和风细雨吹拂湖面，便随口吟道：

> 信脚闲游兴庆池，元来只是这些儿。
>
> 雨翻荷叶珍珠逬，风卷筠梢珮玉枝。
>
> 春绿夏宜红菡萏，秋澄冬显碧琉璃。
>
> 琉璃清彻源流处，问著源流总不知。

同人并不晓得其中深意，一味赞扬其对句的工整。中孚则微微摇头，感叹青春作赋，皓首穷经，不过是虚度光阴而已。那一年中秋赏月，同学朋友们聚在一起作诗遣兴，中孚又有一首《和十五夜月》曰：

> 日暮云收爽气寒，冰轮辉映向更残。
>
> 清光此夜分明别，休与凡常一例看。

诗中咏月，语句清奇，意境悠远，又暗暗寄寓着自己超凡入圣的远大理想，旁人哪里瞧得出半点。但他的诗名却是越来越大了。王老员外眼见儿子学业进步，是个志向远大的人，心里甭提多高兴了。

这一年，中孚正好弱冠。王老先生极力鼓励中孚选修进士业，将来也像苏子瞻、王介甫等辈一样出人头地，那就实现了他生平的心愿。进士业是科考里最难成功的，有所谓"三十老明经，五十少进士"的比况。

可是对于王中孚来说，举进士的困难似乎还并不在这里。因为更大的困难来自社会突变，来自民族灾难。

金天会四年（1126），即北宋靖康元年。五月，金灭辽。下一个攻伐目标直指北宋。大宋江山，岌岌可危！但是，北宋政府对此毫无知觉，并无准备。面对金政权的挑衅，大宋无能而无为，已无可挽回地走上了一条衰亡之路。

十月，金分兵两路伐宋。西路军由粘罕挂帅，从西京（山西大同）出发，过雁门，破代州，攻太原。次年四月，与东路军会合，攻破东京汴梁（今河南开封），在城内大肆搜刮数日后，掳徽、钦二宗及众妃、宗亲、贵卿等数千人北返。东京人口骤减，一片狼藉。

那是公元1127年，北宋靖康二年，南宋建炎元年的故事。中孚十五岁。

北宋帝国就此覆灭，南宋王朝在风雨飘摇中诞生。

在宋室南渡之际，金人窜入长安，游骑飙至咸阳。渭南一带，义兵满野，金人不得渡河，只能循渭河向东进发。战争持续到建炎四年，金人才攻破陕府，长驱入关。张浚于富平率众抵抗，不久溃退。金兵遂引军西入凤翔，于是咸阳沦落。

"遗民忍死望恢复，几处今宵垂泪痕！"

陆游《关山月》中的这两句诗精当地概括了沦陷区大宋遗民的生活状况。物产丰饶的关中沦陷了。百姓流离失所，白日奔走逃命，夜间相对泪垂。

金人进入山陕一带，初时屠城掠地，抢劫人口和财物，有时还杀人放火，无恶不作。占领土地以后则强迫人民剃发易服。在他们统治的日子里，刑罚制度极其严酷。哪怕是偷了一文钱也会被处死，拔别人家菜园子里一根葱也同样斩首，宋人离乡外出则必须向政府申请。可谓野蛮残酷到了极点。

公元1130年，即金太宗天会八年。金国在北京大名府（今河北大名）扶植了一个傀儡大齐政权，以叛宋降金的济南知府刘豫为皇帝，年号阜昌。

公元1130年，王中孚十八岁。

这一年是南宋的建炎四年，伪齐的阜昌元年。次年金国将秦地赐给刘豫。

金人走了，刘豫来了。

刘豫充当了金人的走狗和爪牙。他对北地人民的剥削和压迫，较金人有过之而无不及。他在政治上异常仇视南宋，积极配合金人发动对南宋的军事进攻，经济上则疯狂地聚敛财物，甚至干出剜坟掘墓的事。而统治集团内部腐化之极，卖官鬻爵、贿赂公行、奢侈淫逸，种种倒行逆施，不一而足。秦人知道刘豫不过是金人的走狗、汉人的豺狼，因而民心终未附焉。

作为大宋子民的王中孚和他的乡亲们，眼巴巴地盼望着王师北伐，但事与愿违。朝中主战派与主和派斗争激烈，而主和派在高宗的支持下常常占据上风。

秦地汉人痛苦地生活在刘豫政权的阴影下。这样的日子持续了八年。八年间祸不单行，关中频发天灾。有一次大旱，终年不见一滴雨水，庄稼颗粒无收，乡亲们四处逃荒，沿路乞讨。饿殍盈野，实令人惨不忍睹。乡里因而时常出现饥民抢粮事件，针对的都是大户富有人家。有一群"盗贼"趁机打劫了王员外家。王中孚的伯父诉诸官府，官府连续几日大索于乡里，追回了大部分金银财物，同时还抓住了贼首。正准备严惩领头者时，中孚及时赶到，为这几个盗贼开脱罪责。他讲情道："乡党因饥荒难忍，不得已才如此，并非真盗。"要求官府从轻发落，并打发众人散去。从此以后，王中孚任侠好义、宽怀大度的美名，便在咸阳、终南一带传开了。乡人尤其敬重王中孚的人品，十分敬仰他的为人。

金太宗天会十一年（1133），伪齐阜昌四年，王中孚已经22岁。二月间他参加了伪齐举行的贡举考试，因"献赋春官，迕意而黜"[1]。大约试卷中他论说时事，与政府口径太不一致的缘故，所以被考官黜落。

王中孚本想早日踏上仕途，施展才华治国平天下，安抚社稷，荣宗耀祖。但他看到那些文官们个个只想着升官发财，娇妻美妾，一副副谄媚阿谀之态，哪里把江山社稷、民众困苦放在心上？愤慨之余作了一首《文官花》的藏头拆字诗[2]抒怀，表达他弃文学武的决心：

（宫）时春景好频看，（目）睹群花不一般。

（舟）岸得超堪可赋，（武）官园里见文官。

后来，刘豫伪齐政权被金太宗废止。陕西重新落入金人手中，金熙宗天眷二年（1139）正月，金许宋和，并归河南陕西地。天眷三年，金又弃盟，复出兵取河南陕西地。金天眷仅有三年，三年中有一年半时间陕西为宋所辖。而南宋绍兴三年（1133）即开始科考，复行元祐十科之制，包括武举。王重阳抓住了这百年不遇的大好机会，参加了南宋的武举考试，名中甲科。从此易名德威，字世雄。这一年他二十七岁。

王中孚变成了王德威。投笔从戎后，他时刻准备着，梦想有朝一日驰骋沙场，保家卫国。然而次年，金即败盟，陕西又重新落入金人统治之下。他虽中大宋武举，但终无获用。中举之事，便不了了之。

王重阳像

①元·秦志安：《金莲正宗记》卷二《重阳王真人》。
②藏头拆字诗：是将诗歌首句第一字暗藏于诗末尾句最后一字中的一种诗体。其每一句的首字皆可从前一句的尾字中拆出。如"看"字可拆出"目"字，等等。此种诗歌在古代类似游戏，作出的每句都缺首字，读者需填补后才能正常欣赏。附注：以后各章节所引王重阳等人藏头诗，均补出缺字，以方便读者阅读。

第二节
"聚众抗金"

元诗人商挺《题甘河遇仙宫》诗云：

> 子房志亡秦，曾进桥下履。佐汉开鸿基，矻然天一柱。
>
> 要伴赤松游，功成拂衣去。异人与异书，造物不轻付。
>
> 重阳起全真，高视乃阔步。矫矫英雄姿，乘时或割据。
>
> 妄迹复知非，收心活死墓。人传入道初，二仙此相遇。
>
> 于今终南下，殿阁凌烟雾。我经大患余，一洗尘世虑。
>
> 巾车徜西归，拟借茅庵住。明月清风前，曳杖甘河路。

这首诗曾经被金庸先生引用在《神雕侠侣》中，只不过略去了后六句。清人陈教友认为，王重阳是有宋一代忠义之士，他的害风之举，乃愤激使然。王重阳弃家避于终南刘蒋村（终南秦岭当时是宋金分界，是边境），"其心盖未忘宋欤？"即认为王重阳以隐遁、佯狂的行为掩饰自己抗金心理。又根据此诗的"矫矫英雄姿，乘时或割据"两句推断："重阳不惟忠愤，且实曾纠众与金兵抗矣。"陈教友说金源璹的《全真教祖碑》所记内容有所忌讳①，"不敢显言"（抗金之事）。而商挺作为后来之元人，则无所顾忌，可以"直揭其大节也"。

我们认为，王重阳有无抗金之举实难定论，但是他有抗金之志，则是可以肯定的。作为大宋遗民，王重阳对金人残暴的民族压迫强烈不满，于是自称遇仙得道，佯狂害风，在终南山南时村掘地为穴，封土高数尺，居于其中，号曰"活死人墓"，以此表示对金人统治的愤懑和不合作。

影视中王重阳

---

① 金源璹：为金皇室贵族，受封为上柱国密国公。

民族大节，男儿本色。

12世纪二三十年代，黄河南北、两淮之间，掀起了轰轰烈烈的抗金民族战争。岳飞、韩世忠、张浚、刘光世等代表南宋政府，出师北伐，屡建战功。北方民间自发的抗金武装力量也是绵延不断，配合着政府军，与金贼势力相抗衡。东京开封府留守司宗泽，是主战派的首领，他与北方民间自发的抗金武装力量建立了广泛的联系，收编了号称百万人的大军，积储了大量粮草。

当时中原沦落，宋金交兵；靖康耻，民族难。凡是有血有肉的爱国志士，无不义愤填膺，以各种方式释放着自己的爱国激情。驰骋沙场是一种表达，奔走呼号是一种表达，写诗填词亦是一种表达。

王重阳没有官身，乃是一介草民。他避乱于宋金交界的终南山下，曾有一段时间"销声匿迹"。在靖康之变发生到甘河遇仙，即他十五岁到四十八岁之间，王重阳本人留下的文字资料是空白的，后人追忆此段生活的资料也是缺失的，我们仅能见到他四十八岁以后留下的诗词和其他文字资料。今之所见《重阳全真集》是门人刘处玄在先师逝世十八年后刊印于山东的。之前，由马钰主持，京兆道众聚财付梓过一次，时间在大定二十三年（1183）以前。盖印行有限，流传不广，故山东道徒二次刊印。但两次刊印，其内容无别，清一色是证道布道以及劝化之作。正如序文作者范怿所言："辞源浩博，旨意弘深，涵泳真风，包藏妙有，实修真之根柢，度人之航梯也。"所以，在世人的眼里王重阳是一个身着道袍的传道者。

那么，青壮年时期的王重阳到底是怎样的呢？四十八岁前王重阳主要在哪里活动，他究竟做了些什么事呢？

《重阳全真集》里有一首特别的词，记录了王重阳对抗金的往事回忆。这首词即卷十三中的一首《望蓬莱》：

边境静，乞觅得便宜。战鼓复为韶乐①鼓，征旗还作化缘旗。便见太平时。那减舍，第一莫迟迟。王喆害风无忧子，当三折二小钱儿。伏愿认真慈。

当时的边境，按《绍兴和议》（1141）宋金双方达成和约②，东以淮河中流为界，西以大散关（陕西宝鸡西南）为界，以南属宋，以北属金。王世雄此时二十九岁，抗金大事被迫中断。以后的十几年中，朝廷中主和派基本上占据上风，主战派的北伐抗金之事时断时续。王重阳东迈山东后，为了传教，常常上街乞化，有时带领着徒弟，于背上竖一纸旗，上书诗词一二首。这首《望蓬莱》当是宋金第二次和约《隆兴和议》（1164）后，王重阳在街上乞化时所作，因为词前有注云"纸旗上书"。王重阳时年五十二岁。词中感慨和平的鼓乐代替了激昂的战鼓，化缘的纸旗代替了当年的征旗。边境极其安静，正是乞觅的大好时光。词中，字当中隐含的失望、愤慨、无奈，让人感到无限悲酸！

但是在《重阳全真集》中，却找不到与抗金有关的任何诗词。这原因其实与《全真教祖碑》中不提重阳任何与金庭不利的事情一样，都是在避嫌。《重阳全真集》是王重阳门人在王重阳仙逝后编辑的，主要人物是马钰和刘处玄。书前有宁海州学正范怿的序文，序文作于金大定二十八年（1188），距王重阳仙逝的时间已经十八年。此时编辑出版王重阳的诗作，在内容上是必须与金庭的政治社会环境相和谐，不能有任何反金内容的，故王诗中的反金诗一律被删除。这种猜测在王重阳的抒怀诗词中可窥一斑：

---

① 韶乐，史称舜乐。舜作《韶》主要用以歌颂帝尧的圣德。夏、商、周三代帝王均把《韶》作为国家大典用乐，与出征打仗紧密相连。武王灭商进入殷都时，就演奏韶乐；秦灭齐，汉灭秦，亦以韶乐相贺。历史上韶乐数易其名及内容，但始终为帝王太平用乐。唐宋以后，韶乐失传。
② 宋金历史上共有三次和约，即绍兴十一年（1141）的《绍兴和议》，隆兴二年（1164）的《隆兴和议》以及嘉定元年（1208）的《嘉定和议》。三次和约，在疆界上基本一致。

眼暗耳双聋，明声总不通。

劝伊休唱喏，举事便和同。

不去钦贤圣，何劳重害风。

般般俱是妄，物物尽皆空。

妻女千斤铁，儿孙万秤铜。

怎知投黑暗，尚自骋殷红。

恶业常穿积，良因怎得蒙。

身边夸体段，心下若飘蓬。

几个知元本，何人忆祖宗。

肯忧归地府，曾话上天宫。

只会贪财色，无非灭视听。

如行平等意，走入五花丛。

这首《述怀》见《重阳全真集》卷一。诗中说"几个知原本，何人忆祖宗？"这是埋藏在他心底的秘密。他感叹世人为了名利而趋炎附势，忘记了祖宗，安于金人的统治。作为一个有着高尚民族气节和远大政治抱负的士人，绝不自甘沉沦，总想有一番作为。自己曾经那样激烈地反对金人统治，还"纠众与金兵抗"呢，可是后来却做了金政府委任的一介小官——甘河酒监。所以他说"怎知投黑暗，尚自骋殷红。恶业常穿积，良因怎得蒙。"其内心深处无尽的自责与愧疚，溢于言表。但正因为包括他本人在内的芸芸众生"几个知原本，何人忆祖宗"而大事难图，于是"忽而一朝便心破，变成害风任疯狂"。从此走上离尘绝世的道路，在清静无为的境界中寻求自己的归宿。以后他虽立教布教，将许多士大夫、富豪、贫苦老百姓吸引到全真教的旗帜下，吸引到清静无为的境界中。这对政府来说是一种不合作，是隐蔽的另一种"聚众"抗金形式。王重阳的传教活动始终在陕西、山东、河南一带，即金人统治的北方地带；他驾鹤赴约之后，又由他的弟子门人，继续"聚众"抗金。所以全真教在发展之初，曾遭金政府多次禁绝。

第三节
甘河遇仙

甘河，出秦岭甘峪谷中，蜿蜒北流数十里而入渭。其水清澈甘美，可以酿酒，名扬关中。而甘河镇，向为三秦名镇，镇因河而名，在今户县县城西北12公里处。镇历史悠久，相传四千多年前夏启伐有扈氏于此。户（扈）县之名，盖缘此也。

八百五十多年前，王重阳曾在这里供职。

他以军功获得甘河镇酒监一职，大约在天德四年（1152）走马上任[①]。那时他四十岁，主要任务是负责收酒户各种课税，并为官府经营酒业。这是一个既得罪人又无聊的职业。他有一首《解佩令》词回忆性地描述了这种生活：

害风王三，前时割税。为酒爱、饮中沉醉。往往来来，眼前事、全然不记。与仁人、当街打睡。腋袋头巾，尽皆遗弃。有经文、里面诀秘。深谢明公，发善心，与予拈起。解珮令、报贤好意。

作为酒监，王世雄似乎很不称职。他日耽于酒，当街打睡，头巾和公文夹包，都丢弃在一边。有一个过路的好心人为他捡起，交给他。他很感激，就解下自己身上的佩饰作为回报。这故事听起来似乎滑稽可笑，但也正是王世雄当时酒监生活的真实写照：坐班，熬时间，百无聊赖……

又有一次喝醉了，卷天漫地，见谁骂谁。后来被人捆绑在桥栏上，任其叫喊，无人扶救。第二天酒醒后，他做了一首《惜黄花》词反省，道："昨朝酒醉，被人缚肘。桥儿上，扑到一场漏逗。任叫没人扶，妻

[①] 参见唐代剑，王嚞丘处机评传，南京大学出版社，2000：25-28。

儿总不救。猛省也，我咱自咒。"词中他把妻子比作"一枚花狗"，说自己要谨切提防被她咬到，并叹息自己没有自由，"不得闲走"。由此可见王世雄当时烦躁的心绪状况。

王世雄的酒监生活大概就是这样以诗酒自娱的。《重阳全真集》卷十《述怀》中说："闲闲闲得染章篇，显出文房内四贤"。平时他最喜看北宋风流才子柳永的词作，而且是"乐章集，看无休歇"①。柳永曾中进士，但因混迹青楼和填词发牢骚，放榜时被仁宗特意黜落。此后三易其名方被录用，但终生潦倒，自谑曰"奉旨填词柳三变"。其为人放荡不羁，与都市歌伎往来密切，每有新词作成，即交付歌伎演唱，很快曲子便流行起来。因此京城歌伎中无有不识柳三变者。

柳词是典型的婉约艳词。王世雄为什么喜欢柳词呢？

与其说王世雄喜欢柳词，不如说王世雄更喜欢柳永本人。因为他们不羁的性格特征和坎坷的仕途道路，有着诸多相似之处。惺惺相惜，同病相怜。后来王世雄果然从柳词中受益，悟出了"杨柳岸、晓风残月"的道家旨趣。

王世雄作酒监时正是海陵王完颜亮当政。海陵王残酷荒淫，比隋炀帝有过之而无不及。他平生有三大嗜好：专权、杀伐和美女。他统治时期，"盗贼蜂起，大者连城邑，小者保山泽。或以数十骑张旗而行，官军莫敢近。"②《金史》卷五《海陵王纪赞》言"天下后世称无道君主，以海陵为首"。据说，完颜亮读到当时四处传唱的柳永的《望海潮》后，顿时被杭州的"三秋桂子，十里荷花""烟柳画桥""市列珠玑""菱歌莲娃"等所吸引，遂起投鞭渡江之志③。

正隆三年（1158），完颜亮做好了攻伐南宋的准备，兵甲、战马、粮草东西南北地调运，举国上下一片骚乱。王世雄眼见这硝烟四起，妇

①见《重阳全真集》卷七《解佩令》。题注云：爱看柳词遂成。
②赵翼：《廿二史札记》卷二八《海陵王兼齐文宣隋炀帝之恶》。
③见罗大经《鹤林玉露》卷十三。

孺奔命，路有死骨的战乱境况，似乎幡然醒悟，喟然叹曰："孔子四十
而不惑，孟子四十而不动心。吾今已过之矣，尚且吞腥啄腐，纡紫怀
金，不亦太愚之甚乎？"[1]

在这样的年代、这样的暴君统治下，像王世雄这样未入流的小官吏
注定命途多舛，前程微茫。他将何去何从？这是摆在壮志难酬的王世雄
面前的一道难题。

七八年的酒监生活过去了。王世雄不得不思考他今后的出路！

正隆四年（1159）六月的一天，他正在镇上屠肆，醉中啖肉，忽见
二道人自南而来。二人各披毡裘，形象气质一模一样。世雄极惊异，从
二人至一僻静处，虔诚施拜。二人相对，徐而言曰："此子可教也。"
于是授之口诀，飘然而逝。后来王世雄作了一首《遇师》诗记录此事，
诗曰："四旬八上得遭逢，口诀传来便有功。一粒丹砂色愈好，玉华山
上现殷红。"那年他虚岁四十八。

传说王世雄所遇的仙人即纯阳真人吕洞宾。至今在陕西户县甘河镇
甘河村还有一座"遇仙桥"，为三洞平顶石质小桥，宽十米，长约十四
米。元太宗戊戌年（1238）夏，全真教洞真真人于庆善为广大祖师遇仙
的传说，在甘河镇建造了遇仙宫。遇仙宫，今无存，而遇仙桥今犹依稀可辨。

今日甘河水

不数日，二人复来，邀王饮于甘河岸上。"酒尽，则以瓢酌甘河之水，味如良酒。"[2]此事在《重阳全真集》卷五《虞美人》词的题注中有记述。

---

①见《金莲正宗记》卷二《重阳王真人》。
②见《类编长安志》卷五《遇仙宫》。

正隆五年（1160），即"遇师"的第二年，王重阳中秋节过礼泉，又遇道者。他急忙上前迎拜，邀入酒肆，共饮间问其姓名。道者答曰："蒲坂永乐是所居地。"又问年甲，答曰："春秋二十有二。"再问则不答，只索纸笔，书密语五篇，命王详读。重阳读之数遍，方悟妙理。道者又说："尔速往东海，丘刘潭中有一骏马可以擒之。"言讫，忽失所在①。

以上种种仙传传说，把"遇师"神化为"遇仙"，其初衷是美好的。但按我们今天的理解，这些传说反映的无非是王重阳寻求自己命运前途的一个过程，说明他在迷茫时期经历了一次具有人生转折意义的奇特而重要的遭遇。可以肯定的是：一、正隆四年王重阳确实遇到了一位高明的游方道士，并饮用了他赐予的神水（大概是外丹性质的药水），感觉神奇无比；二、王重阳从他那里得到了秘文，自此坚定了入道的信心。

总而言之，他对仕进之路是彻底绝望了。

从此以后，王世雄便辞官解印，拂袖尘外。改名喆，字知明，号重阳子，开始了他甘河之南南时村的穴居修炼生活。

第四节
降心活死人墓

王重阳终于挣脱了多年的精神枷锁，不再为功名利禄所困扰。他在一首名为《永遇乐·抽文契》的词中表白：以前的自己把身体典当给了"名利"二字，独自承担着千辛万苦，整日为谁欢乐又为谁悲伤呢？想一想，那都是因为自己"幼小"无知的缘故啊。"直至如今，四十八上，方是寻归计。"于是，他决定抽回这害人的卖身文契，与"名利"二字彻底决裂。正是："更无意马游情色，哪有心猿探世财？"②当时轻松愉悦的心情可以用《自咏》③一诗概括：

①详见《金莲正宗记》。
②见《重阳全真集》卷十《述怀》。
③见《重阳全真集》卷十。

　　从此擘开真铁网，今朝跳出冗尘笼。

　　便将明月堪挈弄，拨断闲云好害风。

　　而他原本也有一个幸福美满的家庭，妻美儿娇，女如花秀①。他在一首《点绛唇》词里夸赞儿子是"惺惺伶俐聪明作。灵台廓，圆明光烁。"虽然这儿女情长如同铜索一样"缚住了踏云脚"，但是，王重阳道心甚坚，意要离家，不怕妻儿咒骂。他将幼女送往姻家，将妻儿一番侮辱。自是断尽诸缘，弃家而去，独自搬往南时村居住。

　　金世宗大定元年（1161），四十九岁的王重阳在南时村"掘地为隧，封高数尺，榜曰活死人墓。又于四隅各植海棠一株，曰：吾将来使四海教风为一家耳"②。此种反常、怪异的举动和言语，使亲朋好友、街坊四邻既无法理解，又殊觉可笑，都说他是中邪"害风"（关中土语），而他也欣然接受，自称王害风了。后又索性在墓冢上竖起一方牌，上书"王害风灵位"五字。且自作诗曰：

　　活死人兮王喆乖，水云别是一欢谐。

　　道名唤作重阳子，谑号称为没地埋。

　　生来路口不忘怀，行殡须是挂灵牌。

　　既非惑众窥图利，为使人知递儳排。

——《活死人引子》

　　王重阳的举动似乎有标新立异、故弄玄虚之嫌。但他掘地穴居，从内心深处讲，却并不是为了"惑众窥图利"，而是为了离尘绝世，专心致志地修炼师真所授之秘诀。因为此时他怀揣仙人密语已经好长时间了，最着急的是寻找一个绝对安静的修炼之所。"活死人墓"虽在人间，但是某种意义上是离尘绝世的。

　　他为什么不去深山峰顶，或者密林深处，而是选择在离家不远的南

---

①见《重阳全真集》卷五《惜黄花》："儿也空垂柳，女空花秀。我家妻，假作一枚花狗。"
②刘祖谦：《终南山重阳祖师仙迹记》。

时村穴居修道？以隐逸著名的终南山近在咫尺，他为什么不上山做个洞宾，相反却要入地做个墓主呢？

这正是王重阳不同于一般隐者道徒的地方。大隐于乡村市廛之中，做一个活死人，在人群中间修道以及创立一条不同于传统修真之路的派别，这也许就是王重阳掘建"活死人墓"的原始动因。他说"墓中闲寂真虚静，隔断凡间世上尘""墓中日服真丹药，换了凡躯一点尘"，[①]可见，王重阳自筑"活死人墓"，其实就是为了创造一种与世隔绝的、便于修炼的特别环境。从效果上看，活死人墓的修炼环境真是达到了清静无为之极。

而在金庸先生笔下，"活死人墓"变成了武侠传奇小说的一大关目。围绕"活死人墓"而发生的故事丰富多彩，而且被演绎得栩栩如生，光怪陆离：

原来这活死人墓虽然号称坟墓，其实是一座极为宽敞的地下仓库。当年王重阳起事抗金之前，动用数千人力，历数年方始建成，在其中暗藏器甲粮草，作为山陕一带的根本，外形筑成坟墓之状，以瞒过金人的耳目；又恐金兵终于来攻，墓中更布下无数巧妙机关，以抗外敌。义兵失败后，他在此隐居。是以墓内房舍众多，通道繁复，外人入内，即四处灯烛辉煌，亦易迷路，更不用说全无丝毫星火之光了。（引自《神雕侠侣》第五回《活死人墓》）

首先，小说中活死人墓是王重阳组织义师抵御金兵的大本营，特别宽阔。历时数年，动用数千人之力方始建成。义兵失败后，王重阳在此隐居。其次，活死人墓是古墓派武学的发源地。林朝英与王重阳因爱成仇，二人打赌，王将墓输于林。林入住墓中并创立了古墓派武功，传于使女孙婆婆，孙又传李莫愁和小龙女，小龙女又传杨过。如此等等。小说围绕活死人墓编织了一出出精彩的武林恩怨故事。可见，王重阳

---

① 《重阳全真集》卷二《活死人墓赠宁伯功》。

当年修真的墓穴给金庸先生带来了多少文学的灵感和创作激情！

而事实上，真的活死人墓根本没有那么大。它是王重阳一个人掘成，后来又自己一个人填平的；里边谈不上阔绰，大约徒有四壁，仅供坐睡、练功而已。据《谢宁伯功》二首所述，王重阳是住在墓中修炼，饮食却在墓外的，而且基本上全靠宁伯功（一个亲戚）的帮助。诗云：

> 云谢前亲慧道粮，米蔬珍馔总馨香。
>
> 日高膳罢投新墓，土里安身是故庄。
>
> ……
>
> 云心乞食谢喉粮，米麦须知胜异香。
>
> 日觅三餐滋臭腐，府完四假处冥庄。①
>
> ……

可知，王重阳当年并不在墓穴中自己炊爨，而是去外边觅食，常常受到好施乐助的宁公款待。他膳罢则复入墓中，静心思虑、刻苦潜修。这一时期，王重阳与宁伯功往来密切之极，曾作七绝三十余首，将掘墓独居的原因、目的及修炼心得做了全面表述。如欲闻其详，读者不妨细读《活死人墓赠宁伯功》组诗。

王重阳在墓中"独居止二年余，忽然却填了"。这是金世宗大定三年（1163）秋天的事。那么，王重阳为什么要填平它呢？

因为他已经修炼有成，达到了掘墓穴居的目的。

"金丹顷刻刹那成，不在三年九转行。"②一般人修炼需要三年九转，而王重阳因为有仙师点化，所以两年多便金丹结就。从此，神气充盈，魔军败走；马猿被擒，物念不生。他用诗歌描述成功后的喜悦和感觉：

> 唤出元初仔细看，莹然结就紫金丹。
>
> 明明圆妙应无比，五道霞光做一攒。

---

① 《谢宁伯功》二首为藏头诗，各句首字已补。
② 《重阳全真集》卷二《述怀》。

王重阳炼就金丹后，即走出墓穴。他要与道友共同分享养炼内丹的快乐，他要向民众广传道法，要让自己的修炼成果惠及芸芸众生。几年的苦修，使他悟出济世救人的方法可以多种多样，何必非要拘泥于儒门释户中呢？

成道宫

有人说，王重阳在活死人墓中静坐默想，不是为了修炼金丹，而是在反思过去、领悟人生，同时也表示他与女真侵略者不共戴天之意。这当然是有道理的。但不管从哪方面说，王重阳最终是在墓中领悟人生真谛的。

今天，活死人墓早已成为历史遗迹。遗址位于现在陕西省户县祖庵镇附近。公元1235年，掌教尹志平命李志源等人在原基址上建立起重阳成道观，有三殿五堂及其他辅助性建筑，规模不算小。1252年，李真常掌教奉旨改观为宫，并刻石树碑。原有碑两座。其一为《活死人墓

活死人墓碑

碑》，"活死人墓"四字为闲闲老人（赵翰林）亲书，李志常（号真常真人）撰文，元宪宗二年（1252）刻石，今碑佚文存。其二为《重阳成道宫记》碑，冯志亨撰文，1254年刻石，今存重阳宫碑林。

从活死人墓到成道宫，直至今天，其间风风雨雨，经历了七百余年的兴衰变化。"文革"期间成道宫曾一度废弃，沦为荒野。二十世纪八十年代后，当地信众略有修葺，而后教界、学界及政府部门共同努力，将成道宫纳入国家文物保护重点单位，并进行了一定程度的整修。如今成道宫面貌焕然一新，已于2001年正式对外开放。

贰

新的崛起

俗话说，西方不亮，东方亮。王重阳仕进之路终于走到了尽头。大定三年（1163）秋，王重阳走出活死人墓，埋葬了旧的一切，向过去挥手告别。他选择终南山下一处水竹烟霞地，结茅庵居，开始修道传道，来往于户杜终南间。四年后的一天，忽焚其庵，曰：我东方有缘尔。于是抛妻别子，曳杖东行。至宁海演法，收七朵金莲，创三州五会。短短两三年间，王重阳创建全真，确定组织，规范制度，著书立说。山东半岛远近风动，与会者万有余人。修仙证道，济世度人，使"四海教风为一家耳"。王重阳以另一种方式实现了自己的理想。

终南山

第一节
结庵与烧庵

金世宗大定三年（1163）秋天，王重阳填了墓坑，迁往附近的刘蒋村居住。他发现在村北河边，有一块高地相当僻静，就在那里动手搭起一座茅庵。这茅庵模样如何？王重阳有首《挂金灯·刘蒋庵》词这样描绘：

好池亭，华丽于中莹。善修外景，装成内景，这两事，谁能省？谨按黄庭缉整，表里通贤圣。水心炎炎，火焰猛劲，凝炼出、真清净。

这是一座按中央方位精心设计的池亭，"表里通贤圣"。四周翠竹环绕，烟霞水雾蒸腾，相当地清爽。王重阳特别欣赏它的幽静，名之曰水竹庵。自是，每日于庵中研习内丹，修心养性。或出游，游则挈一壶，行歌且饮。遇人肆口所发，皆尘外语，乡人都嘲笑他害风中邪了。

一日，有个叫和玉蟾的人，从北地甘泉而来。其人早年亦攻事儒墨，还做过刀笔小吏。但终究心中以道为念，喜欢四处参请高道。近来闻知王重阳甘河遇仙，又在墓中炼就了金丹大道。即黜妻摒子，不远千里而来。两人在茅庵相遇，一见如故，言语间甚契合，随即决定结伴同修。

不几日，又有本县李灵阳者来访。传说此人也曾遇异人点化，从此浪迹天涯，不问家事。视名利如浮云，来去无牵无挂；出语间有烟霞之气，举步处无触地之声。因此，乡人以神仙呼之。但他自知并非什么神仙，于是寻到王重阳门下，问以金丹大道之事，请盟参同。于是三人共居茅庵，一起修行。

但三人志虽同，心难通，在修炼方法上存在着不同的见解。后来王重阳东行，收得全真七子，二人则一直隐居终南山。七子报丧入陕，拜谒二人于终南山太平宫，以"师叔"呼之。此是后事。

王重阳这时侯觉得有必要招收弟子，而且应该走出去传道了。

忽有礼泉人史公密，前来拜师，王重阳教以全真性命之学，训名处厚，号洞阳子。又有京兆栎阳人严处常前来，愿受教为弟子。严本为王之外戚，幼习儒，志尚清虚，历经坎坷，年四十而从道。王重阳赐之道号长清子。此二子，为王重阳最早招收的陕西弟子。王重阳东迈后，二子继续留陕弘教。据《甘水仙源录》卷八之《延安路赵先生本行记》载，延安鸣川人赵抱渊，此时亦"来终南参重阳祖师玄机密旨，大蒙启证"，随后独游天下。

王重阳传道，来往于终南户杜周匝。每有外出，必携弟子乞食炼心。在传道的过程中，王重阳结识了许多僧道、俗友及官员。这在《重阳全真集》都有大量的诗词可以作证，如京兆税院冯五郎，终南主簿赵文林，学正来彦中，董知县等等。王重阳走遍附近诸县，有时行乞于市廛，有时游走于山中或乡间，所到之处往往留题一两首诗词。有一次，他路过曾经供职过的甘水镇，不禁心绪万千，遂题诗一首：

> 谁识终南王害风，长安街里任西东。
>
> 闲来矫首沧溟上，钓出鲸鲵未是雄！

昔日王世雄，今日王重阳。曾经是豪情壮志，如今仍是满怀事业的激情！

短短几年间，东到长安一带，西至礼泉、武功周边，八百里秦川的广袤土地上，重阳子王真人的声名越来越响，许多人都登门造访，向他问仙求道。碰上有道缘、有根基的，他就设法劝之入道，赠以诗词；若是没有道缘、沽名钓誉之辈，他就劝其居家自修。因为，道是讲求缘分的，王重阳发展道徒不得不有所选择。

王重阳所传道法，与众不同。以外丹和符箓斋醮为特征的传统道教，彼时实际上已陷入发展的停滞状态。外丹由于连续不断地夺去了包括皇帝及王公大臣在内的许多迷狂者的生命，宋金时期影响力逐渐削弱；斋醮又相当耗费社会财富，非一般老百姓所能承受；加之佞道跋

27

扈，干预政事。所以，社会上传统道教出现了信仰危机。在这样的时代背景下，王重阳思索着如何革新传统道教。

大定五年（1165）春，王重阳到终南山传道，竖起了全真本性的大旗。当

太平峪太平宫

时，终南山终南镇最有名的道观要算是上清太平宫了。该观建造于宋太宗开宝九年(976)，内奉天神黑煞大将军，由道士张守真充任宫主。所谓天神（黑煞大将军）降显终南山，原本是张守真在俗时为邀宠而编造的神话，不料竟被崇道昏君宋太宗关注，遣使致祭，并为之起造宫殿。此后，国家凡有重大政治军事活动或水旱灾害，都要派人前往终南上清宫致祭。祭神之日，太宗还率群臣在京师遥向太平宫参拜。张守真便是因此发迹变泰的。到了徽宗朝时，终南山又出现一名神奇道士虞仙姑，其人善辟谷，有饮茶自指尖溢出的奇术，后被徽宗召至朝廷，授"清真冲妙先生"之号。虞仙姑因敢于当面讥讽权臣蔡京而为朝野敬重。以上二人，皆早于王重阳数年，并以道术受到朝廷器重。王重阳来此地传道，想到自己平生所学源自钟吕内丹一派，完全不同于这两位先生，一番感叹之后，便挥笔题诗一首，宣战般地写下自己道法的核心是追求"一灵真性"，同时先知般地预言了自己的寿期：

害风害风旧病发，寿命不过五十八。

两个先生决定来，一灵真性诚搜刷。

王重阳的预言后来果真应验。他于大定十年（1170）正月驾鹤仙逝，享年五十八岁。

大定六年（1166），他又在长安滦村乞化传道，于吕道人庵之庵壁

28

上题诗曰：

> 地肺重阳子，呼为王害风。
>
> 来时长日月，去后任西东。
>
> 作伴云和水，为邻虚与空。
>
> 一灵真性在，不与众心同。

　　此即王重阳著名的《辞世颂》诗。诗中仍然强调他的道唯求"一灵真性"。据金源璹《全真教祖碑》载，大定十年正月王重阳离世时，四弟子乞师留颂，真人曰"我于长安滦村吕道人庵壁上书矣"，后又口授一遍，颂毕俨然而终。神矣，重阳真人预知前后之事若此。

　　王重阳在关中虽然努力传道布教，但应和者并不太多。有一年暮春时节，他化道来到某县衙，恰知县董公会客，座中客人饮酒食肉，吟赏落花，好不快活。王重阳受邀入席，饮间和落花韵一首，曰："化道王三已弃家，豕羊滋味久相赸。坐中贵胄皆春寐，未肯将心悟落花。"①诸人叹落花，各尽其妙，但终究未有能悟落花者！回家以后，重阳真人郁郁不乐，倚庵自叹："门外落花任风雨，不知谁肯悟希夷？"②这时，他想起正隆五年礼泉仙师曾告诉他："速往东海，丘刘潭中有一骏马可以擒之。"于是，他又做出了一项令世人惊诧不解的举动。

　　大定七年（1167）四月，二十五日晚上，王重阳忽然自焚其庵，婆娑起舞，且赋诗曰：

> 茅庵烧了事事休，决有人人却要修。
>
> 便做惺惺诚猛烈，怎生学得我风流？

　　乡邻纷纷奔往相救，王重阳笑而止之曰："三年之后，别有人修。"三年之后，即大定十年。那时候重阳已驾鹤西行，马丘刘谭四弟子扶柩归陕，厚葬仙师于刘蒋，随后修复了这个茅庵，名之曰"祖庭"。

---

①见《重阳全真集》卷二《见董知县，会客座上叹落花》。此诗藏头，缺字俱补。
②《重阳全真集》卷一《和落花韵》。

别人问他缘故，烧了茅庵有何打算？他即又作《望蓬莱》词一首，答曰："重阳子，物物不追求。云水闲游真得得，茅庵烧了事事休。别有好归头。存基址，决有后人修。便做玲珑真决裂，怎生学得我风流。先已赴瀛洲。"暗示他将去山东海边创立基业。

第二节
宁海演法收徒

大定七年四月二十六日，一大早，王重阳辞别了和玉蟾、李灵阳和严处常，赠以《踏莎行·烧庵》："奉劝诸公，莫生悒怏，我咱别有深深况。唯留煨土不重游，蓬莱云路通来往。"随后曳杖携葫，青巾白衫，飘然而去①。

路过蒋夏村，村中有一姚姓大户人家，好善多施，累积阴功，如今当家的叫做姚玹，性仁慈，有"出尘之姿"，本与王重阳有缌麻之亲。重阳子诣门告别，本期与之同游，奈何玹"素以害风相待"，闻之"将游海上"，一笑置之②。直到后来马钰入关，姚公方悟道，拜丹阳为师，赐号云阳子。此是后事，不提。

而后重阳途径甘河镇，与道友咏别。道友赠以盘缠③。过咸阳老家，辞别众乡亲。又返还大魏村故宅，与妻儿话别，言己云朋之愿。原来家人因战乱平息，已搬回咸阳多年，因与重阳聚少离多，此时十分留恋。重阳只得作诗宽解。《重阳全真集》卷七载《踏莎行·别家眷》，词云：

妻女休嗟，儿孙莫怨，我咱别有云朋愿。脱离枷锁自心知，清凉境界唯余见。步步云深，湾湾水浅，香风随处喷头面。昆仑山上乐逍遥，烟霞洞里成修炼。

①参见《重阳全真集》卷五《月中仙·自咏》。
②李道谦编，《终南山祖庭仙真内传》卷上《姚玹》。
③参阅《重阳全真集》卷十三《南乡子·咏别道友》：王喆已东迁，经过甘河上众贤。性内饥寒由未免，盘缠，乞觅诸公自肯钱。

又作《离亲颂》一诗，云：

> 心静神清鬓不华，云水便是我生涯。
>
> 休交死后浑家送，赢取生前出离家。

在咸阳时，弟子史处厚来见。重阳真人欲令侍行，处厚辞以母老未敢远游。重阳遂画三髻道者，立于云中，青松白鹤绕焉。赠之处厚，曰："待我他日擒得马来，以为勘同。"[1]而后迤逦东迈，径投东海。

过洛阳北邙山，谒上清宫。邂逅提点王公，王问重阳子"何来？""何往？""何干焉？"重阳遂借笔一枝，题诗东庑壁间，以答其问：

> 丘谭王风捉马刘，昆仑顶上打玉球。
>
> 你还搬在寰海内，赢得三千八百筹。

路卫州（今河南汲县），见萧真人颇有仙风道骨，深欲提挈。然话不投机，盘桓数日，赠之《蓦山溪·真人已悟》词劝化。萧真人读之，"但点头而已"。重阳真人未免失望，只得提罐前行，继续沿途乞化。

仲夏时节，王重阳顶着烈日在山东地界已行走了多日。这一天，忽然远远望见一湾茫茫水域。问人才知，已来到莱州湾。好一片大海，重阳遂口占一绝：

> 十方大水敢谁猜，青浪银涛类大才。
>
> 一正三鳌金体现，玉初九曜锦纹开。
>
> 门通瑞气明蓬岛，山放祥岑耸玉台。
>
> 至此波心无地陌，百川东注傲然来。[2]

真人乃关中人，平素未睹大海真容。今一见，顿觉神清气爽，精神百倍。想此地近东海，蓬莱仙境不远矣。于是加速前行，至掖城，遇一钓者默坐海隅。叩问姓名，乃刘氏通微者。祖师见他神情爽迈，有飞举云霄之态，与之同话机缘，两厢契合。即授之修真秘旨，为取默然子

①秦志安编。《金莲正宗记》卷二《重阳王真人》。
②《重阳全真集》卷二《海》。此诗藏头，缺字已补。

号，又赠诗一首。别去，独往海边。诗云："钓罢将归又见鳌，亦知有分列仙曹。鸣榔相唤知予意，跃出洪波万丈高。"①后数日，刘氏若有所悟，旋即弃家，杖策入关，结茅于终南山甘谷之侧，吟风啸月，枕石漱流，放怀尘世之外。

原来刘氏通微，字悦道。世为乡中右族，倜傥不羁，弱冠间飞鹰走犬，博弈斗鸡，迷于花酒之场。后染奇疾，几至不救。因梦入神仙境界，疾得康复，遂悟幻化之理，故存道心久矣。素则寡言少语，即遇重阳真人，幡然开悟。心下乃定，奔赴终南仙山，在那里做个不问世事的快活神仙。

默然子是除史处厚、严处常之外，第三个正式归入重阳门下的弟子，入门后史、严、刘三人一直居终南一带修道，"抠衣请教者，日不虚席。于是立观度人，玄风大振"②。这三个入室弟子，为全真教在陕西的发展立下了汗马功劳。

七月十八日，重阳真人跋山涉水，终于抵达宁海军。

宁海军，是金时山东路重要的海滨重镇，辖管文登、牟平两县。其东南有昆仑山，西北有蓬莱县。王重阳认为这里是他传教布道的理想之所。于是便寻个小店住下。闻人说本地巨富"马半州"深有道缘，于是决定翌日去马从义家走一遭，看看他到底道缘若何。

马从义（1123-1183），字宜甫。原系京兆扶风汉伏波将军马援之后，因兵乱东迁海宁。其家世习儒业。父名师扬，生五子，以"仁义礼智信"命名，号曰马氏五常。从义夫人姓孙名富春，即后来的清净散人孙不二。夫妇二人生有三子，名廷珍、廷瑞和廷珪。从义生于金天会元年，亦即宋宣和五年五月二十日，排行第二。童时即诵鹤语，及长善文。李无梦尝称之"额有三山，手垂过膝，真大仙之才"③。夜梦二黑衣

①见《重阳全真集》卷十《赠钓叟》。
②李道谦编，《终南山祖庭仙真内传》卷上《刘通微》。
③王西平编，重阳宫道教碑石，第104-108页。

人求救，跟至屠家，乃知二猪也。既觉，邻人阿泽屠豕，往救不及。因求术士孙子元占之，曰：君寿命不过四十九。由是感悟生死固不在人，遂近有道者。

大定七年秋七月中元节，马从义四十四岁。他偕同高巨才，游饮于富绅范明叔家怡老亭。酒酣题诗曰："抱元守一是功夫，懒汉如今一也无。终日衔杯畅神思，醉中却有哪人扶？"后七日，三人复饮，醉憩于亭。王喆布袍竹笠，径造其席，云："特来扶醉人矣！"从义问："尔从何方来？"答曰："一别终南水竹村，家无儿女亦无孙。三千里外寻知友，引入长生不死门。"又问："何为道？"答："五行不到处，父母未生时。"请吃瓜，则从蒂食起，问其故，云："甜从苦中来。"二人谈玄论道，甚为投机。遂邀归私邸，待以师礼。从义出示昔所作《罗汉颂》十六首，王重阳一一和之，宛若宿成。从义叹服，愈加敬重。

有一天，马从义忽然想到要在后园构筑一庵，以方便两人切磋。先前他梦见南园某处一只仙鹤涌出，就请重阳选上佳地址，重阳竟直指鹤出之地。从义惊异不已。很快一间庵房建成，请重阳起名，遂以全真堂为号。作七言长篇曰：

> 堂名名号号全真，寂静逍遥子细陈。
>
> 岂用草茅遮雨露，亦非瓦屋度春秋。
>
> 一间闲舍应难得，四假凡躯是此因。
>
> 常盖常修安在地，任眠任宿不离身。
>
> 有时觉后尤宽大，每到醒来愈爱亲。
>
> 气血转流浑不漏，精神交接永无津。
>
> 慧灯内照通三曜，福注长生出六尘。
>
> 自哂堂中心火灭，何妨诸寇积柴薪。[1]

---

[1]《重阳全真集》卷一《全真堂》。

起初，重阳以离家远游之乐开导，言学道之要在于去欲。马从义推脱，"家事所系，未易猛弃"，久而不决。王重阳想，马生活富足，夫妻恩爱，晓之以理未必奏效。不如现身说法，略施道术，从而动之以情。冬十月，北风凛冽。重阳命人绕庵构筑环堵（院墙），约宜甫锁庵百日，日馈一食。真人则置笔、砚、枕、席于内，入坐庵中。到了晚上，王重阳忽然来至客堂，与从义夫妇闲话。言语间，马从义悄悄令人探视庵中，当时风雪四起，只见扃镉如故，而真人端坐庵中，面色红润，奋笔而书。室内春意融融，砚水不冰，霜花不结，犹如小春天气一般。此后，真人"屡出阳神，来坐阁中"，赐梨给从义夫妇，令其分而食之。或赐芋、栗各一，令其分食。且每有诗词相赠，从义则和之。这些诗词，今多收在《重阳分梨十化集》中。

所谓"分梨"，即"分离"之谐音；芋者，欲也；栗，山中甘而甜者。重阳赐马从义夫妇芋栗之意是让其去欲入山修道，以山珍野味为食而弃绝人间烟火的五谷。三个月里，王重阳一面不断赐梨、芋、栗给从义夫妇，一面写赠诗词劝化，两相结合，此即著名的"分梨十化"。

王重阳的神通和诗词，终于感化了马从义。大定八年正月十一日，马从义开启庵门。此时他已悟玄理，决定舍妻受冠。他将财产交与儿子廷珍，把休书付与孙富春，择二月初八为良辰吉日，易服入道，"执弟子礼，从真人游"。王重阳为他训名钰，号丹阳子。赠《卜算子》词一首，曰：

你待坚心走，我待坚心守。百日扃门化出来，方是余开口。 开取四时花，绽取三春柳。认取元初这个人，共饮长生酒。[①]

丹阳继韵，曰：

不敢心狂走，极谢师真守。芋栗今番六次餐，美味常甘口。 不作东年叟，不恋东风柳。参从风仙物外游，共饮长生酒。

---

① 《重阳全真集》卷七《卜算子》。

二月底，重阳挈丹阳等入莱阳县境内昆仑山，开烟霞洞居之。重阳担心丹阳产生退悔之心，便反复磨练，百般考验他。初入洞时，重阳真人"施法"令其头痛难忍，赶其下山于家中调理；丹阳欲上山，重阳以诗拒之，丹阳焚烧誓状，如此多次，方允随行左右。在金莲堂时，又将丹阳赶出，令其上街乞讨，丹阳起初舍不下脸面，重阳"打之无数"，后来丹阳独自上街乞化，还能主动传道。一次次的磨练和考验，使丹阳子更加坚定了跟随重阳真人学道的决心。他在与师傅的相互唱和中，反复申诉自己的执著与忠诚，兹录一首：

翠霞紫雾常为伴，明月清风永作俦。

诱化仁人归大道，功行圆满赴瀛洲。①

经过多方警化与磨练，重阳认为马钰俗缘已断，道心渐坚，才授之《二十四诀》，许之"将来为上足"，以后掌管教门事。而丹阳子也终究没有辜负祖师的厚望，后来入秦弘教，大畅玄风，为全真教的发展做出了卓越贡献。

王喆宁海演法，教化马从义的事很快传遍四方。因为闻名遐迩，登门求诗闻道者络绎不绝。王重阳即在不到三年的时间里，挑选出七个如意弟子。其过程如下：

大定七年（1167）九月，山东栖霞农家子弟丘哥自昆仑山来受学，重阳收为弟子，训名处机，字通密，道号长春子。赠《金鳞颂》词。时年二十岁。

十月，谭玉抱疾求医，重阳治其风痹，谭因投门下，训名处端，字通正，道号长真子。时年四十四岁。

大定八年（1168）二月，隐者王某自牛仙山来，拜师于全真庵，训名处一，道号玉阳子。时年二十六岁。

三月，牟平郝深至烟霞洞投师，训名大通，道号广宁子。时年二十九岁。

---

①马钰：《洞玄金玉集》卷三《重阳钓予出家》之二。

大定九年（1169）五月，孙富春出家于金莲堂，训名不二，道号清净散人。时年五十岁。

九月，刘某出家，训名处玄，字通妙，号长生子。时年二十二岁。

至此，王重阳收齐七大弟子，号称七朵金莲，而史称全真七子。重阳真人欢喜异常，与七子结为物外真亲眷。因赋诗二首，其一曰：

> 一侄二子一山侗，连余五个一心雄。
>
> 六明齐伴天边月，七爽俱邀海上风。
>
> 真妙里头拈密妙，晴空上面蹑虚空。
>
> 东西南北皆圆转，到此方知处处通。①

第三节
化三州立五会

王重阳在收诸真、培养精英的同时，还自西而东，逐渐在登州、宁海及莱州建立起全真教的基层社会组织——教团，即五会。五会者，"一曰平等，二曰金莲，三曰玉华，四曰三光，五曰七宝。"②其具体经过如下：

大定八年（1168）八月八日，王重阳带领丘、谭、马、王、郝五名弟子离开昆仑山烟霞洞，迁往文登县姜氏庵（或作姜实庵）住，于文山创建了全真道第一个教团组织——三教七宝会，会首孙某③。马钰有《文山七宝会众创庵告名，因而示词》④一首，知七宝会的活动地点称七宝庵。庵似全真堂，东西廊舍，环堵围之，内有石井，井水甘美，有若琼浆。王重阳作《七宝玲珑》⑤词普劝归依，丹阳继其韵而和。

①《重阳全真集》卷一《结物外亲》。
②樗栎道人编．《金莲正宗记》卷二《重阳王真人》。
③见马钰《洞玄金玉集》卷二《题文山孙会首画三仙图》一诗。会首，一般由会众内德高望重者担任，任期不限，主要负责招纳和管理会员，召集会众，处理会社日常事务等。并把全真道大师的教诲和所传修道方法传给会众。
④马钰：《洞玄金玉集》卷十。
⑤《重阳教化集》卷二。

大定九年（1169）四月，宁海周伯通①筑庵，榜曰金莲堂，邀重阳真人入住。王重阳即引马、谭、丘、郝由文登迁居之。不久，孙富春弃家抛子来入道。重阳赠诗二首②。赐法名不二，号清净散人。八月，就庵立第二个教团——三教金莲会。赋《金莲会诗》三首③，《金鸡叫》词一首④相贺。另外，《重阳全真集》卷十中又有《金莲社开明疏》《五月一日》两首诗，分别向信众疏明修真之要，并请"挂衔"入社。

九月，重阳赴登州福山县立第三个教团——三教三光会。会首为周彬甫。众人索诗，马丹阳作《赠三光会首周彬甫》⑤及《借坡公海市诗韵赠福山诸道友》⑥两首，王重阳作《三光会合·扶风且住》⑦词训化，丹阳继韵和之。

这一月（九月），又在蓬莱县立第四个教团——三教玉华会。会首李某。王重阳有《玉华会疏》⑧《玉花（华）社疏》⑨以及《玉花（华）金莲社》⑩等诗，向会众阐发修真机要后"请题芳号"，邀众入社。马钰亦有《借坡公韵赠蓬莱道众》⑪，赠诸道友。

十月，重阳携丘、刘、谭、马在掖县又创立了全真教第五个教团组织——三教平等会。会首徐守道。王重阳作《赠莱州平等会首徐守道》⑫一诗训戒教海。马钰亦作《赠莱州平等会首·世传斑竹佳人泪》⑬及

①周伯通，宁海郡人，家财富厚，向有修仙问道之心，舍宅建金莲堂。关于他的资料极少。余未详。
②《重阳全真集》卷二《赠孙二姑》二首。一曰：分梨十化是前年，天与佳时主自然。为甚当时不离家？原来直待结金莲。一曰：在家只是二婆呼，出得家缘没火炉。跳入白云超苦海，教人永永唤仙姑。注：二婆，此丹阳侄孙辈对马妻孙氏的称呼。丹阳排行二，孙氏故称二婆。
③《重阳全真集》卷九。
④《重阳全真集》卷五《金鸡叫·宁海军结金莲社》。
⑤《洞玄金玉集》卷三。藏头拆字诗。
⑥《洞玄金玉集》卷四。藏头拆字诗。
⑦《重阳教化集》卷一。
⑧《重阳全真集》卷九。
⑨《重阳全真集》卷十。
⑩《重阳全真集》卷十。
⑪《洞玄金玉集》卷四。此诗为藏头诗。
⑫见《重阳全真集》卷二，为藏头诗。
⑬《洞玄金玉集》卷七。调名《战掉丑奴儿》，实即依《填字丑奴儿》格韵填成。

《平等会·信口便胡轰》^①词各一首相劝勉。

至此，三州五会立全。王重阳踌躇满志，宏图大展。诗情勃发，随口朗吟：

> 宝结三田聚，莲开五叶全。
>
> 蕊珠宫里看，见个白光圆。^②

之后又吟一首，道：

> 一轮明月吐光辉，桂树香传十九枝。
>
> 正到中更当子午，放开灵耀射瑶池。^③

王重阳在创立教团的同时，为了更好地统一各地教团的活动，规范各地教团成员的行为，还著书立说，阐扬教理，为全真道组织拟定了一些规章制度，即教规。如《三光疏》、《平等会规矩》等，可惜元代时已失传。流传至今的有《重阳祖师论打坐》、《重阳立教十五论》等。《重阳立教十五论》是一个相当系统的组织规章制度，涉及诸如全真教徒"住庵""云游""学书""合药""盖造""合道伴""打坐""降心""炼性""匹配五气""混性命"等等方面。

从大定七年四月离陕，至大定九年十月立"三教平等会"，王重阳在两年多的时间里，接诱训化，先后收得马、丘、谭、王、郝、孙、刘，以足七朵金莲之数，又普化三州，同立五会，"自是远近风动，与会者千余人"^④，并且还源源不断地加入，进而逐渐遍及整个山东半岛。

全真道众越来越多，固然说明王重阳弘教的成功，但同时也说明全真教倡导的基本教义符合当时人们的心理需求，在金统治区有着广阔的市场。其中的原因究竟是什么呢？下面我们就具体分析一下。

---

① 《洞玄金玉集》卷九。《平等会》题注曰"本名相思会，继古韵"。然查无此调，盖马钰自度。
② 《重阳全真集》卷二《述怀》。
③ 《重阳全真集》卷二《赠登州奉道》。
④ 赵道一，《历世真仙体道通鉴续编》卷一《王嚞》。

　　首先，全真道立教宗旨符合金统治区汉民族的文化传统，顺应了文化潮流。"五会"名称里都带"三教"二字。三教圆融，三教平等，是王重阳创会的宗旨，是他三教合一思想的直接体现。王重阳自幼熏习儒业，四十八上尚争强，功名心不退；而家乡周边，如终南山、楼观台、长安城等，浓厚的道教、佛教文化氛围，对他的思想影响也是极大的。从文化潮流上看，唐宋以降，儒释道三教融合。而传统道教的外丹损命，恶道误国等等，日益为人诟病。王重阳显然敏锐地感受到历史潮流的这一变化，崛起而革新之，振臂一呼，信者景从。他曾多次宣称"释道从来是一家，两般形貌理无差""儒门释户道相通，三教从来一祖风"①，并立志 "将来使四海教风为一家耳"②。这说明，圆融三教是王重阳自觉的行为，他一方面力图清除旧道教的不良影响，另一方面又借助儒佛二教的巨大影响来发展自己。在这五个教会当中，"平等"是基础，包含众教平等，信众平等的意思。在这种思想指导下，全真道徒兼习儒释道三家经典，如《孝经》《般若心经》《道德经》《清静经》等。正如金源《全真教祖碑》中所说的，王重阳"凡立会，必以三教名之者，厥有旨哉！"③

　　其次，五会名称中隐含着"性命双修"的含义，符合宋以后道教发展的趋向。"七宝""金莲""三光""玉华"，仙家气息浓厚，带有鲜明的道家文化色彩，是内丹修炼九层次中不同阶段的隐喻。这说明王重阳不仅是宗教思想家，而且也是一个宗教实践家。按马丹阳《赠五会道众》④词中的话来说，即"心平等，寿延长。修完七宝聚三光。悟全真，万事忘。玉华绽，金莲芳，馨香滋味满斋肠。行功成，现玉皇。"依稀可见练功的递进层次关系。玉阳子王处一在其《云光集·三州五

①《重阳全真集》卷一《答战公问先释后道》及《孙公问三教》。
②刘祖谦：《终南山重阳祖师仙迹记》。
③《全真教祖碑》，见《甘水仙源录》卷一。
④见马钰《洞玄金玉集》卷八。

会》中，将五会命名的含义以一首诗加以概括："七宝金莲子，三光从玉华。常持平等行，步步是仙家。"又《赠三州五会善众》："文山崇七宝，宁海涌金莲。三光同照耀，玉华天。能持平等，结果好因缘……"可见，"七宝""金莲""三光""玉华""平等"，次序不能乱，而名字之间又是相互联系，彼此依据的。"玉华"为气的代名词，"金莲"为神的代名词，"玉华""金莲"相提并论，涵含着"性命双修"这一基本修炼原则。这实际上是扬弃了外丹学的肉体成仙之路，而寻找不生不灭的心性，这种成仙并非肉体的不死，而是精神的一种超越。这种追求是道教改革和发展的趋向，为广大精神追求者所认同。

总之，全真道五会之名中隐匿着"三教合一"和"性命双修"这两个基本的立教宗旨，这是他吸引广大教众的根本原因。另外，全真道在性命双修的同时，还主张"真功真行"，功行双全。这也是全真道顺应历史潮流，吸引民众加入的非常重要的原因。当时南北分裂，战乱频仍，天灾人祸给老百姓，包括士大夫阶层，造成的伤害一时间难以抹平，许多人加入全真道为的就是寻求灵魂的救赎与安慰。而这些需求，全真道在一定程度上都能给予弥补。

《重阳真人金关玉锁诀》中规定："第一先须持戒，清净忍辱，慈悲十善，行方便，救度一切众生，忠君王，孝敬父母师资。"王重阳在《三州五会化缘榜》中带有纲领性质地强调了五会的宗旨，兹录全文如下：

窃以平等者，道德之祖，清净之元。首看莱州，终归平等；为玉花、金莲之根本；作三光、七宝之宗源。普济群生，遍拔黎庶。银艳冲盈于八极，彩霞蒸满于十方。渐生良因，用投吉化，有缘固蒂，无果重生。人人愿吐于黄芽，个个不游于黑路。

夫玉花者，乃气之宗；金莲者，乃神之祖，气神相结，谓之神仙。《阴符经》云："神是气之子，气是神之母。子母相见，得做神仙。"

起置玉花、金莲社，在于两州，务要诸公认真性、养真气。诸公不晓根源，尽学旁门小术，此乃是作福养身之法，并不干修性命、入道之事，稍为失错，转乖人道。诸公如要修行，饥来吃饭，睡来合眼。也莫打坐，也莫学道，只要尘凡事屏除，只用心中"清净"两个字，其余都不是修行。诸公各怀聪慧，每斋场中细细省悟，庶几不流落于他门。功行乃别有真功真行。晋真人云："若要真功者，须是澄心定意，打叠神情，无动无作，真清真静，抱元守一，存神固气，乃真功也！若要真行者，须是修仁蕴德，济贫救苦。见人患难，常行拯救之心；或化诱善人，入道修行。所行之事，先人后己，与万物无私，乃真行也。"伏愿诸公，早垂照鉴。

此文称为"榜"，在当时属于公开、公示性质，是向共修的道众普宣的。这些纲领性的文字，并非是一些空泛的理论，相反，大多是一些非常具体的、操作性比较强的原理和方法。在这里我们可以清楚地看到早期全真道清净为本、功行双全的特色，其朴实无华、直达本源的风格的确与后来鼎盛时期的传教及修行风格大有不同。

王重阳创立的五会是一种群众性的修道组织。绝大多数会众并非出家的道士，因而全真道对各会会众采取一种较为松散的管理方式。各个会社设有会首，日常事务由会首处理，全真高道并不直接参与。会员须缴纳数量不多的"分子"，即会费。按金莲社的情况，大约每月四文钱，称作长生定钱①。此外，各个会社设有专门的会堂供会众聚会之用，比如金莲堂、青白堂、空翠堂、全真堂、姜氏庵、七宝庵、苏翁庵，等等。会众们平时散居各处，定期或不定期地进行聚会，相互交流练功修法的心得，并请明师高道前来解问答疑。这在王重阳及全真七子的诗文集里可以得到印证。

---

① 《重阳全真集》卷九《金莲会诗》其一："诸公须是助金莲，愿出长生分定钱。逐月四文十六字，好于二八结良缘。"

　　五会会众为全真教的发展提供了良好的群众基础。创教之初，全真道没有自己的宫观，也没有固定的经济来源，正是这些会众信徒为早期全真道的发展提供了巨大的物质支援，奠定了全盛时期宫观创建运作的基础。会社建立之初，所需的会舍大多由会众施舍或聚资兴建。如前文中提到的宁海周伯通舍宅建"金莲堂"，姜公建姜氏庵等。此外，王重阳在其《文登张公、邵公要起玉花社》①一词中也提到邵某、张某为建玉华社所作的努力和功劳。五会会众除了捐助会舍、施舍庵堂，为全真道士提供食宿外，多位全真大师诗文集的刊印也得益于会众们的资助，其中包括教祖王重阳的《重阳全真集》及马钰的《洞玄金玉集》等。

　　由此可见，五会会众对于早期全真道的发展与壮大有着举足轻重的作用。有诗赞曰："七宝金莲子，三光从玉华。常持平等行，步步是仙家。"②

第四节

西归途中

　　三州五会确立后，一切运转正常，王重阳略感轻松，但"四海教风为一家"的愿望，可以说还远未实现。为了进一步光大全真道，重阳决定将传教的重心转向中原，尤其是家乡关中一带。大定九年（1169）十月，王重阳将山东教事交由玉阳子王处一和广宁子郝大通料理，自己略加准备，便从掖县启程，带着马、刘、谭、丘四个弟子又上路了。

　　初冬天气，北风呼啸。师徒一行五人，麻布青巾，携罐背篓，迤逦西来。月底抵达南京③，寓居岳台坊磁器王氏旅店。一到汴梁，重阳陡生黍离之悲，黯然销魂。想昔日宋都繁华，而今物是人非。正叹息间，一人径入旅邸，单膝跪谒。重阳心烦，令去。第二日又来，仍未正眼一顾，第三日又来，重阳方与之言笑，叩问姓名，此人欢喜雀跃而去。

①见《重阳全真集》卷三《满庭芳·王喆身留》。
②见王处一《云光集》卷三《三州五会》。
③南京，即汴京，今河南开封市。金灭北宋后，改汴京为南京。

　　原来这人姓杜，号曰神风先生，与当地名宦孟宗献友善。宗献当时在单州任知州，因母丧而丁忧居家。这神风先生因为曾经四次预言宗献中魁及升迁之事，次次应验。故宗献以神仙看待他，十分敬重。重阳抵达南京那日，神风先生正在宗献家中做客，忽然对孟宗献说："元帅来了，我要马上去谒见！"说完就走。孟宗献平素极敬重杜先生，当时莫名其妙，后来知道原委，于是择吉日也来拜谒重阳真人。当时重阳真人朝里侧卧看书，不加睬顾。宗献立于床头，问："先生所阅何书？"重阳不答。宗献就近一看，原来是柳屯田的《乐章集》，心想道人看这种书市井艳曲，实非所宜。便又问一句："此书全乎？"重阳始开口答道："可惜只有一卷。"宗献一听，心中大喜，赶忙说："正好我家有乐章全集一套，我马上派人给先生送来。"说完出门，奔走而回。

　　自是以后，重阳真人与孟宗献你来我往，过从甚密。不觉间已有月余。

　　这月余天里，师徒们朝夕相从，白天有时同游汴梁名胜，有时带领弟子街头乞化，晚上则聚在一起切磋琢磨道要。

　　一天，孟宗献造访，叙话间孟公心下寻思："重阳公缘何爱看柳词？"不觉脱口问道："先生，《乐章集》好看吗？"重阳什么也没说，只把原本交还。宗献翻检一遍，发现书中空行处写满小字，密密麻麻，工工整整的。原来重阳真人已经将柳词逐篇和讫。略读一二首，皆神仙家语，语句间烟霞紫雾缭绕，大有仙机可寻。不觉叹服，回家沐浴更衣，焚香一一拜读。玩赏再三，尤喜下面这首《双雁儿·自述》，兹录如下：

> 意马心猿休放劣，害风姓王名喆。
>
> 一从心破做颠厥，恐怕消些旧业。
>
> 真性真灵有何说，恰似晓风残月。
>
> 杨柳崖头是清彻，我咱恣情攀折。

　　此后，宗献愈加敬重重阳真人。

　　那日，重阳真人想起礼泉仙师所留密语："九转成，入南京，得知友，赴蓬瀛。"如今知友已得，他该如约赴蓬瀛了，然而"海上专寻知友来，有谁堪可教依托？"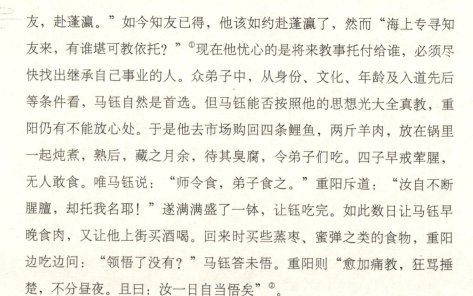①现在他忧心的是将来教事托付给谁，必须尽快找出继承自己事业的人。众弟子中，从身份、文化、年龄及入道先后等条件看，马钰自然是首选。但马钰能否按照他的思想光大全真教，重阳仍有不能放心处。于是他去市场购回四条鲤鱼，两斤羊肉，放在锅里一起炖煮，熟后，藏之月余，待其臭腐，令弟子们吃。四子早戒荤腥，无人敢食。唯马钰说："师令食，弟子食之。"重阳斥道："汝自不断腥膻，却托我名耶！"遂满满盛了一钵，让钰吃完。如此数日让马钰早晚食肉，又让他上街买酒喝。回来时买些蒸枣、蜜弹之类的食物，重阳边吃边问："领悟了没有？"马钰答未悟。重阳则"愈加痛教，狂骂捶楚，不分昼夜。且曰：汝一日自当悟矣"②。

过了些日子，重阳又让马钰招工匠造一辆风车，完工后，重阳推说近日内火旺盛，眼睛看不见。让马钰点灯火四处照遍。马钰照做，随即顿悟。

寒冬腊月天气，北方奇寒无比。重阳用弟子所化钱物，购置了大量薪炭，在寝室内生起炉火，火势极旺。寝室不大，但密闭严实。重阳让马钰和谭处端进屋立于炉前，让刘处玄和丘处机呆在屋外冰雪中。室内烤得人热不可耐，室外却冷得让人寒不可支。过了一个多时辰，刘处玄终于受不了，第一个跑开了，唯马钰始终如一原地不动。

经过几番考验，重阳终于确认马钰已得道成真，决定托付教事。

大定十年（1170）正月初四，重阳招弟子到床前，嘱咐道：你们到达关西，务必努力，多多劝化我乡善民。我今日便赴仙师之约去了。即索纸笔，书词一首，枕臂而逝。词曰：

凡躯四假，便做长年终不借。水葬鱼收，教你人咱业骨骸。

这回去也，一颗明珠无有价。正是真修，稳驾逍遥得岸舟。③

---

①《重阳全真集》卷九《竹杖歌》。
②元·赵道一：《历世真仙体道通鉴续编》卷一《王喆》
③《重阳全真集》卷五《减字木兰花·辞世》。

丹阳见师父闭目离去，不觉失声痛哭，怨道："才得跟随师父左右，还一无所学，师父却弃我而去，让我今后听谁指教？"重阳忽睁眼坐起，对丹阳说："你休要遗憾，若为此事，我便将从前甘河所得五篇灵文，悉数付你。"丹阳跪而受之，秘藏于心。遂对师父发下三桩誓愿，一要将师父《全真集》印行出版，二要为师父守服三年，三要普劝十方父母舍俗修仙。重阳一一点头。众人又请真人留颂，重阳道："吾已将颂词写到长安滦村吕仙庵的墙壁上了。你们到了陕西，可以抄来传看。"又环顾众弟子，说道："丹阳已得道，长真已知道，吾无虑矣。长生、长春，则犹未也。" 遂命丹阳指导长春，谭处端领管刘处玄，而后口占《辞世颂》道：

地肺重阳子，呼为王害风。

来时长日月，去后任西东。

作伴云和水，为邻虚与空。

一灵真性在，不与众心同。

颂罢，奄然而逝。享年五十八岁。

孟宗献听说，泣涕而至，对众人道："我受重阳公点化，也是一名弟子，今丧事当由我主办。"当时南京副留守纥石烈也与重阳有旧交，闻讯亦至。两人一商量，决定共同主祭。遂备棺椁衣衾，礼而葬之于自家后园花圃。众人举哀，沿街士庶，呼号瞻拜，时闻异香馥郁，瑞气盈空。此后，日祭谨甚，直至两年后灵柩西迁。不久天气稍暖，马、谭、丘、刘四弟子即作别宗献与纥石留守，匆匆赶往关中，传报重阳真人驾鹤西行，已赴蓬瀛之讯。

路上，四子经洛阳入关，过华岳，入京兆。因道友相留，暂住孔先生庵中。洞阳子史处厚闻讯前来迎谒，以同门相称。见丹阳头顶三髻，即取出重阳咸阳相别时所留松鹤图，与马钰本人相互比对，竟毫发不差，五人不由得唏嘘赞叹，知祖师不愧是真正的神仙啊。盘桓了两日，四子了解清楚师父昔日道友及诸弟子的大致情况后，便辞别处厚而去，约定刘蒋再见。

　　四子即往太平宫谒见和玉蟾、李灵阳二位师叔。又于终南山寻找到严处常、刘通微二位师兄。然后大家聚合到刘蒋村故庵旧地，朝东焚香致祭，缅怀真人。祭罢各归本处，继续修行。四子则留此安身，为重阳守服。当时史处厚、严处常也要留下，六人便修葺旧庵，共同居住，一面又收拾、整理真人遗物。这年秋天，和公玉蟾染疾谢世。众人葬之刘蒋庵侧。谥号普明澄寂真人。

　　大定十一年（1171），马钰等居刘蒋为重阳祖师修治葬所，准备迁葬事。

　　大定十二年（1172），春，马钰率谭、丘、刘化乞长安，复返汴梁，迁祖师遗骨，归葬刘蒋。而后于刘蒋居丧守坟三年。

延庆观

　　王氏旅邸。自王重阳仙逝后，弟子们为纪念他，于其址建重阳观一座。金末观废。元太宗五年（1233），栖云真人王志谨受丘处机遗命，重修重阳观，历时近三十年，规模宏伟，殿宇壮丽，赐名"大朝元万寿宫"。元末又毁于兵火，仅存斋堂一座。明洪武六年（1373），部分修复，更名延庆观至今。

第五节
祖师神迹种种

　　王重阳《遇师》诗云："四旬八上得遭逢，口诀传来便有功。"是说他正隆四年（1159）甘河遇仙之事。那次，仙人授他修真口诀。之后他又两次遇仙，得灵文五篇且被指点迷津。活死人墓成道以后，王重阳则神功自通。

（一）取水为酎

金世宗大定三年（1163）秋天，王重阳结庵刘蒋，边修道边传道。这时虽已悟道，但并未完全止酒。一天，他从镇上带着一壶酒，准备归庵，在路上碰到一个道人。那道者站在路边向他索酒喝，重阳将酒葫芦递过去。只见他仰头一饮而尽，把空葫芦交还重阳，令去河中取水。重阳照办，下河取水，并将满壶交给道者。可道者顺手又将酒壶递与重阳，让他喝光。重阳只得喝下，却发现滋味绝佳，甘醇得与陈年佳酿没有分别。道者问重阳："你认识刘海蟾否？"重阳答道："请问如何才能认识他？我只是见过他的画像而已。"道者不言，大笑而去。回到茅庵，王重阳以葫取水，试着啜了一小口，发现淡水确实变成了仙酎。自那以后，王重阳不再饮酒，只喝淡水，与人饮宴时，也只以水代酒，但常常显出醉容醉态。这个故事，见于《金莲正宗记》、《金莲正宗仙源像传》及《历世真仙体道通鉴续编》。可能反映的是王重阳入道之后断然戒酒、以水为酎的情况。王重阳有一首《虞美人》[①]词，说他不复饮酒以后人生的巨大变化：

> 害风饮水知多少，因此通玄妙。白麻衲袄布青巾，好模好样，真个好精神。不须镜子前来照，事事心头了。梦中识破梦中身，便是逍遥，达彼岸头人。

又作《不饮酒》[②]一诗云：

> 醒来不饮尘中酒，达后惟传世外杯。
>
> 从此白云随地有，自然举步到蓬莱。

王重阳青壮年时期是好酒的，但与其说他嗜酒、耽酒，不如说他是借酒浇愁。因为青壮年时期的王重阳功名心极强，在宋金反复争夺陕西的时候，王重阳是想做一番事业的。可惜"文武之进，两无成焉"。入道之后，重阳对酒的看法发生了改变。下面引重阳子一首名为《酒》的

---

①见《重阳全真集》卷五。
②见元，刘天素，谢西蟾撰：《金莲正宗仙源像传》之《重阳子》。

宝塔诗①：

酒，酒。恶唇，脏口。性多昏，神不秀。损败真元，消磨眉寿。半酣愁腑肠，大醉摧心首。于己唯恣猖狂，对人更没惭忸。不如不饮永醒醒，无害无灾修九九。②

王重阳对待酒的态度，入道以后大抵如此。他后来在山东教化马钰时说："凡人修道，先须依此十二个字：断酒色财气、攀缘爱念、忧愁思虑。"③可见，从饮酒到饮水，是信念的转移，标志着王重阳人生道路的转化。

（二）预知未来

大定五年（1165）春，王重阳到终南山传道，在太平宫壁间题诗："害风害风旧病发，寿命不过五十八。"当时王重阳五十三岁。他仙逝于金大定十年正月，享年五十八岁。预言果然应验。

大定七年（1167）四月，王重阳忽焚其庵，人惊而救之，他止之曰："三年之后，别有人修。"三年之后，即大定十年。那时重阳已驾鹤西行，马丘刘谭四弟子扶枢归陕，厚葬仙师于刘蒋，随后修复了这个茅庵。

烧庵后，重阳东游海上，路过咸阳，史处厚辞行。重阳画三髻道人松鹤图付之，嘱曰："待我他日擒得马来，以为勘同。"大定十年（1170）正月，祖师羽化。马钰入关报丧，史处厚迎之于长安。见丹阳头顶三髻，即取重阳别时所留松鹤图，与马钰本人相互比对，竟毫发不差。

---

①宝塔诗，原称"一字至七字诗"，也叫"一七体诗"。塔尖从一字或两字开始，向下延伸，逐层增加字数至七字的塔底终止，构成一个等腰三角形，形如宝塔。起始的字，既作诗题，又作诗韵。韵律上一般逐句成韵，或叠两句为一韵。因具有独特的结构美，对后世新诗的发展有一定影响。宝塔诗始见于隋朝。按形状分可为单宝塔诗、双宝塔诗和变形宝塔诗。单宝塔诗如吴敬梓《儒林外史》中的《秀才》：呆，秀才，吃长斋，胡须满腮，经书揭不开，纸笔自己安排，明年不请自来。王重阳此首为双宝塔诗。
②见《重阳全真集》卷一。
③《重阳教化集》卷二《化丹阳》。

大定七年七月，王重阳至宁海。初游登州，见望仙门外的画桥烟柳，风景别致，郡人引以为豪。重阳登至桥颠，却叹息道："此桥将来，逢何必坏。"众人见他言语癫狂，均不入理会。十二年后，新太守何邦彦到任，以桥势险峻，不利车马通行为由，令工匠拆毁改建。郡人始知王重阳是真仙。

王重阳创立五会后，大定九年（1169）十月，准备携徒西归。路过登州，太守纥石烈以师礼敬待，言语间甚是投机。重阳辞行，纥石出郊饯行，问以再会之地。重阳掐指略算，告诉他是在南京。当时，纥石太守怎么也不相信有这种可能。但仅月余，圣旨忽到，纥石烈除任南京副留守。纥石叹服之余，只得赴任奔往南京。重阳当时率四弟子宿王氏旅邸，两人果然在南京再遇。

（三）御寒防暑

相传，重阳祖师初至宁海，正值仲夏，天气溽热难耐。他来到朝元观，准备休息一下再赶路，就向观中童子借水喝。那童子送来一碗水，重阳喝了一口，觉得温热间带着苦涩味。于是，将水缓缓倾倒在手掌中。奇怪的是，那水在重阳掌中慢慢凝结为冰雪，一层层积为玉峰。重阳掰下一小块，慢慢品尝。在一旁的童子惊得目瞪口呆，许久忘记说话。这就是沃雪朝元的故事[①]。

后来王重阳运用神通，点化马钰出家。时值隆冬，北风呼号。重阳命人绕全真庵，构筑环堵，命马钰锁庵百日，日馈一食。真人则置笔、砚、枕、席于内，入坐庵中。到了晚上，重阳忽然来到马钰客堂，与马夫妇攀谈。言语间，马钰暗使人窥探庵中，当时风雪四起，只见扃镝如故，而真人端坐庵中，面色红润，奋笔而书。室内春意融融，砚水不冰，霜花不结，犹如小阳春天气一般。此是御寒分身术。

---

①见《文物》1963年第八期附录：《永乐宫壁画题记录文》。

（四）分身幻术

又称出阳神或出阴神。在马钰家，重阳真人曾多次使用。除上边提到夜访马钰以外，还有洒净水和擎芝草的故事。

当时马钰夫妇，虽崇仙道，但与荤腥并未断绝。常常吃些鱼肉之类的东西，日积月累，获罪于生灵，怨气集结于身。二人得了一种怪病，晚上总是睡不好觉，老做噩梦，要么梦见自己被宰杀，要么梦见自己被投进炉火。他们受尽惊吓，受尽折磨，精神极为痛苦。祖师可怜二人，阴神遂进入二人梦中，于云端洒净水而救之。后来二人不再食荤，病也好了。但有一次，马钰夫妇忍不住偷吃了一点羊肉，不料当夜灵魂就被摄入地狱，受到酷刑拷打。重阳再次现出阴神，下到地狱，手擎灵芝仙草，救之而出。自是，马玉夫妇彻底断绝酒肉，全心修道。有时候，人们在街市上看到他，可是又有人说那时候他正在家里接待客人。凡此种种，不胜枚举。总之，是他出阴阳神分身的幻术。

大定十二年（1172），马钰等复返汴梁，迁葬重阳遗骸。扶柩西归刘蒋途中，每每住店吃饭，临走付账时，每个旅店主人都说有一个道人已经付过了。几个徒弟纳闷，使劲追赶，想看看到底是谁，可是始终没赶上。问店家那道人长什么模样，店家描述的正是重阳真人的样子。这说明，重阳真人羽化后还时时分身来到徒弟身边，除忧解困。

（五）神医妙手

王重阳在马钰家住全真庵时，一日谭玉抱疾而至。他患风痹症多年，垂而将死，闻重阳有医术，所以登门求为弟子。重阳故意拒绝了他，但谭玉态度愈加坚决，重阳怜而留宿庵中。当晚大风雪，重阳让人在地上铺了一层海藻干草，令谭玉躺在上面，而后伸出一只脚，让谭玉抱紧。谭玉顿觉有一股热浪强烈地传送过来，迅速传遍全身，不一会就浑身发汗，舒畅极了。第二天早上，重阳盥洗毕，让谭玉以自己的洗面水洗漱，又令谭玉走到门外去。谭玉试着走走，发现腿脚的顽疾早已消失了。他连忙叩头拜师，重阳为之训名处端，号长真子。正式收在门下。

（六）其他法力神通

透视烟霞洞。大定八年（1168）二月底，重阳挈丹阳等到莱阳县昆仑山，开烟霞洞居之。起初，弟子们于山腰寻找合适的地点。重阳上下巡查一遍后，指着一处崖壁，说："这里有一个山洞，是前世我修道的地方。"命挖凿之，不一会，轰然一声巨响，崖壁倒塌，显出一个大洞穴。大家近前一瞧，果见一些锅灶瓦罐之类的器具，已经腐朽，不堪其用了。然而玉池井尚在，轻轻凿挖，泉水奔涌而出。弟子们由是更加钦佩祖师。重阳为之取名烟霞洞。

叱止昆仑石。一日，师徒们准备在烟霞洞外砌石垒庵，于是就北岭山坡取石。不料一块巨石滚落，眼看就要滚到庵前，众人惶恐无措。真人见势急，振威大喝一声，那块巨石竟然戛然而止，稳稳当当地停在那里了。山间砍柴的几个樵夫看见，一阵欢呼，礼赞再三。徒弟们无不叹服奇异。

咒化卤水。宁海金莲堂近旁有一口古井，原先井水又咸又苦，无法食用，金莲会的会众只得到远处的山中汲取泉水。重阳真人听说，临井念咒，少时令人汲取，尝一尝，井水甘甜。从此，会众用井水做粥饭，至今享其，十分方便。

投冠蓬海。有一次重阳与弟子们游蓬莱，登阁观海。忽然刮起飓风，真人随风被吹入海中。弟子们惊救不及，正在慌乱间，却瞥见海面远处一个人腾空跃出，大家定睛一瞧，原来正是重阳师父，不一会他就踏浪来至岸边。上岸后，大家见他毫发无损，只是丢失了帽子和发簪。过了一会，风平浪静，有人看见海面上有东西漂浮过来，近了才看清是师父的簪冠。众人赶忙捞起晾晒。

掷盖龙泉。大定九年夏，重阳受周伯通邀请离开文登去宁海金莲堂。当时王处一请辞而隐居查山修道，重阳还未给处一赐道号。真人即带领丹阳、长真、长春等出发，道经龙泉，天气炎热。重阳打一把伞走在后边，忽然他将伞抛向空中，伞在空中乘风盘旋而上，然后向远方缓缓飘去。众人疑惑不解，重阳则笑而不答。原来那伞一直向查山方向飘去，行约二百余里方才坠落，正落在王处一修道庵前。王处一急忙接过伞一瞧，见伞柄上贴一纸条，上写"伞阳子"三字。于是他明白了这是师父给自己起的道号。王重阳就是以这种奇特的方式给王处一起道号的。

关于重阳祖师的神迹故事，各种资料的记载还有很多，不再一一罗列。

叁

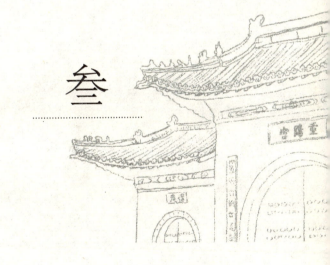

祖庵·灵虚观·重阳宫

刘蒋故庵，祖师炼化之所。自马丹阳等居之，始称祖庵。大定十四年（1174）秋，丹阳构筑环堵，手书"祖庭心死"，表其庵楣而示志。祖庵从此又称祖庭。金承安三年（1198），章宗赐名"灵虚观"。金正大三年（1226），灵虚观毁于蒙古兵火。后经掌教尹志平、李志常等兴复，元太宗窝阔台汗十年（1238），改"灵虚观"为"重阳宫"。元乃马真后四年（1245），朝命赠封"重阳万寿宫"。元时重阳宫规模达到鼎盛，其遗址在今陕西户县祖庵镇。

重阳宫马丹阳手植银杏

第一节
丹阳弘道

金大定十二年（1172）春天，马谭刘丘四子复返汴梁，迁祖师遗骨归葬刘蒋后，即结庵刘蒋，为师守坟三年。

三年后，即金大定十四年（1174）。秋八月，四真于鄠县秦渡镇真武庙前，月夜共坐，各言其志。丹阳曰"斗贫"，长真曰"斗是"，长生曰"斗志"，长春曰"斗闲"。第二日早上，四人作别，分头传道。

马钰

马丹阳从秦渡镇一回来，即构筑环堵，手书"祖庭心死"四字，冠于庵楣。又头分三髻，表示感恩戴德，谨记教诲，死心塌地地要在祖庵住下去，以广大全真之教业。所谓环堵，就是闭关修炼，饮食由外递入。马钰有一首《红窗迥·祖庵环堵》词，描述了他的环堵生活：

一莲池，二霞友。三松四桧，五株垂柳。卓环墙，围绕云庵，屏繁华内守。

青龙飞，白虎吼。玉姹金婴，自然清秀。超造化，结就神珠。待圣贤来成就。

终南环堵的自然景象与道家旨趣极吻合，马钰露腿赤足，昼不为炊，夜不点烛，前后六年，终于功圆通玄。而后信步云游，西至陇山，在平凉府华亭县行化。时有刘昭信、裴大器、李大乘及坊郭道友十余人，马钰诱化一夜，无一回心向道者。第二天，马钰临行，留绝句一首：

练就丹阳玉性开，云游西北选仙材。

锦鳞不得空捞漉，收拾纶竿归去来。

马钰见李大乘有根器，欲化之。就故意投宿到一个供奉神像的土窑。窑中潮湿闷热，住了几天，马钰咳嗽发热，吐血甚多。众人着急，送来解热毒的药物，马钰全部拒绝。他对众人说，道家得病当自治，当晚即"修炼身中至宝，厥疾自疗"[1]。马钰以身试法，大乘由是幡然醒悟，执弟子礼，训号灵阳子。

大定十九年（1179）二月，马钰就李大乘花圃筑环，携大乘入住。亲手栽植菲蘸半亩，青松翠竹数株。一面修道，一面劝道。后于平凉又收赵九古，龙门收李子和等为徒。大定二十年（1180）春，京兆赵蓬莱施宅为庵，丹阳环居。大定二十一年四月，入户县张朝散竹园庵内环居。后复归祖庵。

经过关陇传道，上至统军，下至小民，马钰都有接触，"远近趋风，士大夫争钦慕而师友之"[2]。马钰已经闻名遐迩，成为全真道的一面旗帜。他传教的区域主要集中在长安、户杜、临潼、耀州、礼泉、乾县、陇州、千阳等地。投其门下的弟子有曹瑱、来灵玉、刘真一、雷大通、柳开悟等，号称"玄门十解元"。在这些弟子门人的影响下，四面八方慕道者纷纷前来祖庵拜师，皈依全真。全真教在关陇一带得以迅速发展，可以说，马钰实现了他在师父面前立下的"劝十方父母舍俗修仙"的宏大誓愿。

大定二十一年（1181）冬，金政府开始清查度牒，无度牒僧道遣返还乡。马钰只好将教事托付丘处机。旬余后，带领弟子出关，于大定二十二（1182）四月东归宁海。三州五会之众倾赴云集，欢喜雀跃。六月应邀居黄县金玉庵，构建环堵，植小松六株。因天气炎热，松叶干黄枯萎。丹阳即以真气三时布之，并作诗三绝，其一云："六月初三种小松，六株色变遇扶风。祈荣我借重阳气，应效人传三髻功"，不久，松树便抽心展叶，青翠可爱。

---

① 《洞玄金玉集》卷八《清心镜·马风风》序。
② 张子翼撰《丹阳真人马公登真记》，《甘水仙源录》卷一。

马钰在山东一年多的时间里，所到之处行化作醮，仍然不遗余力地弘扬全真道。

大定二十三年（1183）十二月，马钰住莱阳县游仙宫。二十二日，丹阳仰瞻天表，曰"祖师偕和师叔至，当赴仙会矣。"嘱徒学仙，慎勿退悔。时至二更，枕肱而蜕，享年六十一岁。

是夜，丹阳出神于刘锡家中做客，于壁间留颂一首：

> 三阳会里行功圆，凤马乘风已作仙。
>
> 劝汝降伏龙与虎，自然有分亦登天。[1]

玉阳子王处一和长生真人刘处玄同主丧事，守坟百日。弟子杨明真、雷大通自祖庵来海上，奠基尊师。任守一自河朔至莱，庐墓三载。

马钰一生，自遇重阳皈依后，一心向道。在陕十数年，完全抛弃了妻子情（孙不二来陕找过他）、父母恩（拒绝回乡会葬父母），将全部心血都投入到了演教弘道的事业中，培养了无数弟子，为全真教的发展做出了巨大贡献。后世以马钰为全真遇仙派的祖师，直到今日仍有传承。

遇仙派最著名的道士是陈致虚。陈致虚（1290～？），元代著名内丹家。字观吾，号上阳子。江右庐陵（今江西吉安）人。好道，通群籍。元明宗天历二年（1329），遇赵友钦（字缘督）于湖南衡阳，受其所传金丹之道。其后，又遇青城老仙，传以"先天一气坎月离日金丹之旨"。一生精研道要，勤于著述，成为元代著名的内丹理论家。据传，陈致虚为遇仙派二十一代，后遇赵复阳（真嵩），遂皈龙门派。遇仙派于民国时期在山东等地尚有流传，山东崂山峡口庵、醒睡庵，莱阳丹阳殿、迎仙观等都属于遇仙派。此外，北京房山城隍庙也属于遇仙派。新中国成立后，遇仙派状况不详。

① 《甘水仙源录》卷一《全真第二代丹阳抱一无为真人马宗师道行碑》。

第二节
七子择地修真

金大定十四年（1174）八月，马丘谭刘于真武庙前，月下言志，翌日而别。四子从此择地修真，丘处机西入磻溪，谭处端、刘处玄分别去了洛阳。

唯马丹阳仍居刘蒋。而王处一、郝大通和孙不二，也分别选择了适合自己的修真弘道之所。他们在各自的修真弘道生涯中，都摸索出独特的修真法门，同时也创立了各自的法系派别。

（一）丘处机

大定十四年秦渡镇四子分开以后，丘处机西入磻溪。磻溪，在今宝鸡市南，水出南山兹谷，北流注入渭。相传姜太公隐居垂钓于此，其地林幽谷秀，岩峻涧深，人迹罕至。丘处机一到这里，就被它的胜景所吸引，对古昔圣贤慨慕不已，因凿洞穴居。洞名长春，丘处机赋诗赞之曰：

丘处机

> 峨峨峻岭接云衢，古柏参差一万株。
>
> 瑞草不容凡客见，灵禽唯只道人呼。
>
> 凿开洞府群仙降，炼就丹砂百怪诛。
>
> 福地名山何处有，长春即是小蓬壶。[1]

洞中却不置办草席锅瓢之类的东西，四壁清辉。他饥餐渴饮，出门穿戴襄衣，于村巷间乞食，人称"襄衣先生"。在磻溪六年多，丘处机没有一件新衣和新鞋，"每至中秋，唯完补褐衲耳"[2]，每天的基本生活就是战睡魔，除杂念，洗心炼行，昼夜练功。他有时闭门读书习字，与

---

[1]《磻溪集》卷一《磻溪凿长春洞》。
[2] 参看《磻溪集》卷一《寄道友觅败布故履》诗及小序。

弟子论诗谈玄；有时沿村乞化，交接道友。丘处机的交友相当广泛，上至统军、节度使、留守、解元、举人，下至秀才、百姓，无不来往。

有一次西游陇州（今陕西陇县），又发现龙门山景象绝佳，适合隐居，恰大定二十年（1180）马丹阳在陇州举行纪念祖师的重阳会，会后长春即留在龙门山，一住就是七年，七年间苦行更甚于在磻溪时。因为龙门"去村市极远，长春遂罢乞食，于岩洞间自立厨爨，日止一食。岩有悬泉，日滴盈瓿，可供师饮。"[1]正是在这样艰苦的环境中，丘处机磨炼了心性，成就了丹道。流传至今的丘祖洞，就是长春子当年练功的地方。洞不大，内有青石球，重约百斤。丘祖每日将之滚来滚去，年深月久，竟变得光泽圆润。

丘祖磻溪修道处

在龙门期间，大定二十一年（1181），官府有牒发事，清查僧道度牒。掌教马钰被勒令返还原籍。长春也在牒发之内，他对前来邀他下山主持祖庭教事的马钰弟子李大乘说："吾

龙门山

道东矣！予虽在牒发中，不能出关。余若出关，秦中教风扫地无余矣！"于是随缘下山，多方周旋，几经努力，使得州中官民同状保申，复上山居之。丘处机一留下来，马钰就将教事托付给他，返还山东宁海。

大定二十三年马钰升霞，二十五年谭处端升霞。

大定二十六年（1186）冬，丘处机应京兆统军夹谷龙虎之请，全面掌管全真教事，由龙门迁居终南祖庭，结束了他十三年的苦修生活。这一年正好他成功了道。丘长春曾对弟子尹志平说："丹阳二年半了道，

---

[1]《玄风庆会图说文》卷一《龙门全真》。

长真五年，长生七年；我福薄下志，十八九年得到通天彻地处，圣贤方是与些小光明，未久复夺之。"①按丘处机大定七年九月投入王重阳门下算，十九年后，即大定二十六年（1186）。

丘处机掌教后，他从弘道长远利益出发，将祖庵房舍扩建一新，使其面貌焕然。自是，远方求道者翕然从之，玄风愈振。二十八年（1188）春，金世宗召长春至燕京，为自己主持生日大醮。四月，迁城北官庵，有司奉旨塑吕洞宾、王重阳及马钰像以供。五月，召见于长松岛，问养生之术。七月再召，长春剖析至理，并进词五首，称赞世宗"九重天子人间贵，十极仙灵象外尊"②，大惬圣意。八月请旨还山，赐钱十万。在返程途中，世宗忽然病逝。丘处机预感到全真教前程不妙，作诗词哀悼③。

丘处机掌教祖庭期间，全真教不断发展，河南陕西一带信众极多，且长春平素交接官吏甚多，对社会上层产生一定影响。但这种向上层发展的趋势，使朝中感到不安。金章宗即位，为防止宗教骚乱而于明昌元年（1190）十一月，禁罢全真。在此种情况下，丘处机无限感慨，无奈将祖庭教事托付给弟子吕道安、毕知常，于明昌二年（1191），东归登州栖霞，在故居建观隐居，等待新的历史机遇。

（二）谭处端

生于宣和五年（1123）三月初一，年长马钰两月。初名玉，重阳真人训名处端，字通正，号长真子。宁海人。大定十四年（1174）八月，秦渡镇真武庙马、谭、丘、刘月夜共坐，各言其志，谭处端选择洛阳作为修真之所。初至洛阳，"托宿于红衢紫陌，花林酒阵之间，心如土木，未尝动念。虽万两黄金，未尝为之折腰"④。一开始以行乞为生，行止不定。

---

① 见《清和真人北游语录》。
② 《磻溪集》卷二《进呈世宗皇帝》。
③ 参见《磻溪集》卷三《世宗挽词并序》。
④ 秦志安撰：《长真谭真人》。见《金莲正宗记》卷四。

后漂泊到洛河之南朝元宫，留恋不舍。于宫东空地诛茅拾砾，搭起一座草庵，环居修炼，调养心性。有一次乞食到磁州二祖镇，遇到一个醉鬼寻事，将门牙打落。众人愤怒，要求告官。而长真只是一句"多谢他慈悲教诲"了事。长真自幼涉猎诗书，工诸草隶。平素喜书"龟蛇"二字。大定十七年（1177），过高唐县，因茶肆吴六侍奉往来道侣很殷勤，书"龟蛇"二字相赠，嘱道："可置之壁间，以镇火灾。"吴六悬之于肆壁。后来邻家失火，殃及周遭，而王六茶肆独存。[①]大定二十一年（1181），长真来华阴居纯阳洞。游山作诗一首，赞美莲花峰："粝食粗衣度岁华，白云高卧隐烟霞。心香福炷灵源起，定观莲峰十丈华。"一日，头上生一疮，以为不祥，复返洛阳朝元宫草庵。

谭处端

大定乙巳岁孟夏朔日，即二十五年（1185）四月初一。谭处端梦遇重阳、丹阳。遂留颂词云：

交泰一声雷，迸出灵光万道辉。龙遇迅雷重脱壳，幽微，射出金光透顶飞。一性赴瑶池，得与丹阳相从随。显见长真真妙理，无为，涌出阳神独自归。

书毕，曲肱而逝。享年六十三岁。

谭处端在洛阳的十年时间里，到过磁州、洛州、卫州、怀州、华州等地，基本上在河南河北一带活动，一方面环居修炼，一方面云游传道。著名弟子有王道明和董尚志。长真逝后，二人庐墓而居。后丘处机在谭故庵建栖霞观，王道明主观事。谭处端行世诗词数百首，多言铅汞之道，结为《水云集》，今存《道藏》中。谭处端在洛阳传教十年，形成全真教之南无派。

---

①见李道谦编：《七真年谱》。

（三）刘处玄

生于金熙宗皇统七年（1147），东莱武官庄人。大定十四年（1174）秋八月，与三子别后，遁迹于洛阳勾栏市井之中，晚上睡土地庙，白天行乞于街市，人馈则吃一点，不馈亦无怒容。人问则以手比划，不问则终日沉默。如是三年，"管弦不足以滑其和，花柳不足以挠其精"①。以此磨炼心性，蓄养精神，这也就是在秦渡镇他所说的"斗志"。刘处玄选择这样的环境，经过两年多的磨炼，擒获了意马心猿，遂由土地庙迁往城北的云溪洞居住。大定十六年（1176），由于惦念老母，复还山东老家武官。母子相见极欢洽，但没几天，有人诬告他杀人，被捕入狱。刘处玄视蹲监狱为一次难得的机遇，在狱中三个多月，专心研习道经，竟然感化纯阳真人吕祖临凡指点。后来杀人者自首，长生出狱。出来之后，他书法和诗才大有进步。于是重返洛阳勾栏市井中，继续养素炼心，终于用七年时间成功了道。其门人日增，他用法力在云溪洞旁开掘了三泉。

刘处玄

大定二十一年（1181），长生东归莱州。第二年居故乡武官，建庵注《道德》、《阴符》、《黄庭》等经，四方受教者越来越多。二十四年（1184）正月，刘长生在昌阳主持斋醮，设坛祈雨，颇有灵验。五月大旱，为登郡祈雨，海市现于竹岛。是后声价愈隆，独主东洲醮坛事务。

金章宗明昌二年（1191），驸马都尉出镇莱州，有人诬告刘处玄实无道术法力而善妖言惑众，于是被追捕下狱。大约半个时辰后，有人却看见长真在城南与道友谈话聊天，郑押狱和王受事同时也看到了，就急忙派人去监狱探查，发现刘长真正在熟睡未醒。二人惊骇，报告给上司，驸马赶快释放了刘处玄。

──────────────────────

① 秦志安：《金莲正宗记》卷四《长生刘真人》。

金承安二年（1197）冬天，刘处玄应章宗邀请前往燕京，问以至道。处玄回应："道之要，寡嗜欲则身安，薄赋敛则国泰。"次年三月离京返回。

泰和三年（1203）二月初六日，刘处玄在东莱武官庄灵虚观，鸣鼓召集徒众，告以将游昆仑阆苑，遂曲臂返真，享龄五十六岁。生平著述甚丰，且精于玄理，著作主要有《仙乐集》《长生真人至真语录》《黄帝阴符经注》《黄庭内景玉经注》等。至元六年（1269），元世祖诏赠刘处玄为"长生辅化明德真人"。以修炼、传承他的教理、思想为主的门人派别称为全真随山派，简称随山派。其门下弟子众多，较为著名者有：于道显，以苦修知名；宋披云，主修《道藏》，创建宫观，对全真教发展贡献巨大。

（四）王处一

字玉阳，宁海东牟人，生于金熙宗皇统二年（1142）。大定八年（1168）二月拜重阳为师，次年春，辞师入铁查山云光洞隐修。重阳掷盖龙泉，为训名处一，号伞阳子。修炼之初，处一自感罪业深重，曾于沙石中长跪不起，膝烂至骨，又赤脚往来于山间荆棘砺石之中，夜归云光洞，则高翘一足，昼夜不眠。传说他还经常俯临大壑，翘足独立，数日不移，故人称铁脚仙。其修炼十分刻苦，丘处机有诗赞之："九夏迎阳立，三冬抱雪眠。"①

王处一

经过九年洞居，炼形制魄，他终于大体道妙，法术渐通，即云游布道于齐鲁间。玉阳道术极高，道行碑载，"度人逐鬼，踣盗碎石，出神入

---

① 见《甘水仙源录》卷二《玉阳体玄广度真人王宗师道行碑铭并序》。

梦，召雨摇峰，烹鸡降鹤，起死嘘枯，魔诃嗾斥"等等，似乎无所不能，使得方圆千里，白叟黄童，尽皆拜服门下。莱阳富豪刘植无子，请玉阳决算，玉阳不言，书"四四应真"而去。第二年四月四日刘植果得一子，登门道喜并求命名，玉阳说我已经起名"应真"了呀，刘植方才醒悟"四四应真"之意。玉阳还有饮鸩止渴的本领。碑载，有诬民邀真人饮酒（实为饮鸩），真人早已预知，出门时嘱徒弟凿池灌水，作法而去。席间持杯畅饮，如饮浆酪。回来解衣洗浴池水中，少时池水沸干，真人毒气也尽散。关于玉阳饮鸩不死的事，丘处机在龙门洞听说后亦不相信。朝廷首次征召，玉阳入朝遭谗，被试饮鸩，果然无事。由是朝野敬信不疑，道价剧增。长春作诗赞玉阳得道，曰："故国真仙子，东方大达人。清高何异俗，爽迈不同尘。表里天俱赐，行藏世绝伦。时时期祸福，征验默通神"①。

王处一是七子中最受金王朝青睐的，共有五次召宣，世宗两次，章宗三次。承安二年（1197），章宗召见玉阳，问以要道，谈论至暮方归。翌日，赐体玄大师号及紫衣，使居燕都道观，月给斋钱二百缗。时吕道安准备扩建祖庭，因无敕额，不敢集众。玉阳买祖庭为"灵虚观"，保授吕道安"冲虚大师"号，使之充任观主；又赐毕知常"通真大师"号，令为副知观，与吕共管祖庭，重振玄风。对于每次召宣，玉阳皆有诗作，第五次时诗曰："无作无为出洞天，普天法道荐良缘。东方云海玉阳子，特授皇恩第五宣。"②这次他在亳州太清宫设普天大醮，期间度民为道士千余人。

王处一一生未离山东，死生皆在金朝。宣宗兴定元年（1217）四月，升仙于圣水玉虚观。享年七十六。临终留颂："跃出乾坤造化权，神光晃朗遍诸天。飘飘鹤驭超三界，喜受金书玉帝宣。"他的门人弟子众多，称为昆山派。

---

① 《磻溪集》卷四《赞玉阳先生》。
② 《云光集》卷二《泰和癸亥诏赴亳州作普天大醮》。

（五）郝大通

初名郝升，宁海人。大定八年拜重阳为师之前，郝大通即以成才。他精通周易，于集市上算卦为生，侍奉老母极孝。重阳见他仙质可度，故入卜肆请卦，背向而坐人丛中，升曰："请先生回头。"重阳应答："你为何不肯回头？"郝升即悟。不久母亲离世，遂弃家入昆仑山烟霞洞，求为弟子。重阳脱下身上衲衣，去其两袖，递与升，说："莫嫌它无袖，今后你会自己成功。"意在传法。赐名璘，号恬然子。

郝大通

大定九年（1169）六月，辞重阳往查山与王处一同修。闻祖师仙化，四子入关，即西行至秦。十二（1172）年，葬祖师于刘蒋后，准备庐墓守坟。谭处端激之曰："随人脚跟转可乎？"第二日，即往西岐，遇异人，授名大通，字太古，号广宁子。十三年（1173）东返，游历河北一带。十五年（1175）二月，默然坐于沃州（赵州）桥上。饥渴不求人，寒暑不移地。有人侮狎戏笑，他也不怒。如是三年，人称"不语先生"。有一天黄昏，一个醉鬼路过，不小心一脚把真人踢到了桥下。七天不见先生踪影，人们还以为他到别处去了，也就没理会。第八天早上，一高官骑马经过，马惊跃而起。不论如何捶打，就是徘徊不前。官人下马对左右说："桥下肯定有怪事，下去看看。"随从到桥下，发现一道人奄然正坐，问话不答，以手画地说"七天未食"。州民听说，纷纷送来饮食，请他上岸。广宁但摇手而已，这样又在桥下坐了三年，形如枯木，心如死灰。任河水泛溢，抑或枯竭，都莫能伤害到他。

《郝宗师道行碑》载，广宁有侄女嫁真定知府，夫妇二人过沃州，驻车赠物，存慰甚厚。而真人邈若不识。一天自觉阴阳和合，九转功成；忽然跃起，杖履而出。大定二十二年（1182）过滦城，又遇神人，授以大易秘义。从此，为人预测未来之事，不差毫发。居观升堂演道，远近来听者常常数百人。同时又四方阐化，利物度人，由是道价

日隆，太古之名名闻天下。章宗明昌初年，东归宁海。卫绍王崇庆元年（1212）十二月，仙蜕于先天观，春秋七十三。生平著述极多，有《三教入易论》《示教直言》《心经解》《救苦经解》《周易参同契简要释义》及杂收诗赋易图类的《太古集》十五卷，行于世。著名弟子有范圆曦、王志瑾等。追随他的全真教徒，称为华山派。

（六）孙不二

王重阳师徒西归，孙不二留在山东修道。重阳仙逝，她听说马钰守丧终南，便跋山涉水而来，在京兆府赵恩家蓬莱庵与马钰相见，参同道要。时间是大定十二年（1172）春天。马钰怕她旧情不断，赠《炼丹砂》词曰："奉报富春姑，休要随予，而今非妇亦非夫。各自修完真面目，脱免三途，练练气莫粗，上下宽舒绵绵，似有却如无。个里灵童调引动，得赴仙都。"又写诗解劝："休执拗，莫痴顽。休迷假相莫悭贪。休起愁，莫害惭。听予劝，访长安。逍遥坦荡

孙不二

得真欢。守清净，结大丹。"[①]据《金莲正宗记》卷五记载，蓬莱庵中与马丹阳分手后，孙不二彻底断绝恩爱，按丹阳所嘱访游长安，筑环修炼。大定十五年（1175），孙不二又移居洛阳风仙姑洞修炼。在洛阳前后七年，"三田返复，百窍周流"，证得道果，随即"劝化接引，度人甚多"。大定二十二年（1182），十二月留颂《卜算子》词曰："握固披衣侯，水火频交媾，万道霞光海底生，一撞三关透。仙乐频频奏，常饮醍醐酒。妙药都无，顷刻间，九转丹砂就。"二十九日仙蜕，享年六十四岁。后人辑录孙不二诗词二十余首，名为《孙不二女丹次第词》。她对于全真教的贡献在于根据女性生理特点开创了女丹修炼的方法，因而有大量女性加入到全真教组织。研习孙不二一派的，世称清静派。

---

① 《洞玄金玉集》卷八《捣练子·赠清净散人》。

第三节
金时三劫

宋金第二次议和发生在南宋孝宗隆兴二年，即金世宗大定四年，公元1164年。隆兴和议以后，南北方迎来了一个长达四十四年的和平时期，社会趋于稳定平和，百姓开始安居乐业，以佛、道教为主的宗教组织开始蓬勃发展，各地大肆兴建寺庙道观，越来越多的无所趋向的中原百姓纷纷出家，或为僧，或为道，或为它者。可以说，大定初年宗教的发展已经达到一个高潮。

但是，宗教组织的蓬勃发展也开始威胁到金国在中原地区的统治。许多汉民不服金人统治，利用宗教组织反抗金政府，民间"往往造作妖言，相为党，与谋不轨"[①]。《金史·世宗纪》中关于僧人及老百姓谋反的案件有记载的多达十余起。最典型的就是大名府僧李智究谋反案。

大定十一年（1171）十二月，大名府（今河北大名东北）李智究率领僧团以"应天时"为口号，发动武装斗争，攻打东平府各州县。之前他假托化缘，宣传组织民众。计划先取兖州，于峄山会合信徒，分取东平诸州府。后因遣胡智爱等夺取旁近军寨武器，为金兵所败；又因有人告发，起义军来不及集中，遭金军迅速镇压。金军在各地捕捉起义军，杀害起义骨干四十余人。大定十三年（1173）九月，李智究被杀。事败后，连坐者达四百五十余人。

这件事引起了金世宗的极大不安，开始对释道传教有了警觉。大定十八年（1178）三月，朝廷下令：禁止民间修建寺观。大定十九年三月，世宗在与大臣研讨当时蓬勃发展的宗教时说："人多奉释老，意欲徼福，朕蚤年亦颇惑之，旋悟其非。"[②]最高统治者的这种宗教态度，注定了方兴未艾的全真道要遭受劫难。

---

① 《金史》卷八八《石琚传》。
② 《金史·本纪》第七《世宗》（中）。

（一）世宗朝：道人受遣还本乡，丹阳被逐出祖庭。全真教第一劫。

大定二十一年（1181）冬，马钰问门人来灵玉："世所称衣服旧弊重修洁者何名？"门人答："拆洗。"马钰说："东方教法，年深弊坏，吾当往拆洗之。"可正当他雄心勃勃，着手进行宗教改革时，金政府开始清查度牒，凡云游在外的无度牒僧道一律遣返还乡。马钰在虢州靖连镇、京兆及甘河镇三次受官兵盘查，他写诗叹到"修真劝善遭官难，除此前来已诘三"[①]。最后京兆府正式发文，令他返回山东老家。钰与京兆统军夹谷龙虎有旧，即上书请留：

> 三髻三侗得遭遇，专来秦地炼云涛。
>
> 寻思把自还乡去，不若厅前请一刀。[②]

但朝廷此时对全真教的发展很不放心，禁令严峻。统军无法宽容，马钰愤慨之余只好将教事托付丘处机。旬余后，带领弟子出关，返还宁海。临行表示还将西来，不无遗憾地留诗道：

> 利名场上骋风流，怎肯灰心物外修。
>
> 莫怪纶竿收拾去，自知巴句匪洪钩。[③]

随丹阳出关的弟子有姚玹、来灵玉、曹瑱、宋明一、刘真一、苏铉、柳开悟等。沿途道众往谒迎送不绝。次年，大定二十二四月，丹阳等回到宁海。同年，刘处玄也被迫返还山东莱州。全真教在此紧要关头，多亏丘处机挺身而出，随机应变，才使秦中教风免遭扫地之厄。丘处机对马钰弟子李大乘说："余虽在牒发中，不能出关。余若出关，则秦中教风扫地无余矣！"他知道不能与朝廷对抗硬顶，而是"随缘下山"，想方设法，积极活动。因为丘处机平素与京兆统军夹谷龙虎、西京留守夹谷清、陇州通判萧防、陇州防御使裴满镇国等有良好的私人关

---

① 《洞玄金玉集》卷一《借黄英卿殿试韵》十绝之三及小序。
② 《洞玄金玉集》卷一《京兆府牒发还乡，故作是诗以谢统军》。
③ 《洞玄金玉集》卷一《既蒙牒发不得已而别京兆，故作是诗也》。

系，互以道友相称，诗书往来甚多。所以丘处机利用这些特殊关系在龙门与京兆之间来回奔波。经多方斡旋，陇州官民同状保申，长春真人复上山而居之。

在全真教初创时期艰难的发展过程中，丘处机能在朝廷的严令之下留在陕西，这无疑是个巨大的成功。它的意义是显而易见的，显示了丘处机出色的战略眼光和卓越才干，同时也体现了全真教潜在的发展实力。

金世宗暮年，因色欲过度，身体衰疲，走路尚需左右人扶。此时他的神仙情结才突然萌发，四处博访高道，寻求保养长生之术。于是，王玉阳和丘长春二位全真宗师才先后被请至燕京。但仅不到两年的时间，世宗便病逝了。

（二）章宗朝：没收庵产悉充公，长春无奈望海吟。全真教第二劫。

章宗即位，朝中大臣纷纷议论全真教的社会影响，"惧其有张角斗米之变，著令以止绝之"[①]。而章宗对智究事件也记忆犹新，为防止宗教再次引发骚乱，于明昌元年（1190）正月下令：禁止自行剃度僧道，披剃必须经官府领牒，又规定凡僧道，三年内必须进行资格审核一次。十一月，政治情势更加严峻，章宗干脆"以惑众乱民，禁罢全真及五行毗卢"[②]。

在这种情况下，掌教丘处机处境的凶险比马丹阳当年有过之而无不及。元人释祥迈撰《大元至元辨伪录》卷三中说："章庙禁断其风，使杨尚书就海州杖断丘公八十，世所共闻。"意即朝廷派人追至登州栖霞，将丘处机杖责八十。此事不大可信，陈垣先生在《南宋初河北新道教考》卷三《全真篇》中已辩驳过。但是禁绝全真，拿丘处机开刀，将掌教丘处机赶出祖庭，当是实情。对于明昌二年突然东归登州之事，丘

①金·元好问：《遗山集》卷三五《紫薇观记》。
②《金史》卷九《章宗记》一。

处机在《磻溪集》卷三《望海吟》一诗小序中似乎漫不经心地讲："余观天下，形势壮观，自潼关以东，淮水以北，无出登州。因作《望海吟》，用纪其实。"诗云：

> 长风起波涛，万里卷霜雪。
>
> 凭凌登岛屿，混溔失丘垤。
>
> 有时灵气和，变化非常别。
>
> 森罗无限景，欲辩难措舌。

这里略去了前后描写海景的十数句。中间这八句诗是诗歌的主体，隐喻象征了全真教发展的天下大势，大意是说：世宗驾崩，新君继位，两个皇帝对待宗教的态度截然相反，瞬息万变，让人难以琢磨，难以言说。我们结合该诗本意理解，诗序中所言"用纪其实"的"实"，显然不是蓬莱海景，而是全真教发展的天下大势。两年前，世宗宣召他进京问道，并主持生日大醮，又奉旨塑纯阳、重阳及丹阳三师像以供，赐桃赐币，恩宠优渥。归陕途中他满怀希望，与弟子在河南沿途修建了苏门资福观、马坊清真观、孟州岳云观等基业，准备利用皇帝召见这一殊荣及影响，来年大力发展全真事业。但是，世宗忽然病逝，他顿觉悲风涌动，黄河卷雪，白日蒙尘一般。如今新帝初立，却禁绝全真，他因此失去安身立命的"丘垤"，只能"凭凌登岛屿"。面对这种状况，长春惟感无语，只能望海沉吟了。

于是明昌二年（1191），丘处机将祖庭教事托付给弟子吕道安、毕知常，一切安排妥当后，率于通清、赵九古等东归登州栖霞，在故居建观隐修。时春秋正富，刚四十四岁。这一年，金政府又禁绝了其他小的宗教派别，比如太一教等。

明昌三年（1192），令僧道依古制拜父母，行孝礼。

明昌五年（1194）十月，章宗对平章政事完颜守贞说，佛道教将殿宇圣像建造得恢弘华丽，完全是为了谋取财货[①]。看来章宗对宗教印象极坏。

①参见《金史》卷九《章宗纪》一。

明昌六年（1195），朝中及省府清除道流。同时"罢无敕额庵院，悉没于官。祖庭亦在其数。自是门庭萧索，道侣散逸。①"全真教二度受挫，遭到了一次沉重打击，是为第二劫。

（三）哀宗朝：灵虚遭焚成瓦砾，八旬护观血不流。全真教第三劫。

金章宗执政中后期也意识到全真教的教义教规并无危机封建统治之处，例如全真教戒第一条规定"犯国法者逐出"，等等。所以对全真各大宗师，特别是玉阳真人、长生真人以及长春真人比较敬重礼遇，多次征召入朝廷，问以长生久视之道。

自章宗改元承安后，金国的宗教政策开始松动。承安元年（1196），发布了僧道女冠剃度的有关制度，使宗教活动合法化。由于连年与宋、元交兵，财政困难，金政府于是决定出售观额、度牒、大师号、紫衣等名物，以减轻经济上的压力。这实际上标志着政府承认了佛道教为合法组织。全真教趁机购买了许多观额和度牒。这一年，章宗将长生真人刘处玄及玉阳子王处一两人请至京师，待如上宾，问以道要。承安三年（1198），王玉阳买祖庭为"灵虚观"，保授吕道安"冲虚大师"号，使之充任观主。又赐毕知常"通真大师"号，令为副知观，嘱咐他与吕道安共同营建祖庭，重振玄风。二人不负众望，在充任观主期间尽职尽责。承安五年（1200）九月九日重阳节，吕、毕将祖师《无梦令》词立石刻碑，敬重供奉于祖庭院内。（此碑至今保存完好，可以在重阳宫碑林内见到，是全真教徒瞻仰缅怀重阳祖师的重要遗物。）此后数年间，二人为陕右地区买观额数十处，买牒披度三百余人。金

无梦令

---

① 《终南山祖庭仙真内传》卷中《吕道安》。

兴定四年（1221）二月，吕道安去世，享年八十。毕知常继之嗣主"灵虚"香火，独主观事，其殿堂、廊庑等建造增葺者甚多，道缘日盛。几年间，毕知常也度化门人百余。

由于吕、毕二人的密切配合，相互支持，祖庭得以重兴，道缘复振。全真教在中国北方又平稳、迅速地发展起来。

但是，好景不长。金末蒙古势力崛起，大有吞金并宋，统一中原之势。而金国自贞祐丧乱①之后，便迅速走向衰亡。宣宗贞祐元年（1213），成吉思汗破河北、山东九十余州，大肆杀掠。贞祐二年（1214）五月，金被迫迁都南京（今开封），但威令已经不出国门。自贞祐四年（1216）起，蒙古军开始进攻陕西，在十六年的时间里，发起三次进攻，终于在金哀宗正大八年（1231）占领关中全部。

其间的哀宗丙戌岁，即正大三年（1226）初冬，成吉思汗亲自统军进攻西夏，蒙古大军围攻西夏中兴府甚急。金哀宗召集陕西行省及陕州总帅完颜讹可等到南京（今开封）商议军事。形势十分不利于金，关中一带已陷入战争的火海。此时毕知常已谢观事闲居，退隐岐山洞真观，只是偶尔抽空到灵虚观指导视察。灵虚观的守护工作交由宋明一负责。据《终南山祖庭仙真内传》卷中"宋明一"传载：

正大丙戌，北兵下秦川。民庶惊扰，避地南山。道众俱入涝谷，先生独不肯往。众劝之行，先生曰："吾之宿债，安所逃乎？汝辈可行，吾独于此守之。"不数日，逻兵卒至，灵虚殿宇悉为灰烬，先生亦被害。翌日，道众下山视之，膏血不流，可谓纯阳之体，嵇康、罗公远之流乎？时十月十有三日也。享寿八十四。

宋明一，号昭然子，登州福山县人。由山东入关拜马丹阳为师，后又随丹阳东行。他在丹阳去世后复入关中，居祖庭。大定二十六年（1186）率道众往陇山请丘处机下山。丘处机东归后，宋明一仍居祖庭为尊宿，

---

① 指权纣石烈执中率军入宫杀金帝卫绍王完颜永济，立升王完颜珣为宣帝，改元贞祐。后，右监军术虎高琪又杀纣石烈执中，控制金廷。

新入道者均由他引渡。丙戌大火中宋明一坚守灵虚，与观俱焚。此为全真教第三劫。

八年以后，即元太宗窝阔台六年（1234），蒙古灭掉了金。关中初定，窝阔台遣使抚慰关辅。掌教尹志平立即派李志远入关，召集道众，兴复刘蒋祖庭。李公多方筹资，率从恳筑，经过十数年的营建，祖庭才逐渐恢复并兴盛起来。

第四节
敕赐大重阳万寿宫

入元以后，全真教迎来了历史上发展的最好机遇。元政府十分重视和支持全真教的发展，在各方面都给予了特别的优渥。从成吉思汗、元太宗、乃马真后，一直到海迷失后、宪宗等，朝廷给予全真教的敬重、信任与优惠，都有增无减。包括降旨免除全真教的赋税差役，褒奖高道，封赐观额，等等，又屡屡征聘在京的掌教宗师主醮或询问养生治国之道。与金朝忽冷忽热的态度相比，元朝对全真教的支持态度是一以贯之的。

敕赐大重阳万寿宫碑图

丘处机于太祖二十二年（1227）辞世，弟子尹志平嗣教。

尹志平，号清和，莱州人。生于金世宗大定九年（1169），仕宦家庭出身。幼聪颖，行动异于常人。十四岁遇丹阳而入道，其父不允，禁锢在家，几番潜逃，终迫使父亲依从他的志愿。丘处机东归栖霞，尹执弟子礼，恭侍左右，深受器重，付授而无所隐。又师从郝大通、王处一，自是道业兴隆，声名大振。金兴定四年（元太祖十五年，1220），随长春西游雪山，为十八弟子之冠。元太祖十九年（1224）二月，度居庸关回至燕京。长春居京师太极宫，四方尊拜者云合。尹志平以"无功德"辞退德兴龙阳观。长春上仙，在道众敦请下归长春宫（即太极宫），掌领教门事，成为全真教第四代掌教宗师[①]。

尹志平掌教期间，开展了一系列光宗耀祖活动。他对终南祖庭尤其关注，元太宗七年（1235），关陕刚刚结束战火，清和叹道："诸路宫观，绰有次第，独终南祖庭荒废，无人修葺。"[②]正好京兆总管田德灿遣使偕同李无欲来京迎请，于是第二年春抵达终南祖庭，规划组织对祖庭的修复工作，同时把周边宫观的兴复也纳入其中，以羽翼祖庭。主要有楼观的宗圣宫、终南的太平宫、炭谷的太乙宫、骊山的华清宫和华山的云台宫。名重耆宿的道长被遴选担任各宫观住持，一切部署完成后，于是年秋奉诏返回燕京。

李无欲受命兴复祖庭，并被清和授以提点陕西道门之职，给予创建启动之资。李公又化缘筹措多时，方始率众垦筑，剪芜平丘，砌垣架屋。时关中甫定，刘蒋之侧，荒无人烟。李无欲苦心经营十数载，使祖庭灵虚，金碧轮奂，初具规模。

元太宗十年（1138）春，尹志平以年老之故传教于李志常，道号真常。真常三月赴京师奏请朝廷，言终南"灵虚观"为重阳祖师炼真开化之地，求旨改名"重阳宫"，获准。敕赐于洞真善庆主领陕右教事，命綦白云和李无欲辅佐之。

于是，于善庆带领重阳宫道众，开始进一步营建祖庭。

乃马真后三年（1244），元宵节。重阳宫新建玉皇殿落成，于庆善作罗天大醮，追祭海内亡魂。皇子阔端大王遣使至重阳宫，修金箓大醮七昼

---

① 通常以金源璹《谭真人仙迹碑》所载"（王）真人至汴，训命四子主掌教门"等为依据，认为谭处端、刘处玄为第三代第四代掌教，则丘处机为第五代，尹志平为第六代。实际上七真资料显示，谭、刘没有担任掌教的事实。故尹志平实为第四代掌教。
② 李志全：《清和真人仙迹碑》。

夜。因修醮灵异，阔端大王持降玺书，赐主醮五师——于洞真、宋披云、薛太微、綦白云和李无欲"真人"号，加赠祖庭为"重阳万寿宫"。

海迷失后二年（1250）六月，重阳宫新建通明阁告竣，通高二百尺，五层檐廊，宏丽壮观为终南之冠。此阁耗费于洞真十年心血，工程浩大。十月，于真人仙逝于众妙堂，享年八十五岁。

元宪宗二年（1252），掌教李志常再次大规模营建重阳宫。先一年，宪宗召见志常，赐白金五千两，令其代祀天下岳渎。真常以此巨资，驿车南下，沿途祀嵩祭华，于正月初一至终南祖庭，恭行祀礼，敬展精衷，准备再度规度营建祖庭，整治玄纲。"凡山下仙宫道观，皆为一到，建功师德，赐赍各有差。"①在掌教的号召带动下，重阳宫道众进行了三十余年的营建，到元世祖至元二十五年（1288），重阳宫达到鼎盛。宫域东至涝峪河，西至甘峪河，南抵终南山，北临渭水，殿堂5000余间，住道士近万名，宫殿盛极一时，号称天下道教丛林之冠。

元代有一僧人名溥光，字玄晖，号雪庵，赐号玄悟大师。他是元代著名的书法家，山西大同人，被朝廷特封为昭文馆大学士。今重阳宫碑林存一方碑，名为"敕赐大重阳万寿宫"，即为溥光所书。但书写年代及刻碑年代至今是个谜。也许因为这块碑的缘故，人们才把重阳宫又称作"大重阳万寿宫"。实际上皇帝当初所赐的名称是"重阳万寿宫"。当然，平常我们称作"大重阳万寿宫"并无不可，只是并非皇帝所赐。

随着祖庭的兴复，关中一带形成了一个全真教的宫观群落。其中规模宏大的道观，重阳宫附近的有宗圣宫，重阳成道宫，重阳遇仙宫，磻溪长春宫等；长安附近的有清华观，骊山华清宫，泾阳延寿宫，终南太乙宫，蓝田玄真观等。其他小宫观更多，然皆以重阳宫为"海内琳宫之冠"，真可谓"雄宫杰观，星罗云布于三秦之分矣！"②下面对重要宫观做简略介绍：

---

① 《终南山祖庭仙真内传》卷中《真长真人》。
② 《终南山祖庭仙真内传》卷下《洞真真人》。

1.重阳成道观

圆明子李志源于元太宗甲午岁（1234）开始创建，历时数年始成。其殿宇壮丽，与宗圣宫、上清宫、遇仙宫等相甲乙。李志源邠州三水人。其师周全阳临终嘱言，希望于南时村修建宫观，以彰仙迹。蒙古灭金于甲午（1234），关中略定，圆明时在河北，即遣门人王志瑞等西归耕占。

成道宫

丙申（1236）冬，圆明适燕谒处顺堂，掌教尹志平知正创建南时胜迹，赐名"重阳成道观"，并嘱圆明亲临。圆明归亲往起建，观成之后，令法弟吴志恒充任知观。元宪宗二年（1252），掌教李真常奉旨改观为宫，并刻石树碑。其一为《活死人墓碑》，掌教亲撰文，今碑佚文存。其二为《重阳成道宫记》碑，冯志亨撰文，1254年刻石，今存重阳宫碑林，另有马丹阳十劝碑及王重阳卧像石刻各一座。七百余年后的今天，均遭破坏。现存玉皇殿、祖师殿各三间，东西厢房各一间，为民国时重建，殿中玉皇像、祖师像为近年所塑。

2.重阳遇仙宫

据《终南山祖庭仙真内传》卷下《洞真真人》载，元太宗十年

遇仙桥

（1238），即戊戌夏，于庆善在甘河祖师遇仙之地创建了"遇仙宫"，以彰显灵迹，广大祖师遇仙之传说。由于资料较少，仅知建成后张志古住持遇仙宫；元定宗三年（1248）戊申以后，高道宽任遇仙宫提

点。至于其建筑过程，建成后宫观的规模等，都难以考索。至元二十九年（1292），孙德彧又在甘河上修建了一座遇仙桥。今遇仙宫无存，旧址为甘河村公众建筑所遮蔽。

其附近的偶仙桥犹依稀可辨，但也被村间柏油路面压埋。桥下河道在新中国成立后逐渐废绝。改革开放后，人工修筑甘河新河道，离此愈远，平时河水流浪也很小。

3.长春成道宫

亦据《终南山祖庭仙真内传》卷下《洞真真人》所载，于庆善于戊戌（1238）年委托丘处机弟子卢志清与道友孙志冲，在磻溪丘祖炼化之所创建"长春成道宫"，以报师父教育之德。凤翔府在住观道士张志洞等的申求下，下达了建观公据，规定了该观周界。太宗十二年（1240），掌教尹志平任命卢志清住持是观。宪宗二年（1252），掌教李志常抵达终南祖庭，对祖庭周边宫观安排了维修事宜，将磻溪观升为宫。不久卢志清去世，方志正继任。方志正率领门徒对长春宫进行了大规模营建，到世祖至元十七年（1280）工程结束。魏初撰《重修磻溪长春成道宫记》，李道谦为之立碑。据碑记，时有玉虚、通明、太宗三座主殿以及南昌、思真等大殿。方志正归仙后，张守冲住宫45年。

磻溪宫旧址

丘祖手植银杏树

今磻溪宫无存，旧址已为学校占用。留有元代《道德经》经幢一个，可供瞻礼。丘祖修道处，有银杏树一株，十分高大。今有道士留守。

4.宗圣宫

金末楼观全部建筑遭受战火。蒙古太宗八年（1236），尹志平掌教由京入陕，规划全真祖庭复建之时，来楼观凭吊，由于其在道教史上的重要地位，故将其纳入修复之列。李志柔受托负责此

宗圣宫

事。他取得了京兆总管田德灿的支持，将楼观附近原有地产收回，率徒同诚竭力，经过六年的营建，至乃马真后元年（1242），建起三座大殿、数座楼堂以及山门、厨库等系列设施。以后又建数处下院。元世祖中统元年（1260），忽必烈下令改楼观为宗圣宫，其后又三次敕令重修。元时，宗圣宫及其下院多为李志柔门人所建或住持，所以楼观道派实际上已归入全真道，并成为一大丛林。

5.清华观

蒙古灭金，田德灿受命接管陕西诸事。他为安定人心和取得支持，竭力扶持全真教，对陕西各大宫观的修复卓有功绩。其同里儒志久，是田的结拜兄弟，拜师于栖云真人王志谨，为全真弟子。儒随兄田德灿入陕，先住京兆应祥观。后游西南郊，择地一处，在田德灿的支持下建起清华观。占地达二百余亩。

肆

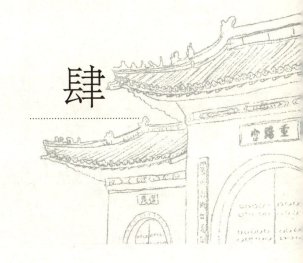

丘祖西游畅玄风

世宗晚年的崇道以及章宗初期的禁罢全真，引发了长春真人深沉的思考。东归故里后，他基本上过着隐修的生活。虽然还继续授徒传道，时而也应邀为人主醮祈福，但更多的时间是在观中修道，或与弟子吟诗论道，或者外出游山赏水，养性怡情。

丘处机在家乡隐居长达二十余年[1]，不与统治者高层主动接触。他在王朝交替的风云变幻当中，"闲居坐视"，静观其变。而时机一旦成熟，他便挺身而出，冒霜雪、踏征程，以七旬之高龄，西行万里，远赴雪山论道，拯救天下苍生。正所谓："当时发轫海边城，海上干戈尚未平。道德欲兴千里外，风尘不惮九夷行。初从西北登高岭，渐转东南指上京。迤逦直西南下去，阴山之外不知名。"[2]

乾隆题字北京白云观藏丘真人本像

---

①从金章宗明昌二年（1191）东归登州栖霞算起，至金宣宗兴定三年（1219）遣使征聘，共28年。
②引自《长春真人西游记》卷下。

第一节
王气暗收的金宋

金明昌二年（1191）十月，丘处机率徒回到了山东栖霞。

在故乡，师徒们觉得需要做的第一件事就是建造属于自己的新道观。经过一番筹划后，很快就开工了。因修筑宫殿缺乏木材，长春令工匠伐木海北，以船筏载归，不料却遇风受阻。逾旬日，风平浪静，乃得返还。时秋八月间，金风爽荡。长春思及全真事业一波三折，正如这伐木建观不顺利一样，心中不禁无限惆怅。然而看到运回的，堆在面前的大堆栋梁材料，似乎又看到了全真教的未来，不由得信心大增，希望满怀。遂作诗一首，遣兴咏怀：

> 日落金风顺，潮平筏木开。
>
> 云帆争岸急，晓日映天来。
>
> 海北虽多难，胶东幸少灾。
>
> 不忧成大厦，已见得良材。[①]

丘处机预言全真事业虽然多灾多难，但终将"成大厦"。这是一个高道的直觉，也是他继任掌教以来心中的梦想。事实证明，丘处机的预言是灵验的。因为，入元以后全真教获得了发展的最佳历史机遇，成为最大的道教派别。

新道观在平山上。建成后"气象雄伟，为东方道林之冠[②]"。观中有平山堂一座，周匝翠微环绕。竹轩一处，清嘉可爱；风吹竹摇，掩映窗外。丘处机住此仙乡，十分惬意，"只恐逡巡下天诏，悠扬无计乐平山。[③]"一住就是二十八年。

而外面的世界正在发生着翻天覆地的变化。

---

① 《磻溪集》卷四《修殿伐木并序》。
② 陈时可：《长春真人本行碑》。见《甘水仙源录》卷二。
③ 参见《磻溪集》卷一《平山堂》及《竹轩》诸诗。

章宗执政后期，金国辖区内旱灾频仍，边境上战争不断，国家财政吃紧。因而大量出售寺观度牒；皇帝万般无奈，只好今日遣使祈禳，明日幸观设醮。向之系列禁令便束之高阁，朝廷对宗教的态度已有所转变。承安二年（1197）下旨召见王处一，问《清静经》及北征之事。冬，又召见刘处玄，待以上宾。二人借机为全真教购买了大量观额和度牒，包括祖庭在内的"灵虚观"敕额，使全真教的发展获得了合法地位。

但是，作为马钰传人的丘处机，身为掌教，章宗却没有召见。也许是因为当年他下令禁绝全真并从祖庭逼走了丘处机，自感无颜面对的缘故，或许因为章宗更加倾慕王玉阳和刘长生。总之，章宗对丘长春比较冷落，直到晚年李元妃赐长春藏经时，似乎才想起他，遂赐丘处机自建道观之观额为"太虚"，使其合法化，而不再是一个违章建筑。

章宗对丘处机的冷漠，使长春对金庭失去了信心。同时，长春对统治者的腐化堕落也了解不少。如承安二年（1197），金国北界战事突起，丘处机虽身披道袍，而心系天下安。有诗述之：

> 冬前冬后雪漫漫，淑气消沉万物干。

> 出塞马惊山路险，防边人苦铁衣寒。

> 虽愁海北边灵苦，幸喜山东士庶安。

> 日费国资三十万，如何性命不凋残？[1]

军队的腐化无能，反映的是政府的腐化无能。一个国家到了这个时候，末日自然不远了。

此外，丘处机还从他交往的一些名臣权贵那里了解到金廷朝政混乱，军力衰落等等明显的社会时弊。表面上看丘处机过着清闲的道徒生活，实际上却是"人在江湖，心怀魏阙"，时刻注视着天下大势。

金国既然如此，大宋又将如何呢？

---

[1]《磻溪集》卷一《承安丁巳冬至后苦雪，时有事北边》

丘处机在山东时期，时值南宋光宗及宁宗朝。光宗刚愎自用，任用小人，朝中妇人干政，人心散失，政局一片黑暗。社会还相对安定，经济上发达，文化上很繁荣，但军事实力相当薄弱，其中一个重要的原因就是武将受制于文臣。这是宋太祖赵匡胤建国初制定的军事管理方针，是不可更改的。呜呼哀哉！而宋金交战以来，朝中一直是主和派把持朝纲。南宋的社会现实可以用陆游（1125-1210）的《关山月》一诗概括：

和戎诏下十五年，将军不战空临边。

朱门沉沉按歌舞，厩马肥死弓断弦。

戍楼刁斗催落月，三十从军今白发。

笛里谁知壮士心? 沙头空照征人骨。

中原干戈古亦闻，岂有逆胡传子孙?

遗民忍死望恢复，几处今宵垂泪痕!

这就是南宋社会的现实缩影：皇帝屈辱求和，政府纳贡捐币，边关废弛，士兵受苦，遗民垂泪。同是月夜之下，权贵们歌舞，戍边者思归，老百姓为亲人而流泪……诸人的生活是如此不同，其中的原因引人思考。

多年的僵持，其实让南宋已经十分疲惫。宁宗开禧二年（1206），韩侂胄为立功而仓促北伐，结果惨败而回。嘉定元年（1208），两国签订《嘉定和议》。这是宋金第三次议和。两国关系从叔侄改为伯侄关系（金为伯，宋为侄）。南宋赔偿金国军费三百万，所贡岁币及绢增至三十万，并献上韩侂胄的首级，金则放弃占领的大散关和濠州。南宋的再次妥协退让，换来了边境的暂时平静，维持住了自己的统治，使人民暂时又过上了和平的生活。

但在丘处机看来，南宋的所作所为正是它王气渐尽的表现。

对于宋金两国的形势，丘长春法眼观天下，看得一清二楚。中原逐鹿，鹿死谁手? 虽然还未见分晓，但丘处机心中已经有了数。

因为不断掘进的蒙古逐渐吸引了他的目光。

金大安三年（1211），成吉思汗统军进攻金国，占昌、桓、抚三州之地，并在战斗中消灭金军主力三十万。金军锐气殆乎丧尽。至宁元年（1213），成吉思汗再次分兵三路包围中都（即燕京），金兵溃散。八月，纥石烈执中杀卫绍王，改元贞祐。贞祐二年（1214），蒙古军破金九十余郡，所过皆残灭之。接着三军会合，围困燕京。金人献出岐国公主及御马、金帛等求和。五月，金廷南下迁都于汴。而中都附近，守军倒戈降蒙，中都遂失。

蒙军像潮水一样汹涌而来。

第二节
雪山上一言止杀

（一）捐金绝宋

宋、金、元交兵争雄，中原地带成为他们反复厮杀、反复争抢的角逐场，受害者自然是老百姓。战乱中无所趋向的难民纷纷皈依佛道，寻求神灵的护佑。而全真教兼有三教之长，因而吸纳了最为广泛的信众。金代著名文学家元好问在《太古观记》中总结说：

全真家，其谦逊似儒，其艰苦似墨，其修习似禅，其块然无营又似夫为混沌之术者。①

可见全真教以道家清静无为思想为本，剔除了神仙虚妄之说，融合了儒、释二家的学说之优点。其基本教义可以概括为："识心见性，除情去欲，忍耻含垢，苦己利人。"这不论是对于老百姓还是士大夫，都具有很大的吸引力。

在《紫微观记》中又生动地描述了全真教在北方的发展状况和巨大影响：

---

①金·元好问：《遗山先生文集》卷三十五。

87

贞元正隆（正隆四年，王重阳遇仙得授真诀，即弃家入道——引者）以来，又有全真家之教，咸阳人王中孚倡之，谭马丘刘诸人和之，本于渊静之说，而无黄冠禳襘之妄；参以禅定之习，而无头陀缚律之苦。畊田凿井，从身以自养，推有余以及之人，视世间扰扰者差若省便然。故堕窳之人，翕然从之。南际淮，北至朔漠，西向秦，东向海。山林城市，庐舍相望，什百为偶，甲乙授受，牢不可破。上之人亦尝惧其有张角斗米之变，着令以止绝之。当时将相大臣有为主张者，故已绝而复存，稍微而更炽。五七十年以来，葢不可复动矣。贞祐丧乱之后，荡然无纪纲文章。蚩蚩之民，靡所趣向，为之教者独是家而已。[①]

可以看出，全真教拥有广泛的群众基础，统治者惧其生变而屡加禁绝，但结果是"绝而复存，稍微而更炽"。贞祐丧乱（1213）以来，全真教更是吸引了几乎所有的"蚩蚩之民"。这种状况不能不引起欲霸中原的帝王们的高度注意。因为统治者明白，民心趋向关乎一个国家的长治久安。

全真教何以能吸引蚩蚩之民？全真宗师的道术到底怎样？他们究竟能不能为自己荐言献策？这些问题的解决对于帝王们来说，不论是对于眼前的争霸还是对于以后利用宗教稳定统治，都是十分必要的。

公元1219年对丘处机来说是个多事之年。因为他成了帝王关注的焦点。

当时，丘处机是全真七子中，唯一在世的宗师，而且道价甚隆。三家帝王不约而同地将目光投向了他。丘处机成了他们竞相拉拢的对象。

据《长春真人西游记》卷首所记，戊寅之明年（即宋嘉定十二年，金兴定三年，元太祖十四年）金、宋、元三家先后遣使征聘丘处机：

"戊寅之前，师在登州，河南屡欲遣使征聘，事有龃龉，遂已。明年，住莱州昊天观。夏四月，河南提控边鄙使至，邀师同往。师不可，使者携所书诗颂归。继而复有使自大梁来，道闻山东为宋人所据，乃

---

①金·元好问：《遗山先生文集》卷三十五。

还。其年八月，江南大帅李公全、彭公义斌来请，不赴。尔后随处往往邀请，莱之主者难其事，师乃言曰：我之行止，天也。非若辈所及知，当有留不住时，去也。"

文中"明年"指己卯年，即金兴定三年，公元1219年。此时，丘处机已移居莱州昊天观。这年四月，金国河南提控边鄙使邀请丘处机同往（京师），"师不可"，态度极明确地给予拒绝。接着还有一次，但因为山东已被南宋占据，金使行至半途而还，事未遂。至于"戊寅之前"金国的征聘，据《金莲正宗仙源像传》及《历世真仙体道通鉴续编》载，说是宣宗贞祐四年（1216）春的事，当时宣宗命东平监军王庭玉持诏前往，（长春）不赴[①]。这就是说，金国在三年多的时间里至少三次遣使征聘丘处机，均无结果。

同年（1219）八月，山东大半已归宋有。南宋侍臣京东安抚兼总管李全，以及大名总管统制彭义斌奉宁宗诏来请，丘处机的回应是："不赴。"可见丘处机对于南宋的态度也是很坚决的。

那么，为什么丘处机毅然决然地拒绝了宋、金的征聘呢？他何以态度如此之决绝，难道他已经习惯了清净无为的日子，不愿再与统治者打交道，也不愿再出来做事，而只有到了所谓的"留不住时"才勉而从之吗？其实，丘处机是以有为为无为的全真高道，他一直走的是交接权贵，依附朝廷的上层路线，金、宋皇帝遣使征召无疑是有利于光大教事的，于己于公皆有好处。但是，丘处机彼时已七十高龄，丰富的社会经验和敏锐的洞察力告诉他，宋、金"王气已尽"，他必须"循天理而行，天使行，不敢违也"[②]。

他的"留不住时"到底是什么时候呢？

①参见元·刘天素、谢西蟾《金莲正宗仙源像传》之《长春子》及赵道一《历世真仙体道通鉴续编》卷二。
②元·史志经编集：《玄风庆会图》卷一《却宣金宋》。

"居无何，成吉思皇帝遣侍臣刘仲禄县虎头金牌，其文曰：如朕亲行，便宜行事。及蒙古人二十辈，传旨敦请。"

同样是己卯年（1219），这年冬天，成吉思汗的使臣刘仲禄持诏来请。

刘仲禄，名温，号便宜。马邑人。擅长医药之术，善作鸣镝，又熟知水利。是成吉思汗身边最重要的谋士之一。成吉思汗当时年近六旬，身体每况愈下。于是刘仲禄常在成吉思汗耳边吹风：中原有一神仙名叫丘处机，年寿三百，有保养长生之术。时值五月，成吉思汗远在乃蛮（今额尔齐斯河上游），闻之怦然心动，即命耶律楚材代草诏书，令刘仲禄持诏前往，而且特别叮嘱刘：不限时日，务必请到。

刘仲禄在二十人的骑兵护卫下，高悬"如朕亲行，便宜行事"的虎头牌，立即赴山东敦请丘处机。八月，刘仲禄一行到达燕京。听说丘处机高足尹志平在维州（今山东潍坊），为了保险起见，未敢直接造次径访，而是绕道维州邀尹同往宣旨。十二月，在昊天观见到丘处机。仲禄历时半载、行程千里赶到山东，这让丘处机十分感动，说："兵戈以来，此疆彼界，公冒险至此，可谓劳矣！①"

丘处机展卷阅读，见诏文言辞谦和，语意恳切。大略云：金廷腐败，蒙古强盛。闻真人道冲德著，博物洽闻，所以恳请先生"暂屈仙步，不以沙漠悠远为念。或以忧民当世之务，或以恤朕保身之术。朕亲侍仙座，钦惟先生将咳嗽之余，但授一言斯可矣。②"成吉思汗那种礼贤下士，求才若渴的心情溢于言表，着实打动了丘处机。他知道这次不便推脱，就告诉刘仲禄说："公等且往益都（在山东中部），俟我上元醮竟，当选十五骑来。十八日即行。"刘依言，往益都等候。

刘仲禄走后，丘处机询问弟子此行是否值得。有人说，北方游牧蛮

---

①元·李志常：《长春真人西游记》卷上。
②详见本书附录二：《元太祖成吉思皇帝召丘神仙手诏》。

族，以杀戮为能，不畏神灵，不尊我教，况复言语不通，不如绝之。尹志平在旁插话道，向来奉道者未必敬重我辈，比如金宋皇帝。目下"道其将行，开化度人，今其时也"①。此论与长春心意契合，遂点头称是，决定西行觐见。

（二）万里西行

金兴定四年（1220），元太宗十五年。正月十五日，上元节醮罢，丘处机挑选弟子十九人，嘱一名留守宫观，余十八人随行，即：尹志平、赵道坚、宋道安、孙志坚、夏志诚、宋德方、于志可、张志素、鞠志园、李志常、郑志修、孙志远、孟志稳、綦志清、杨志静、何志坚、潘德冲、王志明。各人明白了自己的任务，即刻收拾行囊，分头准备。

十八日，师徒启程上路。时丘处机七十二岁。

二月中旬，长春一行在济阳②与刘仲禄等会合北上。二月二十二日至卢沟，燕京官民及僧道出城相迎，由城西丽泽门而入，前面有道士具威仪开道。晚上被安排在玉虚观，待命。

当时成吉思汗已攻陷不花剌城（今乌兹别克共和国布哈利），继续攻打新的目标，"行宫渐西"。丘处机感觉自己年岁已高，打算留守燕京，待成吉思汗回朝后再觐见。遂上《陈情表》③一道。当时刘仲禄还想携带从民间选得的少女（宫女）若干一同西行觐见。丘处机坚决反对。刘仲禄遂令蒙古特差护卫曷剌将两事同时驰奏成吉思汗。

等待回旨期间，丘处机在燕京天长观作醮，在德兴府（河北涿鹿县）龙阳观消夏，在宣德州（河北宣化县）朝元观过中秋，与京城大臣及士大夫们吟诗论道，赏画谈经。所与唱和者有宣抚使王巨川、南塘老人张天度、吏部尚书杨彪、侍郎刘中、外郎师谓、治书李子进、翰林学

①王恽：《秋涧先生文集》卷五十六《尹公道行碑》。
②金天会七年（1129）立县，治标杆镇（今济阳镇）。因县在济水之北而得名，属济南府。
③见本书附录三。引自元·陶宗仪《南村辍耕录》卷十。

士陈秀玉、待制赵中立、太学生赵昉、课税使王锐等人。十月，北游望山。葛剌进表回，成吉思汗坚决邀请丘处机西来，语气愈加恳切。其旨云："……云轩既发于蓬莱，鹤驭可游于天竺。达磨东迈，元印法以传心；老氏西行，或化胡而成道。顾川途之虽阔，瞻几杖以非遥……"①意谓不要推托。又敕令刘仲禄"无使真人饥劳，可扶持缓缓来"。丘处机见成吉思汗心意甚坚，便回龙阳观收拾行装，准备冬后初春启程。

元太祖十六年（1221），二月八日，天气晴朗，风和日丽。七十四岁的丘处机告别燕京道友，率弟子西征。道友饯行于西郊，遮马首而泣，问以归期，答曰三载。长春子亦不忍分别，遂留诗为念：

　　　　十年兵火万民愁，千万中无一二留。

　　　　去岁幸逢慈诏下，今春须索冒寒游。

　　　　不辞岭北三千里，仍念山东二百州。

　　　　穷急漏诛残喘在，早教身命得消忧。

宣差便宜使刘仲禄率队的蒙古四大护持②，在一旁不断催促。师徒众人，只得迤逦上路。北行过翠屏山，度野狐岭，即出离中原，北望之，但见寒烟衰草，荒无人烟。又经抚州，越盖里泊，出明昌界。而后穿越大沙漠，到了鱼儿泺③。四月十五日到达成吉思汗幼弟斡辰大王驻地，休整两日后继续前行，沿陆局河入契丹旧地，过长松岭。六月二十八日，到达成吉思汗窝里朵（行宫）以东地界。至此，离成吉思汗行营不远。宣使禀奏皇后，奉旨渡河入帐稍憩，供以醍醐奶酪。金岐国公主（时称汉夏公主皇后）皆送以御寒之物。

七月九日西南行，至田镇海城。时有故金章宗二妃、卫绍王之妻及汉人工匠号泣相迎，络绎归礼。丘处机见此间沙漠中竟有秋稼，且已成熟，想居此过冬，以待銮舆回驾。田镇海因已接到敕令，不敢稽留，催

①详见本书附录三。
②即蒙古打、葛剌、八海及宣差阿里鲜，均为特旨差派。见《长春真人西游记》附录。
③丘处机行经地带盖里泊、明昌界、鱼儿泺等，依据《长春真人西游记》所述而转录。

促丘公前行。丘公遂留宋道安等九人，在此建观栖霞以慰藉汉人。其余人等在田镇海百骑护送下，出离今蒙古边境，继续西南而行。正是：无极山川行不尽，有为心迹动成劳。

十一月初，达到赛兰城（在中亚）。赵道坚病殁于此，葬之城东高原上。

又经塔什干城，渡霍阐河。十八日，抵达邪米思干城①。至此，方达西行之目的地。太师耶律阿海及蒙古、回纥帅首率众载酒郊迎，大设帷幄。因时深冬，渡河之舟桥为土寇所坏，故商定暂居此过冬，来年至行营觐见。耶律楚材从丘处机处得知燕京士大夫和知友的消息，十分欢欣。两人展卷赏玩长春去年在天长观所绘《瑞鹤图》②，题诗唱和多首，礼敬有加。

（二）雪山论道

元太祖十七年（1222），丘处机以邪米思干城为基地，三次觐见成吉思汗。当时长春已七十五岁高龄。这一年，成吉思汗正与花剌子模算端（国王）决战，驻跸于大雪山之东南。曷剌等到军营传报丘处机欲行朝见之意。三月上旬，阿里鲜传旨召见丘处机。

成吉思汗

丘处机遂留尹志平等三人在馆，带领李志常等五六人同宣抚使一道，于十五日启程，过碣石城、铁门关，渡阿姆河。走了近二十天的路程，真是千山万水，不知何处。

四月五日，到达成吉思汗行宫③，大臣曷剌播得来迎。馆舍安排已定，即入见。丘处机折身叉手行

①邪米思干城，《元史·地理志》作撒马尔干。《隋书·西域传》及《唐书·西域传》称为康国。
②元太祖十五年（1220），丘处机在燕京天长观宝玄堂传戒，数鹤西北来，翩跹起舞；焚简之际，一简飞空而灭，五只仙鹤翔舞其上。南塘老人张子真（天度）作赋一篇，长春令人作《瑞鹤图》一卷，京城王公士大夫皆有题咏。此卷携至西域，耶律楚材见之，亦有题诗。
③在今阿富汗境内，原系回纥王的一座行宫。

礼，成吉思汗道：真人不应他国之聘，远逾万里而来，朕甚欢心。丘处机道：山野之人，奉诏而赴，此天意也。

成吉思汗又问：可有什么长生药给我吗？长春对曰：仅有卫生之道，无长生之药。一旁的翻译上前，说："人们称呼你为'腾吃利蒙古孔①'，这是别人的叫法呢，还是你自己的叫法？"丘处机答道：并非山野自称，人们的叫法罢了。成吉思汗嘉其诚恳，赐号"神仙"，约定四月十四日问道。

但事有龃龉，回纥人发生叛乱，成吉思汗统兵亲征。因改卜十月前后。丘处机暂回邪米思干城待命。直至八月初，成吉思汗方归行宫。八月二十二日，丘处机等复至。入见成吉思汗，寒暄问候，赐以湩酪。上诏太师阿海至，商定讲道礼节，准备九月望日举行。是日，成吉思汗设幄斋戒，退左右侍女，灯烛辉煌，虚席以待，延丘处机入帐问道。当时在场与坐者有阿海、阿里鲜、田镇海、刘仲禄四人。丘处机所言，由阿海译为蒙语上达，成吉思汗听后"颇惬圣怀"，表示要"遵依仙命，勤而行之"。十九日晚，再招处机论道。二十三日，又宣其入幄，礼如初。成吉思汗温颜以听，命左右录之，除蒙文外，保留一份汉文记录稿，以示不忘。对于三次论道的内容，成吉思汗嘱咐："神仙三说养生之道，我甚入心，使勿泄于外"。②

《长春真人西游记》中并无记载丘处机与成吉思汗论道的具体内容，因为作者李志常不在场。论道结束十年后，即元太宗四年（1232），尚书礼部侍郎耶律楚材奉敕编修《玄风庆会录》，才将论道内容公之于世。

据《玄风庆会录》所载，丘处机所传道要的核心有两部分：一是关于修身养命的，一是关于治国保民的。在修身养命方面，他分常人和帝王两方面论述，强调清心寡欲，固精养神。在治国保民方面，特别强调

---

① 蒙古语，意即天人。
② 元·李志常《长春真人西游记》卷下。

天道好生恶杀，赞美中原地美物丰，暗示成吉思汗及早从西域撤兵。下面分别摘录数段，以窥其要：

①修身养命之方：戒色（清心）。

"夫男，阳也，属火；女，阴也，属水。唯阴能消阳，水能克火。故学道之人首戒乎色。夫经营衣食，则劳乎思虑，虽散其气而散少；贪婪色欲则耗乎精神，亦散其气，而散之多。

"道产二仪。轻清者为天，天，阳也，属火；重浊者为地，地，阴也，属水。人居其中，负阴而抱阳。故学道之人，知修炼之术，去奢屏欲，固精守神，唯炼乎阳，是致阴消而阳全，则升乎天而为仙，如火之炎上也。其愚迷之徒，以酒为浆，以妄为常，恣其情，逐其欲，耗其精，损其神，是致阳衰而阴盛，则沉於地为鬼，如水之流下也。"

天子如何修身养命？长春曰：

"余前所谓修炼之道，皆常人之事耳。天子之说，又异于是。陛下本天人耳，皇天眷命，假手我家，除残去暴，为元元父母，恭行天罚，如代大匠斫，克艰克难，功成限毕，即升天复位。在世之间，切宜减声色，省耆欲，得圣体康宁，睿算遐远耳。庶人一妻，尚且损身，况乎天子多畜嫔御，宁不深损？陛下宫姬满座，前闻刘仲禄中都等，拣选处女，以备后宫。窃闻道经云：'不见可欲，使心不乱'，既见之，戒之则难。愿留意焉。

"矧夫天子，富有四海，日揽万机，治心岂易哉？但能节色欲，减思虑，亦获天祐，况全戒者邪？昔轩辕皇帝，造弧矢，创兵革，以威天下，功成之际，请教于仙人广成子，以问治身之道。广成子曰：'汝无使思虑营营！'一言足矣。余谓修身之道，贵乎中和。太怒则伤乎身，太喜则伤乎神，太思虑则伤乎气。此三者於道甚损，宜戒之也。"

②治国保民之术：行善（戒杀）。

"中国承平日久，上天屡降经教，劝人为善。大河之北，西川江左，悉有之。东汉时，于吉受《太平经》一百五十卷，皆修真治国之

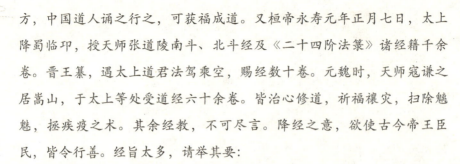

方，中国道人诵之行之，可获福成道。又桓帝永寿元年正月七日，太上降蜀临卭，授天师张道陵南斗、北斗经及《二十四阶法箓》诸经籍千余卷。晋王纂，遇太上道君法驾乘空，赐经数十卷。元魏时，天师寇谦之居嵩山，于太上等处受道经六十余卷。皆治心修道，祈福禳灾，扫除魑魅，拯疾疫之术。其余经教，不可尽言。降经之意，欲使古今帝王臣民，皆令行善。经旨太多，请举其要：

天地之生，人为贵。是故人身难得，如麟之角；万物纷然，如牛之毛。既获难得之身，宜趣修真之路，作善修福，渐臻妙道。上至帝王，降及民庶，尊卑虽异，性命各同耳。帝王悉天人谪降人间，若行善修福，则昇天之时，位逾前职；不行善修福则反是。天人有功微行薄者，再令下世，修福济民，方得高位。昔轩辕氏，天命降世，一世为民，再世为臣，三世为君，济世安民，累功积德，数尽昇天，而位尊於昔。陛下修行之法无他，当外修阴德，内固精神耳。恤民保众，使天下怀安，则为外行；省欲保神，为乎内行。人以饮食为本，其清者为之精气，浊者为之便溺，贪欲好色则丧精耗气，乃成衰惫。陛下宜加珍啬，一宵一为，已为深损，而况恣欲者乎？虽不能全戒，但能节欲，则几于道矣！

"四海之外，普天之下，所有国土，不啻亿兆，奇珍异宝，比比出之，皆不如中原天垂经教，治国治身之术为之大备，屡有奇人成道昇天耳。山东河北，天下美地，多出良禾美蔬、鱼盐丝茧，以给四方之用，自古得之者为大国。所以历代有国家者，唯争此地耳。今已为民有，兵火相继，流散未集，宜差知彼中子（之）细事务者能干官，规措勾当，与免三年税赋，使军国足丝帛之用，黔黎获苏息之安，一举而两得之，兹亦安民祈福之一端耳。自天祐之吉，无不利也。"

传道结束，成吉思汗说："谆谆道海，敬闻命矣，斯皆难行之事。然则，敢不遵依仙命，勤而行之？传道之语，已命近臣录之简册，朕将亲览，其有玄旨未明者，继当请益焉。"

成吉思汗闻道之后，即班师东归，且行且住。丘处机随军扈从，时而进言教化。太祖十八年（1223）正月初，成吉思汗东行，西望邪米思干城已有千里之遥。正月十九日，丘处机七十六岁生日，众官炷香为其祝寿。二月八日，成吉思汗猎于东山，射大野猪，马失蹄而跌，野猪侧立不敢前。左右进马，遂罢猎而归。丘处机趁机谏言："天道好生，今圣寿已高，宜少出猎。坠马，天戒也；豕不敢前，天护之也。"成吉思汗忽省悟，自后不复出猎。三月七日，长春欲先行，辞之再三，成吉思汗方允纳。赐圣旨一道，钤御印，令阿里鲜为宣差使，率骑兵数千，护送真人东还。途经赛蓝城，致奠于赵九古之墓，至栖霞观与宋道安等会合后，分三批东归。

太祖十九年（1224）二月，度居庸关，回至燕京。道俗以香花导引入城，观者塞途。丘处机入住太极宫。至此，历时三载的西游结束。

西征之前，有人求跋阎立本《太上过关图》，丘处机题诗云："蜀郡西游日，函关东别时。群胡皆稽首，大道复开基。"他以老子化胡作比，抒发他意欲劝化成吉思汗敬天爱民，止息兵戈的宏愿。经过雪山论道，大汗班师；西域中原，剧减祸端。可以说，丘处机的宏愿最终是实现了。

丘处机做了一件利国利民也利教的大事，厥功尤伟。

第三节
白云殿会葬祖师

元太宗十二年（1240），为庚子岁。是年冬，京兆总管田德灿礼请清和真人尹志平来重阳宫主持重阳祖师葬事，清和欣然应允。他说："吾以报祖师恩耳！①"遂以七十余岁的高龄，不惮辛苦，冒寒而行。

---

① 见元李道谦《终南山祖庭仙真内传》卷中《清和真人》。

尹志平（1169-1251），山东莱州（今掖县）人。出身于仕宦家庭。幼颖悟，举止非凡。十四岁遇马丹阳，欲入道。其父不允，潜往。十九岁时，父迫令其返家，禁锢之，逃之再三，父始默允。即往武官庄①灵虚观，投刘处玄门下。明昌年间，又受教于丘处机、王处一、郝大通三位宗师。道业日隆，声价大振。金兴定四年（1220）随丘处机西行，为十八弟子之一。由雪山返燕后，隐居德兴（今河北涿鹿）龙阳观。丘处机赐其号为清和子。丘处机去世后，继任全真教掌教，居长春宫。元太宗六年（1234），金旋灭，李无欲自汲郡（今河南汲县）至燕京，尹志平派他返关中招集道侣兴复祖庭。次年春，清和应沁州（今山西沁县）知州杜德清之邀，至沁州作醮。元太宗八年（1236）春，抵达终南祖庭，规划组织兴复祖庭事，以楼观宗圣宫、终南太平宫、炭谷太一宫、骊山华清宫以及华山云宫为辅翼，分别选任耆德高道住持兴建。一切部署完成后，是年秋奉诏返还燕京。

因为尹志平一向留意于终南祖庭事，梦想着有朝一日能使祖庭兴盛，为重阳祖师举办一次隆重庄严的灵骨安葬大会，以报祖师之恩。这一次，京兆总管田德灿和太傅移剌宝俭遣使偕同李无欲公来京，驰疏来请清和住持会葬事，雅与清和意合。故十分乐于起行。

自燕至秦，沿途三千余里，尹清和在门人弟子的陪同下，凡经过道家宫观，废者兴之，缺者完之，大约有百余所宫观得以维护修缮。冯志亨②一路辅护者清和，每有修缮完成之宫观，冯公就为之作记，其中有十分之二三的记被刻石立碑。

太宗十三年（1241），正月初，尹清和等人抵达祖庭。时关中久旱不雨，尹宗师下车伊始，便飘起鹅毛大雪，瑞雪洋洋洒洒，三日乃止。四方道流听说重阳宫已经修复，即将举行隆重的重阳祖师会葬大典，于

---

①武官庄，在山东东莱（今掖县），为刘处玄故乡。刘处玄于此建庵，敕赐灵虚观。
②冯志亨：生卒年不详。字伯通。同州冯翊（今陕西大荔县）人。丘处机在燕弟子，后辅佐尹志平。授"佐玄寂照大师"号。

是共念重阳师父开化之德，奔走相告，竟来入关。于时，大江南北道众云集，诸路师真纷纷来陕。东至海隅，西到临洮，南接江淮，北通大漠，往还于长安和终南之间的道俗奉香送供者，络绎不绝。当时关陕甫定，民少地阔，一时间成千上万的道俗云集于此，使得终南山祖庭显得极为热闹，也很繁乱。因为此时，祖庭还在李无欲大师的带领下筑垣架屋，草创兴造。

对于如何举办葬礼，各路师真众说纷纭，一时未能形成共识，以至"物议恟恟不安"。据《终南山祖庭仙真内传》载，清和真人德高望重，统观全局，以自己的威德镇邪扶正，晓之以理，动之以情，从而使大家心悦诚服，商量出一套完备的会葬程序和祭奠内容。

正月二十五日，祭礼在重阳宫白云殿隆重举行，参与祭祀的道俗常数千人。祭礼由尹志平主持，重阳宫主事于洞真、綦白云和李无欲具体操办。葬毕，冯志亨作会葬碑文一篇，以记其事。由于目前资料的稀少，而现有的资料记叙其事又太简略，所以重阳宫在1241年的这次会葬，其详细的经过和内容就不很清楚。

祖庭会葬重阳师，是王重阳仙蜕后的第三次灵骨安葬，是全真教史上的一件大事，有着非同寻常的意义。对尹志平本人而言，也是生平最重要的事情之一。

白云殿

事后，尹志平视察重阳宫周边宫观，亲自规度兆域，命重阳宫住持于洞真等继续大举兴建祖庭。于洞真领命，在綦白云和李无欲的协助下，重新开始大规模营建重阳宫。

白云殿会葬重阳祖师

的成功，使得尹清和了却了一桩心愿。他长长地舒了一口气，心情十分愉悦。他邀请几位宿德，一起去楼观诸宫巡视，顺便游览终南美景。如此数日，又去他处省视。清和在关中，逍遥自若，以扬玄化，在重阳宫一住就是大半年。是岁冬十月，乃仙杖还燕，山居五华大房之间。

三年后，即乃马真后三年（1244）。元宵节的时候，重阳宫新建的玉皇殿落成。于庆善（洞真）作罗天大醮，追祭海内亡魂。皇子阔端大王遣使至重阳宫，修金箓大醮七昼夜。因修醮灵异，阔端大王持降玺书，赐主醮五师——于洞真、宋披云、薛太微、綦白云和李无欲"真人"号，加赠祖庭为"重阳万寿宫"。

重阳宫从此又叫"重阳万寿宫"。这其间都有尹清和的功劳在。

元宪宗元年（1251）尹志平辞世，享年八十三。葬于京郊房山。元世祖中统二年（1261），诏赠"清和妙道广化真人"号。有遗著《葆光集》行于世。

第四节
栖云子凿渠引涝水

王栖云（1177-1263），法号志谨。曹州东明（今山东东明）人，家世业农，富而好礼。生时体异，有凤缘。甫冠将娶之年，不告而出，径趋宁海，入太古郝宗师门，执弟子礼，得全真性命之传。广宁仙蜕后，只影西来。路遇盗贼，遭绑缚，将烹杀而神色不变，言辞慷慨，略无惧容。群盗知为异人，旋释之。他怀纳破瓢，蓬首垢面，凡行止不问所处，"人役之，笑而往；人辱之，拜而受。韬光晦迹，未有识其为道者"[1]。战乱甫定，随丘处机北游燕蓟，徜徉乎盘山（在河北渔阳）石涧间，草衣木食，欲以此终身。然诸方学者慕名而来，质疑参道，由是道

---

① 王鹗《栖云真人王尊师道行碑》，载《甘水仙源录》卷四。

价愈增。但他愈加谦谨，不久道成，世称"盘山真人"。长春仙逝后，方出游四方。每至其处，辄以兴利济人为务，故受其赐者不可数计。元太宗五年（1233），栖云子至大梁（今开封），按丘处机遗命于王重阳仙蜕之处营建道观。时距重阳仙化为六十四年。当年王重阳与四子宿于磁器王氏邸中，王氏言语侮慢。重阳曰，"吾居之地，他日当令子孙卜筑"。王栖云至此建观，祖师之言应验。他率徒经营，历十数载始成，殿宇宏丽，气压诸方。上赐名"大朝元万寿宫"，王志谨遂于此弘道，广度门人。元世祖中统二年（1261），因功行卓著，诏赐惠慈利物至德真人。中统四年（1263）羽化，享年八十六。传世著作有《盘山栖云王真人语录》，一卷，为弟子论志元等辑其生前言论而成。

王志谨以功行称著于世，翰林学士承旨资善大夫知制诰王鹗为其撰《道行碑》。其生平最显著的一大功行莫过于在祖庭开涝水、福后世了。

元定宗二年（1247），王志谨年已七十。这年春天，他率弟子一百余人由大梁入关，祀香祖庭。见祖庭山水明秀，流连忘返。一日，杖藜缓步，周览四境，对随行弟子们说："兹地形胜，其有如此。宫垣之西，甘水翼之，已为壮观，若使一水由东而来，环抱是宫，可谓双龙盘护，真万世之福田也，其可得乎![1]"

原来，终南涝谷之水，源远流长，出秦岭而北流入渭。沿途所过村舍极多，但向来无人疏导，故民众难以利用涝水耕灌或谋生。栖云真人有感于斯，即与一二尊宿，亲为按视，抵东南涝谷之口，行度其地，大家一致认为可以凿渠引涝水至重阳宫，为沿途村舍、重阳宫道众及周边群众服务。于是上报京兆总管田德灿，深得嘉赏。田德灿遂下达省府官文，明谕乡井民庶，凡沿途凿渠所犯土地，不得梗塞。得到官府文书后，栖云真人招募道侣，应者影从，有千余人。于是，择吉日开工，

---

[1] 见薛友谅《栖云王真人开涝水记》，载刘兆鹤、王西平编。重阳宫道教碑石。三秦出版社，1998。

众人挥袂如云，荷锸如雨，争先恐后，各尽其力，曾不三旬，大有告成之庆。涝之水源源而来，自重阳宫东流而北，萦迂周折，复西流汇合于甘水，连延二十余里，穿村度落，莲塘柳岸，蔬圃稻畦，潇然有江乡风景。沿途村落都建起水磨房，多达数十处。

关中土地素以膏沃见称，但因为雨泽不均恒，多害耕作。自是而后，大家各集居其所，农勤其务，辟荆榛之野，为桑麻之地。岁时丰登，了无干旱之患。于是，涝河两岸居民举手加额曰："非王公真人之力，则弗能如是。岂特为吾生一时之幸，实奕世无穷之利也①"。其感恩戴德之心如是。

重阳宫自有了涝、甘二水的回护，加之朝廷优惠政策的支持，"岁收园林水利，以瞻其徒。②"不仅每年宫中物产丰饶，而且环境也大为改善，成为关中一带乃至全国道教丛林的一颗明珠，颇有示范作用。

栖云子从酝酿、规划、开工到引水成功，可谓日夜操劳，费尽心力，但功成之后，"不以为功，惟曰诸人之力""凡所兴工，皆听自愿，不强率，不责办。故人乐为之用"③，真不愧为一代高道也。

他和随行弟子们在重阳宫住了一段时间后，即返还大梁。世祖中统四年（1263）夏六月，晏坐方壶，不语不食。十有七日，盘桓枕肱，奄然而逝。道行碑曰，"倾城号泣三日，远近讣闻。皆为位以哭，事之如生。其至诚感人又如此。"

世祖至元十六年，即1279年。王志谨高弟吴道素，向安西府记室参军薛友谅求碑文，以称颂先师开涝水之功德。薛参军深感栖云子造福民众的行为，欣然命笔记其事，并篆额题字。安西路道门提点兼重阳宫住持孙德彧亲书丹，虚静大师张居安刊石立碑。碑今存陕西户县祖庵镇重阳宫碑林。

①见薛友谅《栖云王真人开涝水记》，载刘兆鹤、王西平编。重阳宫道教碑石。三秦出版社，1998。
②见《皇元孙真人道行碑》，载刘兆鹤、王西平编。重阳宫道教碑石。三秦出版社，1998。
③见《栖云真人王尊师道行碑》，载《甘水仙源录》卷四。

第五节
八通圣旨碑的隆遇

丘处机万里西行，雪山论道，与门人弟子在成吉思汗行营居住一年多时间，然后自北印度边境返国。成吉思汗派骑兵一路护送，但还有些不放心。所以丘处机师徒离开后，他一年内连下三道圣旨，询问真人安康、支持全真教的发展。三道圣旨分别于太祖十八年（1223）癸未三月、九月和十一月发出。第一道圣旨，免除全真教庵、观一切大小差发及税赋；第二道圣旨，令丘长春掌管"天下应有底出家善人"；第三道圣旨，惟深情问候而已。三道圣旨中，敬重长春，眷顾全真之意十分鲜明，被李志常载入《长春真人西游记》之附录中。兹录其三，云：

宣差都元帅贾昌传奉成吉思皇帝圣旨：丘神仙，你春月行程，别来至夏日，路上炎热艰难来，沿路好底铺马得骑来么？路里饮食，广多不少来么？你到宣德州等处，官员好觑你来么？下头百姓得来么？你身起心里好么？我这里常思量着神仙你，我不曾忘了你，你休忘了我者。癸未年十一月十五日。

皇帝如此敬重丘神仙，令使臣跋山涉水，不远万里，传达殷殷问候，这在历史上恐怕并不多见，或许仅此一例吧。

（一）功成身隐驾鹤行

太祖十九年（1224）仲夏，燕京行尚书省石抹公和宣抚使刘仲禄二次持疏敦请丘长春住持大天长观，长春遂应其邀。从此后，日与皇帝诵经祝寿，每有作醮祈禳诸事。而求法名者源源不绝，诸方道侣云集，家喻户晓，教门大辟，百倍往昔。在这种形势下，丘处机以天长观为中心，不失时机地建立起八会：即平等会、长春会、灵宝会、长生会、明真会、平安会、消灾会和万莲会。八会之众，不啻万人，皆行稽首拜跪之礼，京畿一带，时俗为之一变。

不久，行省及宣差大人札八公将北宫园池及其附近数十顷土地也捐献给了天长观，并榜文禁止民间樵采捕鱼，请处机安置道侣，大行修葺。新建后的北宫，碧水绕岛，松风猎猎。寒食节那天，丘处机与弟子游玩赏春，有诗赞曰：

> 十顷方池间御园，森森松柏罩清烟。
>
> 亭台万事都归梦，花柳三春却属仙。
>
> 岛外更无清绝地，人间惟有广寒天。
>
> 深知造物安排定，乞与官民种福田。

岁月如梭，一晃三年过去了。全真教全国各处的宫观也都修造得很好了。

太祖二十二年（1227）五月二十五日，道人王志明从秦州而来，传旨：改北宫仙岛为万安宫，天长观为长春宫，道家事一仰神仙处置。这是丘处机接到的最后一道圣旨。此时丘处机春秋已高，身体状况渐渐不佳，平时已不大出门。但每天斋余，仍乘马往琼岛一游。

万安宫中的琼岛，因为数年禁止樵采渔猎，如今园中禽鸟鱼鳖甚多，兼之景色宜人，所以日日游人往来不绝。六月末的一天，忽降一场暴雨，当时电闪雷鸣，风雨大作。太液池南岸崩裂，水奔涌而出，流入东湖，声闻数里，鱼鳖尽去，池遂枯涸。北边山头也塌陷一个大缺口。众人来报，长春听说，初而无言，继而笑道：山摧池枯，我将与之俱去耶？

是后，即生病闹肚子，一连数日痢疾不愈。七月四日，长春招众弟子到床前，嘱门徒后事，令宋道安提举教门事，尹志平副之。九日，留颂而归真。享年八十。颂云：

> 生死朝昏事一般，幻泡出没水长闲。
>
> 微光现处跳乌兔，玄量开时纳海山。

挥斥八絃如咫尺，吹嘘万有似机关。

狂辞落笔成尘垢，寄在时人妄听间。

时年春月，成吉思汗南下征金，五月途经秦州时给丘长春发出最后一道圣旨，六月亦患重病，车驾遂北还。七月初，途经六盘山行宫时驻留病逝。按时间，大约早长春几天。丘处机一生与二主有缘法，一个是金世宗完颜雍，一个是元太祖成吉思汗。这两个帝王的离世，对他的打击都是致命性的。

白云观

次年三月，尹志平建议在长春宫①东侧为丘真人修筑处顺堂，以葬丘祖仙蜕。众人立即响应，捐资舍力，历时四月乃成。七月九日，由宣抚王巨川主盟，大葬仙师于处顺堂，"致斋黄冠羽服与坐者数千人，奉道之众又复万余"。其盛况空前。

明初，全真道众为纪念丘真人的丰功伟绩，以处顺堂为中心重建宫观，并易名为白云观。清初，经过王常月道长主持的大规模重修，白云观基本奠定了今日之规模。白云观是全真龙门派的祖庭，清以来一直是中国道教活动的中心。目前为中国道教协会及中国道教学院所在地。

（二）累朝恩命福法孙

笔者据《长春真人西游记》统计，成吉思汗发给丘处机的诏书或圣旨，共八道。现分别罗列于下：

太祖十四年（1219）：一道。见本书附录二。

太祖十五年（1220）：一道。见本书附录三。

太祖十八年（1223）：三道。

---

① 在燕京城南十五里处，今北京西便门外。始建于唐开元十年（722），初名天长观，为唐宋重要宫观。金正隆五年（1160）毁于兵火，世宗时重修，敕名"十方大天长观"。后泰和间又遭火，重修，更名太极宫，为金代著名政府宫观。丘处机西行归燕京，赐居此，大加营葺。元太祖二十二年（1227）五月敕名长春宫，七月丘处机仙逝于此。次年，尹志平于宫东侧建下院处顺堂，藏丘祖仙蜕。是为白云观之雏形。

第一道云：

成吉思皇帝圣旨：道与诸处官员每，丘神仙应有底修行底院舍等，系逐日念诵经文，告天底人每，与皇帝祝寿万万岁者，所据大小差发、赋税，都休教著者。据丘神仙底应系出家门人等随处院舍，都教免了差发、赋税者。其外诈推出家，隐占差发底人每，告到官司，治罪断案主者。奉到如此，不得违错，须至给付照用者。右付神仙门下收执。照使所据神仙应系出家门人、精严住持院子底人等，并免差发、税赋。准此。癸未羊儿年三月日。

第二道云：

宣差阿里鲜面奉成吉思皇帝圣旨：丘神仙奏知来底公事，是也，然好。我前时已有圣旨文字与你来，教你天下应有底出家善人都管著者。好的歹的，丘神仙你就便理会，合你识者。奉到如此。癸未年九月二十四日。

第三道，本节前面已引。

太祖十九年（1224）：两道。

第一道在二月二十二日。曷剌自成吉思汗行宫到燕京，传旨：

神仙至汉地，以清净道化人，每日与朕诵经祝寿，甚好。教神仙好田地内，爱住处住。道与阿里鲜：神仙寿高，善为护持。神仙无忘朕旧言。

第二道：六月十五日。宣差札八传旨：

自神仙去，朕未尝一日忘神仙，神仙无忘朕。朕所有之地，爱愿处即住。门人恒为朕诵经祝寿则佳。

太祖二十二年（1227）：一道。时成吉思汗已灭西夏，南下攻金，假道秦州。令道人王志明自秦州至燕京宣旨，王五月二十五日至。宣旨，云：

改北宫仙岛为万安宫，天长观为长春宫。诏天下出家善人皆隶焉，且赐以金虎牌。道家事一仰神仙处置。

这八道圣旨，使得丘长春和全真教获得了生存和发展的诸多优越权。首先是，出家的全真弟子享有了蠲免税赋和差役的特权。第二，丘处机掌管天下道门，大小事务，一听神仙处置。第三，成吉思汗统辖境内，丘处机可任意立观度人。这三项权利影响极大，丘处机归真后，全真教掌教实际上承袭了这些权利，数十年间各大道派纷纷都归拢到全真旗下，全真宫观星罗棋布，遍布海内，很多还建造得宏丽壮观，门徒弟子迅速增加。

成吉思汗对丘处机的特殊眷顾，为以后元朝各帝王关照全真教确立了"定制"。成吉思汗的子孙继位，基本延续这一"定制"，其间也偶有偏祖僧人的时候（例如宪宗朝及世祖时的两次辩经和焚经），但元政府重视和支持全真教的大方向从未改变，特别是对于重阳宫和各代掌教宗师，屡屡赐封。而重阳宫的历代住持对于朝廷的敕封也是倍加珍惜，将这些圣旨、令书、诏告之类的殊遇镌刻立碑，以昭示后人。

近年来，刘兆鹤和王西平先生结集整理的《重阳宫道教碑石》，已于1998年由三秦出版社出版。此书搜罗宏富，注解详明，是研究重阳宫历史文化极为重要的文献资料。书中载录的元代圣旨碑有八通，令旨碑一通。

下面将这八通圣旨碑和一通令旨碑的情况做一简要叙述。

八通圣旨碑，按立碑时间先后分别为：

1.元宪宗元年（1251）七月初九立石的《大蒙古国累朝崇道恩命之碑》。

大蒙古国累朝崇道恩命之碑

此碑刻录宪宗以前元朝皇帝及皇后的圣旨八道。其中元太祖成吉思汗四道（见前），元太宗窝阔台两道，乃马真后一道，海迷失后一道。后两道是专门下给重阳宫的，禁绝各方对重阳宫田产的争夺和对宫事的干扰。该碑为重阳宫道士朱志完、张志运刊刻，由李庭作序，石志坚书丹并纂额。碑今存重阳宫碑林。兹录后四道如下：

（1）元太宗窝阔台：两道。

第一道

皇帝圣旨：你已先成吉思皇帝圣旨里，道人每内中不吃酒肉无妻男底人告天者，不是那般底人吃酒吃肉有妻男呵，仙孔八合识①你不拣择出来那什么，你底言语不信底人你识者，梁米你每年依例送得来者。准此。

（御宝）乙未年七月初一日。

第二道

皇帝圣旨道与清和真人尹志平、仙孔八合识李志常：我于合剌和林盖观院来，你每拣选德行清高道人，教就来告天住持，仰所在去处贵发递送来者。准此。

（御宝）乙未年七月初九日。

（2）元乃马真后：一道。关于重阳宫。云：

天地气力阔端太子令旨，道与京兆府路□哥黑马达鲁花赤②管民官田拔都鲁，并管军大小官员等：

据重阳万寿宫提点通玄广德洞真于真人、玄都至道宋真人、玄门弘教白云慕真人、无欲观妙李真人等所管京兆府路宫观先生等事，以前有奉到成吉思皇帝皇帝圣旨，大小差役、铺马祗应都教休着者，告天祈福寿万安者，这般圣旨有来，仰照依已前元奉圣旨。而今这先生根底大小差役、铺马祗应休当者，所属宫观土地、水磨，别人休得争夺，及宫观内往来使臣、军人、诸色人等不得安下，无令拆毁搔扰。仍自今后，仰率领道众，更为虔诚告天祈福祝寿万安者。你每为这般道呵，除正出家人外，无得隐藏闲杂人等。准此。

（宝）乙巳年十月二十二日。

①仙孔八合识，为蒙古语，汉文意思为仙人师父。"仙"，乃蒙语中之汉语借字。"孔"，蒙语"人"之音译。"八合识"，蒙语中之突厥语的借字，意即师父。
②达鲁花赤，官名。蒙古语为掌印者、总辖官之意。元时，汉人一般不能任正官，故各路府州县均设达鲁花赤官职，以掌握实权。

（3）元海迷失后：一道。关于重阳宫。云：

天地底气力里大福荫里弥里杲带太子令旨，道与宝童忙兀歹黑马和尚并京兆府答剌火赤管民官大小官员等：

据重阳万寿宫真人提点大师每差大师董志条、社志玄寄哥奏告：本宫起建玉皇阁、楼观、太平等处宫观，念经告天、祈福祝寿事，准告。令旨到日，仰钦依已将圣旨、令旨处分事意，率领道众诵经与俺，告天祝延圣寿无疆者。但是过往使臣、军人，并不以是何诸色人等，不得乱行搔扰，强行取要物件。你每为与了这金宝文字，却隐匿做贼说谎歹人呵，不歹那什么。今后若有搔扰的人呵，这里说来。准此。

（宝）庚戌年十一月十九日。

2.约元世祖至元十七年立石的《大元崇道圣训王言碑》。

大元崇道圣训王言碑

此碑碑文用蒙文和汉文两种文字书写。共载圣旨两封，令旨两封。汉字碑文在《元代白话碑集录》和《道家金石略》中均有著录，盖言李道谦接任高道宽任提点陕西五路及西蜀四川道教事。碑石无落款，仅有圭额"大元崇道圣训王言"八字和正文内容。据最后一道圣旨的签署时间龙儿年推断，此碑当立石于至元十七年（1280）庚辰或之后。该碑之蒙文在考古史上称作八思巴文，系元世祖忽必烈令西藏大喇嘛八思巴制定的蒙古拼音文字，至元六年（1269）作为国家文字正式颁行，以后逐渐废弃。目前考古发现的八思巴文字碑全国有二十余种，重阳宫就保存了五通。这些蒙汉文合刻碑，是研究元代道教史、考订元代人名地名及名物制度的重要资料，对于研究目前已经消亡的古代蒙古文字也是珍贵的第一手资料。

3.元仁宗延祐元年（1314）立石的《蒙汉文合刻皇帝玺书碑》。

此碑圭额篆书"皇帝玺书"四字。碑文用蒙文和汉文两种文字书写,汉文碑文在《关中金石记》《西安府志》《元代白话碑》《元代白话碑集录》《道家金石略》中俱有收录。碑文内容重申前代皇帝强调的关于保护重阳宫庙产及教徒权利之事,包含着丰富的历史资料,其在历史学和语言学方面俱有重要价值。该碑碑阴左上方有蒙古八思巴文篆书与草书各一行,其右还有一行波斯文。

蒙汉文合刻皇帝玺书碑

4.元仁宗延祐二年（1315）立石的《大元敕藏御服之碑》。

碑文为《陕西金石记》《道家金石略》等多家收录。据碑文所述,元成宗铁木耳大德癸卯（1303）春,一夕梦游"金阙之庭",驾车人告诉他"是为岐郊之终南也"。早晨醒来问左右,众臣判断为重阳宫。故将所穿御服一套赐重阳宫,令使臣送至。孙德彧当时为重阳宫住持,筑坛祈福,宝而藏之。仁宗延

大元敕藏御服之碑

祐元年（1314）孙德彧升任掌教,将此事详述给仁宗皇帝。仁宗遂令中书参知政事赵世延记述其事,集贤学士赵孟頫书丹,平章政事李孟篆额。次年,重阳宫住持庞德益立石刻碑。此碑由于是赵孟頫书丹,故向以书法名碑见称。其碑阴,为元僧溥光所书"敕赐大重阳万寿宫"八字。溥光亦书法名家,与赵孟頫同时,相互赏识。故此碑之书法价值,自然不菲。至于碑文提到的御服,据明末赵崡[①]《石墨镌华》所云:"今尚在,道士所时出观之。讹为王喆衣者,非是。"相传新中国成立后,王重阳石棺中尚有黄绸等物,不知是否为此御服[②]。

5.元仁宗延祐四年（1317）立石的《褒封五祖七真制辞》。

碑圭额刻阴文,篆书"皇元褒封五祖七真制辞"十二字。正文含四道

----

①赵崡,明末陕西盩厔人,字子函。万历乙酉（1585）年举人。擅长书画,集碑石拓本甚多,著成《石墨镌华》一书。
②详见王西平．重阳宫与全真道．陕西人民出版社,1999．P40．言公元1956年祖庵乡兴修水利时重阳墓被掘,石棺被撬,农民伸手探取棺中黄绸等物,被闻讯赶到的八仙庵监院乔清心制止。

圣旨，皆武宗至大三年（1310）二月颁布，褒封全真五祖由真君升格为帝君①，七真由真人升格为真君②。其后为掌教孙德彧之跋文一篇。碑文由孙德彧书丹，重阳宫住持提点庞德益立石。《道家金石略》有著录。

褒封五祖七真制辞

6.约元仁宗延祐五年（1318）立石的《宸命王文碑》。

碑额圭形，刻阴文篆书"宸命王文"四字。此碑载圣旨三道，时间分别为皇庆二年（1313），延元年（1314）和延祐五年（1318）。第一道和第二道用蒙汉文合刻，命令孙德彧掌教并要求地方官员保护重阳宫庙产；第三道仅汉文书写，亦在强调保护宫产，无关大计。碑文在《陕西金石记》《续修陕西通志稿》《元代白话碑集录》及《道家金石略》中皆有著录。该碑未署刻立时间，当在延祐五年或以后。

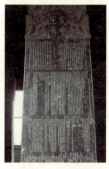

宸命王文碑

7.元顺帝至正十八年（1358）立石的《蒙汉文合刻大元宸命碑》。

碑额圭形，篆刻"大元宸命"四字。载圣旨三道。第一道汉文正书，二、三道蒙汉文并书。第一道圣旨至正元年（1341）六月颁布，第二道至正十一年颁布，皆强调保护重阳宫宫产。第三道至正十八年颁布，褒封焦德润为明仁崇义洞元真人，典领奉元路大重阳万寿宫事。汉文碑文《元代白话碑集录》《道家金石略》有著录。

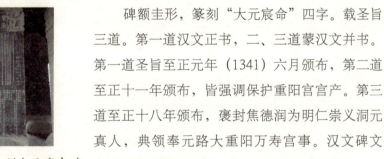

蒙汉文合刻大元宸命碑

①第一道圣旨，加赠东华帝君为东华紫府辅元立极大帝君。第二道圣旨，加赠钟离权为正阳开悟传道垂教帝君，吕洞宾为纯阳演正警化孚佑帝君，刘海蟾为明悟弘道纯佑帝君，王重阳为全真开化辅极帝君。
②第三道圣旨，加赠丘处机为长春全德神化明应真君。第四道圣旨，加赠马钰为丹阳抱一无为普化真君，谭处端为长真凝神玄静蕴德真君，刘处玄为长生辅化宗玄明德真君，王处一为玉阳体玄广慈普度真君，郝大通为广宁通玄妙极太古真君，孙不二为清静渊贞玄虚顺化元君。

8.元顺帝至正二十三年（1363）立石的《皇帝圣旨碑》。

上载圣旨两道。第一道蒙汉文合刻，至正二十三年七月颁布，授杨德荣诸路道教都提点明道崇真洞和真人，命令他住持陕西奉元路大重阳万寿宫事。第二道汉语书写，至正二十三年七月二十二日颁布，依例免除重阳宫差税并保护庙产。汉字碑文《元代白话碑集录》有著录。但此碑已佚，楼观台文管所存有旧拓。

另外，重阳宫还存有令旨碑一通，即元世祖至元二十四年（1287）立石的《蒙汉文合刻令旨碑》。碑额阴刻蒙古八思巴文，正文以蒙汉两种文字书写。按王西平先生的研究，正文非蒙古八思巴文，而是蒙古畏兀文字[1]。据汉语可知，此令旨是帖木儿大王（后来的元成宗）至元十四年（1277）十月发布的，晓谕各处官民不得侵占清阳宫田产、马匹、人口等。清阳宫为重阳宫下院。故此碑落款署"祖庭张德宁刊字，清阳宫住持孙志久立石"。该碑文未见有书著录。但其研究价值很高，特别是在蒙古语言和元代宗教政策方面。

第六节
外盛内衰的背后

由于蒙受政府特别的优渥，全真教入元以后获得了巨大发展。与金相比，师徒们不再主要依靠东奔西走来传道劝道，或者度人建观。相反，更多的是官僚士流及普通群众纷纷来投，宫观的建立或修茸也常常得到来自各方面的资助。从丘处机住长春宫起，全真教就开始大建宫观、广收门徒，此种活动一直持续到尹志平、李志常掌教期间。

在这三十余年里，到底建了多少宫观，收了多少门徒，现已难于详考。仅就《顺天府志》所引《析津志》和《元一统志》所记之宫观做粗

---

[1]详见刘兆鹤、王西平《重阳宫道教碑石》，三秦出版社1998年版，P25。

略统计，燕京及其附近地区即有宫观百余所，其中绝大部分为全真道宫观，又皆属丘处机至李志常掌教期间所建。另外，在河北、河南地区，李志柔及其弟子根据丘处机"立观度人"的意旨，先后在大名、磁州、卫州等地起建大小庵观数百所，度门人弟子数以千计。张志渊，在山东主东平郓城白云观，度弟子千余人。潘德冲，在山西芮城县建了全真道三大祖庭之一的纯阳万寿宫，俗称永乐宫。宋德方，利用在山西平阳编《道藏》的机会，建立宫观凡四十余区。冯志亨，在尹志平嗣教后之庚子年（1240），随志平去陕西改葬王喆的路途中，凡经过道家宫观，废者兴之，缺者完之，也有百余所。而在陕西、甘肃地区，于善庆立观院于凤翔、汧、陇之间。綦志远，在李志常掌教期间提点陕西教事，度门人弟子数百，建立宫观二十余所。据楼观台现存中统四年（1263）碑石《大元重修古楼观宗圣宫记》的刻载，宗圣宫本宫执事道众就多达七十余人，本宫下院有27处，而同尘真人李志柔在全国各地建宫观及庵堂总计240余处，立纲首245人。借此，我们可以得知其他全真教各大宗师所建宫观及度化门人弟子的概况。可以说，全真弟子当时已经遍布天下，"东尽海，南薄汉淮，西北历广漠，虽十庐之聚，必有香火一席之奉"[①]。元好问在《怀州清真观记》中说："今黄冠之人，十分天下之二，声势隆盛，鼓动海岳。"可谓名山大川，城镇乡村，庵观宫院，星罗棋布。道教有史以来，还未有如此之兴盛。

在这种情况下，全真教举行了一系列的重大道教活动。其中包括会葬宗师，编纂《大元玄都宝藏》等。宋德方主持编刻《大元玄都宝藏》，曾设二十七局，役工三千余人，历时六载，编成七千八百余卷。又分六局印造，首制三十藏，藏诸名山洞府。而1228年安葬丘处机和1241年会葬王重阳，可说是全真教历史上最为隆重的大典。据载，安葬丘处机时四方会众道俗逾万人，重要官员参加者皆有保安护卫。会葬王

---

①陈垣，道家金石略，《清虚宫重显子返真碑铭》，第476页。

重阳时，陕右初定，终南尚为边鄙重地，但参与会葬的四方道俗，也是天下云集，常数万人。另据《尹宗师碑铭》记载，尹志平1236年去陕西营建祖庭时，沿途遗民相先归附。返途中化度道士，"道经太行山，群盗罗拜受教，悉为良民。出井陉，历赵魏齐鲁，请命者皆谢遣。原野道路设香花，望尘迎拜者，日千万计，贡物集山。"碑铭的这些叙述和描写，其文学性的夸张成分固然很大，但全真道及其首领在群众中的巨大影响，从中也可以看出。

可是此种影响却引起元统治者的猜忌和不安。因此在元宪宗时期的佛、道"化胡经"之争中，元统治者持明显的祖佛立场，使全真道在宪宗八年和至元十八年的佛道大辩论中两次惨败，遭遇焚经、毁像、交地等等，受到沉重打击。此后，全真教的处境相当困难，教徒的发展受到限制，斋醮被禁止举行。中经张志敬、王志坦、祁志诚、张志仙四人相继掌教，始终处于发展的低谷。直至成宗即位后的元贞元年（1295），始宣布解除禁令，方使全真道从艰难处境中解脱出来。但全真道发展的鼎盛局面却随之一去不返。

从元成宗、武宗朝起，朝廷屡屡褒奖封赐全真大师、掌教、高道、宫观等等，颇有失度过当之嫌。即以"至诏书"而论，将全真五祖由"真君"升格为"帝君"，将七真由"真人"升格为"真君"，似乎并无必要，天上神仙何劳人间帝王奉赠？元成宗春夜梦游金庭，醒而异之。因认定所游处为重阳宫，故赐住持孙德彧御服一袭，藏诸宫中。此事亦是荒唐，细想道人及道观何须黄袍加之？

而元仁宗皇庆二年（1313），敕授重阳宫道士孙德彧"神仙演道大宗师玄门掌教真人，管领诸路道教所，知集贤院道教事[①]"，职高位显，直追当年丘处机之情势，此未免过当。自苗道一起，孙德彧、兰道元、孙履道、完颜德明等相继掌教，而每任掌教皆授封为真人、演教大宗

----

① 见王西平编《重阳宫道教碑石》之《大元敕藏御服之碑》。

师、知集贤院道教事。这是除玄教以外，其他道派掌教皆未获得过的褒封。凡此种种封赐，无他，只能起到纵人欲、泯道心的副作用。他们在此褒封宠遇下，都相继由清静恬淡之士变为道士官僚。他们所居之地，早已不是王重阳为之设计的远离尘嚣的茅庵，而是置诸京城的豪华宫室。全真上层人物平时所为，除了为皇室建斋祈福外，就是忙于与通显豪家相往还。

陈垣先生称全真道上层的这种变化为"末流之贵盛"。上层的贵盛，带来了教务的退步和人才的凋零……总之，全真教前期那股蓬勃朝气自此消退了。

全真道的渐趋衰落突出表现在以下三个方面：

（一）一味追求宫观的壮观宏丽

重阳创教之初，仅茅庵一座，身有可依即可。而在教义上，王重阳亦主张道家修道第一重要，即是住庵，"庵者舍也，一身依倚[①]"，无需雕梁峻宇、园榭池亭。马丹阳也以清修著名，主张茅屋两三间即可。但全真教在元代大行的时候，这些训导早被门人忘记了。宫观唯求高大雄伟，华丽堂皇，各处所造，竞相比附，又争田地肥瘠、栋宇多寡，风气所及，影响恶劣。正如元人王磐所批评：

今也掌玄教者，盖与古人不相侔矣。居京师住持皇家香火焚修，宫观徒众千百，崇塘华栋，连亘街衢。京师居人数十万户，斋醮祈禳之事，日来而无穷。通显士大夫洎豪家富室，庆吊问遗，往来之礼，水流而不尽，而又天下州郡黄冠羽士之流，岁时参请堂下者，踵相接而未尝绝也。小阙其礼则疵衅生，一不副其所望，则怨狱作，道宫虽名为闲静清高之地，而实与一繁剧大官府无异焉。……老氏有云，君子终日行不离辎重，虽有荣观，燕处超然。[②]

<hr />

①见《重阳立教十五论》。
②见《甘水仙源录》卷九《创建真常观记》。

当然，随着时代的变化，生活条件的改善，道人所居环境也应该有所改变，而不必墨守成规。问题的关键在于如何面对宏宫巨观。老子云，"虽有荣观，燕处超然"。唐高僧玄奘因为京城寺庙嘈杂，而北入山中（玉华宫）译经；丘处机因为长春宫的喧闹，故另创别院居住。他们都有一种燕处超然的态度，不为欲累，不为物迁，惟心静而已。但是，一般的修道之人在华贵舒适的生活条件面前，很容易丧失操守，与世俗人一样贪图物质享受了。

（二）上层生活普遍奢靡腐化

陈垣先生在《南宋初河北新道教考》中说："全真自孙德彧掌教以后，已失其本色。"为什如此呢？孙德彧在仁宗元祐元年（1314）掌教，此时距元亡只有五十四年。皇帝走马灯似的更替，国号变来变去，每个皇帝执政时间也很短，一般不超过七年，直到元顺帝至正年间才相对稳定。与此相应的，全真教掌门人也是频繁更迭，自苗道一至大元年（1308）掌教，以下依次为常志清、孙德彧、蓝道元、孙履道、苗道一和完颜德明，六十年内七易其主，平均八年一换。元诗人虞集曾作《玄门掌教孙真人墓志铭》，中言礼部尚书元明善代丞相祈雨长春宫，掌教孙德彧即请元明善向丞相奏言须以忧民报国意发文。当元明善将丞相签署的奏章交付孙德彧时，真人曰："章触妇人手，且得罪，宁敢望雨乎？[①]"遂使人回禀丞相，二人俱恐，拜服请罪。久之，真人曰："上帝念民无辜，赐之雨三日。"果雨三日。尚书屈膝拜之。虞集此段叙述，旨在褒扬孙德彧道术神异，未卜先知和料事如神。但其中反映出的问题，也值得思考。陈垣先生在他的《南宋初河北新道教考》中就此事发议论道：

---

①见元虞集《道园录》卷五十。

"章触妇人手，且得罪"，是何言？而当时国王大臣信之，此其道所以大行也。道者以不婚不仕为标榜，若孙德彧等之所为，虽曰不仕，而仕已多矣。炎炎者灭，隆隆者绝，其贵不在己而在人，人亡而己安得不黜哉！

而继任掌教蓝道元升任两年多，即因罪被黜。《元史》卷三十泰定帝二载："长春宫道士蓝道元以罪被黜。诏：'道士有妻者，悉给徭役。'"可见，蓝道元的被黜与娶妻有关。大约当时全真道士娶妻已不是个别现象了。《元史》卷一百七十五《张珪传》曰：

比年僧道往往畜妻子，无异常人，如蔡道泰、班讲主之徒，伤人逞欲、坏教干刑者，何可胜数！俾奉祠典，岂不亵天渎神！臣等议：僧道之畜妻子者，宜罪以旧制，罢遣为民。

这是张珪等人上奏朝廷事务，极论当世得失的时候所奏秉的时弊之一。蓝道元于泰定三年（1326）被免职并黜除道籍，正是朝廷整治世风时弊的必然结果。但于此可窥全真教上层骄奢淫逸之风习。而另一方面，教内一些不善交接权贵、不会逢迎阿谀之道徒，往往身处深山，借榻乞席，餐风饮露，老死而无尺土片瓦。

道徒素质下降，真修者稀少。

元初全真教在大建宫观、广收门徒的时候，吸纳了大量信徒和信众，难免良莠不齐，鱼龙混杂。入道的人虽多，但大多想在宫观里谋生混道，而以信仰为上、真心修持者并不多，至于能修之有成者就更少。这就是后期元代全真教高道渐趋稀少的主要原因。全真教以修心修性为要，讲究修心成仙。而许多入道学仙者，是非利害之心、贪嗔爱欲之心未绝，徒有道士之名，常常背弃道规道戒行事。掌教宗师整日忙于发展和扩大影响，似乎也没有时间整治内部、完善教义教规等。所以这种行为长期得不到纠正，为教内的发展埋下了祸根。七子之一的郝大通有一得意弟子名叫范圆曦，道行高卓。他在管理观事的时候，观中储财甚夥。太古仙化，观中道众惦记财物，欲害范圆曦。公闻而笑曰："吾为众守耳，何至如是！"即付钥匙而归胶西，潜心精气神之学。此事载于《甘水仙源录》卷四《普照真人玄通子范公墓志铭》。这种"众利其财"的情况在全真教各地宫观中应不是个别现象。问题之严重，竟到了谋财害命的程度。

如果说在全真初创时为了扩大影响而尽力吸纳成员是对的，那么，在全真教的发展走向兴旺发达的和平年代就不应该以普渡的形式收徒了。但入元以后，丘处机将济世救人与立观度人等同，且将之发展到几乎无以复加的程度。弟子尹志平、李真常、王栖云等也纷纷倡导"道性人人俱足"，广收门徒，材与不材，信与不信，皆纳之。这就为后期教门多事，教风衰颓埋下了祸根。同时，如果数以万计的道徒参加修持，而最终有成者万里挑一，这样的效果必然也会使全真教失去感召力和凝聚力，必然带来衰落的结局。

元代中后期全真教衰败的背后原因值得探讨，值得今人反思。

伍

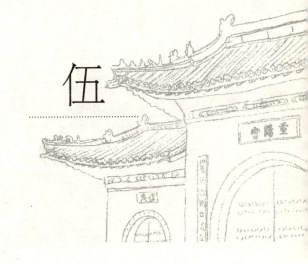

沉寂之后的中兴

有明三百年，全真教整体上处于沉寂状态。朱元璋推重符箓方术，与正一早有交往，加之正一派积极主动亲近明政府，所以从朱元璋开始正一派就受到明朝廷的宠重。而全真教的发展要么走向山林，要么向正一靠拢。在地缘上出现以武当山为据点跨江南传的特点。张三丰的学说及行径多源自全真，但表面上已看不出全真的标记，此派可看作是新出的全真教变异支派。重阳宫在明中叶正统到弘治前后，据《重阳宫住持侯圆方重修祖庭记》和《重阳宫庙产碑》的记载，宫之玉皇阁高二百尺，五层重檐；下院二十余处，田产、道士众多。

明末清初之际，历经战乱的重阳宫垣墉崩塌、殿宇倾颓，几乎野居而露处。顺治十三年（1656），皇帝封全真龙门派第七代律师王常月为国师。雍正皇帝封全真南宗祖师张伯端为"大慈圆通禅仙紫阳真人"，敕命在张伯端故里建崇道观奉祀。乾隆三十年（1765），敕命出内币修葺龙门祖庭白云观。五十三年（1788），乾隆帝幸白云观，书楹联赞颂丘处机云："万古长青，不用餐霞求秘诀；一言止杀，始知济世有奇功。"全真教出现中兴的局面。

第一节

大明冷落：三丰派雄踞武当

入明以后，全真道步入衰落时期。自太祖朱元璋起，因全真教与元宗室关系亲密，又恐其有作乱之嫌，所以对全真教颇为冷淡。这与全真教本身活力丧失的内部原因有关，也与明王朝倾向正一的宗教政策有关。明太祖在为《大明玄教立成斋醮仪》所作的御制序文中说："禅与全真务以修身养性，独为自己而已；教与正一专以超脱。特为孝子慈亲之设，益人伦，厚风俗，其功大矣哉！"表现出只支持正一，不支持全真的意向。后来的实际做法确是如此。朱元璋及其继任者召见的大多是正一天师及其门徒，道录司各级道官也大都以他们充任，全真道士被召见和委任者极少。全真道掌教并不住京都白云观，号召力大大降低。在上述情况下，全真道分裂为诸多小派进行独自的活动，其正宗为"七真派"，即宗丘处机的龙门派，宗刘处玄的随山派，宗谭处端的南无派，宗马钰的遇仙派，宗王处一的嵛山派，宗郝大通的华山派，宗孙不二的清静派。其中以龙门派势力最大，记载也较多，其余六派所记甚少。至清初，龙门派经王常月之中兴，更盛于其他各派。除此全真嫡系七派外，又有明初张三丰所传的支派，万历间陆西星所传的内丹东派，清嘉庆、道光年间李西月所传的内丹西派，盖皆属全真道之旁系。以上派系再经繁衍，又分化出更多的小派。据《诸真宗派总簿》所载，即有八十六派（含全真、正一两系），每派均有取名排辈用字。但派系分衍愈多，并不表明道教的强大，相反，却恰恰反映出它的衰微之相。

（一）明代重阳宫

明代因全真教遭受冷遇，祖庭重阳宫衰颓不振，没有留下多少相关的直接文字资料。但据《大岳太和山志》记载，明初道士卢秋云，光化（今湖北老河口市）人。从终南重阳万寿宫高士游，入全真道修习内丹，悟全真之理。而后入龙虎山拜张天师修习符箓，又复归武当山师张三丰为弟子。得张三丰秘传，成为嫡传弟子。又奉师命住持武当山南岩道场及五龙宫多年。永乐八年（1410）羽化①。该《山志》对道士卢秋云的记述说明，重阳宫在明初尚有高道，而且仍在收徒弘教。又据明代方升《太岳志略》记载，有李德团（即渊字）者，号古岩，金台（今四川金堂）人。自幼入陕西重阳万寿宫出家。壮年游武当，先居紫霄宫，后徙元和观。同时期的还有单道安，均州人（今湖北丹江口市），元明间武当道士。《大岳太和山志》载，单道安于元末出家到武当南岩宫，拜真人张守清为师学道，用心精苦。张守清仙逝后，潜藏于武当山叠字峰，屏绝人事服气养神，修习养生之道多年。洪武初独自周游四方，遍览华山、终南等名山。后来在重阳万寿宫闭门不出，全心修习内丹，并以毕生的体验心得传授门徒李素希。道安逝后，李素希携师冠履等归葬于武当山道教总坟。《长春道教源流》卷七还载录有全真派的王宗道（淮安人）、何道全（钱塘人）两位道人，云："自张三丰至王宗道诸人，亦武当全真派，然其所学不兼正一，盖亲炙三丰传授者也。"该书引《名山藏方外记》王宗道传，表明王宗道先居嵩山和华山，得张三丰授内丹术，后游终南、太白等山。明成祖曾召见，给全真牒，赐金冠鹤氅，令奉书香寻访张三丰。而何道全，据《随机应化录》昆丘灵通子之序云："君自幼修道，号无垢子，云游东海之上，人未之奇也。厥后，西来终南，居於圭峰②之墟而道成，人以为异。碑有载焉。洪武己卯孟春望后，君卒於长安医舍。"何道全所居"圭峰之墟"以及王宗道所游之"终南"，在明初以道观实力而言，自然是指重阳宫了。

---

① 见明．任自垣纂修《大岳太和山志》卷七高道传"卢秋云传"条。太和山，即今湖北武当山。
② 圭峰，秦岭支脉之一，在陕西户县，因形似"圭"而名。海拔1505米，离重阳宫不远。唐宋时山下有寺。

从以上资料可以得出结论：

（1）明初著名高道太和四仙之一[①]的卢秋云以及李德困、单道安、王宗道、何道全等，都曾在终南山重阳宫修道并居留过。

（2）武当山同终南山和华山，在道教信仰和道派传承方面有着十分密切的联系。表现在：武当和终南-华山都以老子-尹喜为信仰崇拜的源头，都以内丹术作为道众修炼的主要手段；终南-华山是全真道的主要发源地，而武当则是全真道向南方传播的主要基地，武当的全真道最初主要是由终南-华山道士传入的；明代以后，武当全真道成为全真龙门派向全国传播的重要据点。

重阳宫今存明代碑石三通：一是明正统十年（1445）所立的《重阳宫住持侯圆方重修祖庭碑》；一是明弘治五年（1492）所立的《重阳宫庙产碑》；一是弘治十三年（1500）所立的《唐吴道子戏笔碑》。这几通碑石反映了明初期和中期重阳宫的概貌。特别是从前两通碑石内容看，重阳宫道士数量和庙产土地还很多，周围下院有二十余所，祖庭仍不失为关陕大观。

据《重阳宫住持侯圆方重修祖庭碑》载，祖庭"中更多故，废兴相仍，昔之坚固壮丽者未免为风雨所凌，倾圮不振"。可见元末至明永乐初，重阳宫由于战乱和岁月等原因，宫殿大多年久失修，为风雨侵蚀，坍塌一片了。在这种情况下，住持侯圆方"运心劳虑，茂建大功"，于永乐十三年（1415）开工修缮陂头玄真观为起点，先后重修了三清殿、祖师殿、灵霄门等建筑，前后历时二十六年，于正统六年（1441）建成总高二百尺的五层檐廊的玉皇阁。重修后的祖庭，殿堂门庑，焕然一新，规模仍然相当宏大。

---

①太和四仙，指明初武当山四个著名道士，即卢秋云、周真德、刘古泉和杨善澄四人，皆师从张三丰。

弘治五年刻立的《庙产碑》，字迹漶漫不清。但依稀可辨出"周至县本宫周围土地"等字样，仅长春观[①]一处即有土地四顷。按明制，寺观中僧道人每人可拥有四五亩地计算，则长春观道士当在八十人左右。以此推算，祖庭重阳宫的土地及道众应当更多。碑所载下院二十余所，拥有土地多寡不等，少则二三十亩，多则过顷。这说明明代中叶，重阳宫不论在形制规模或庙产、道众人数上，都称得上是关陕大观，全真教的实力还是相当强的。

明代晚期，重阳宫未留下碑石。仅可从赵崡《访古游记》中窥知一二。记云："戊午夏，游南时成道宫。道士出所藏御服，制以宫缎，正秋香色，针工精密，可左右衽。此赐孙德彧者，碑载甚明。传者以为王重阳，误也。"[②]赵崡是陕西周至人，万历十三年（1585）举人，喜好书画及碑石拓本，集成《石墨镌华》一书。他万历四十六年（1618）戊午夏游历南时成道宫，道士出所赐御服见赏。此事不大可信。因为元成宗当年所赐御服，曾勒石树碑以记其事，御服被孙德彧当做宝贝一样珍藏在重阳宫中。而南时成道宫距重阳宫还有相当一段距离，为较小的下院，如此，御服怎么明末就到了南时成道宫了呢？如果真落到了成道宫，那它又是如何流失的呢？等等，其中隐匿的问题甚多。如果赵崡的记述真实不虚，则我们可从中得到这样一个信息，即明末之重阳宫管理混乱，珍宝流失，道侣散逸，等等。总之是大不如昔了。

（二）全真三丰派

武当全真派的说法，出自清末道士陈教友撰写的《长春道教源流》。张三丰及其嫡派被陈教友视为武当全真派，说明张三丰的学说与全真道的思想有着渊源关系。张三丰是武当派的开创者，主张三教合一，儒

---

①即宝鸡磻溪的长春成道宫，元太宗十年（1238）于庆善委任卢志清创建，以资纪念丘师成道，故名长春成道宫。为重阳宫下院。
②见陈教友《长春道教源流》卷六。

道双修；欲修仙道，先修人道，"玄学以功德为体，金丹为用，而后可以成仙[①]"。这些都是全真家言。按《张三丰全集》所载之道派分流，他的师父为终南山火龙真人，火龙师陈抟，陈抟师麻衣，麻衣师文始，文始师老子。而老子又传王少阳，少阳传正阳钟离，正阳传纯阳洞宾，纯阳传重阳，从而开全真北派。重阳又言刘海蟾为祖，海蟾传陈抟，陈抟传火龙。如此，文始派与少阳派由陈抟汇而为一。任继愈《中国道教史》中说："张三丰的学说，如睡功'蛰龙法'，即系陈抟得于何昌一者，可见他确与陈抟一派有渊源关系。但陈抟一系，亦与全真道同源。张三丰的学说、行径多源自全真道者，当时官方也把他这一派归于全真。如张三丰之徒王宗道，永乐三年胡濙携之入朝，给全真牒。因此，张三丰一派当属元明间新出的全真支派。[②]"

张三丰在民间的影响有似"活神仙"吕洞宾，但不同的是，他还有着巨大的官方影响，这一点又有似丘处机。明代各级官方文献载录张三丰传记或事迹者，有七八种之多[③]，这说明张三丰确有其人，不宜轻易否定。首载张三丰事迹的，是钦差太常寺任自垣奉敕编修的《大岳太和山志》，其文简意赅，兹录如下：

张全一，字玄玄，号三丰。相传留侯之裔，不知何许人。丰姿魁伟，龟形鹤背，大耳圆目，须髯如戟，顶中作一髻。手执方尺，身披一衲，自无寒暑。或处穷山，或游闹市，嬉嬉自如，旁若无人。有请益者，终日不答一语，乃至议论三教经书，则络绎不绝。但凡吐词发语，专以道德、仁义、忠孝为本，并无虚诞祸福欺诳于人。所以心与神通，神与道一，事事皆有先见之理。或三五日一餐，或两三月一食。兴来穿

---

①见方阳春．张三丰全集，浙江古籍出版社，1990：125。
②任继愈，中国道教史，上海人民出版社，1990：648。
③载录张三丰事迹的明代文献主要有山志、方志及金石碑记等。如任自垣的《大岳太和山志》，张宇初的《皇明恩命世录》，杨溥的《禅玄显教编》，李贤、彭时等的《大明一统志》、《贵州图经新志》、《贵州通志》，以及《御赐张三丰铜碑》、《张三丰遗迹记》等。其中湘献王朱柏、蜀王朱椿皆有诗赞，永乐帝有御制书及敕命，多次命大臣和高道寻访。

山走石，倦时铺云卧雪，行无常行，住无常住，人皆异之，咸以为神仙中人也。洪武初来入武当，拜玄帝于天柱峰。遍历诸山，搜奇览胜。尝与耆旧语云：吾山异日与今日大有不同矣！我且将五龙、南岩、紫霄，去荆榛，拾瓦砾，旦初创焉。命丘玄清住五龙，卢秋云住南岩，刘古泉、杨善澄住紫霄。又寻，展旗峰北陲，卜地结草庐，奉高真香火，曰：遇真宫。黄土城卜地立草庵，曰：会仙馆。语及弟子周真德：尔可善守香火，成立自有时来，非在子也。至嘱！至嘱！洪武二十三年（1390），拂袖长往，不知所止。二十四年，太祖皇帝，遣三山高道使于四方，清理道教，有张玄玄可请来。永乐初，太宗文皇帝慕其至道，致香书，累遣使臣请之，不获。后十年敕大臣，创建宫观一新，玄风大振。自高真升仙之后，未有盛于今日者。师之所言，信不虚矣。

张三丰长什么样？他在太和山上干些什么事？据《大岳太和山志》载，洪武二十四年(1391)，朱元璋第十一子蜀献王朱椿有题《张神仙像》诗一首，赞曰：

奇骨森立，美髯戟张。距重阳兮未远，步虚靖之遗芳。飘飘乎神仙之气，皎皎乎冰雪之肠。爰寻师而问道，岁月亦云其遑遑；既受诀于散圣，复续派于瓜王。全一真之妙理，契未判之纯阳。南游闽楚，东略扶桑。历诸天之洞府，参化人而翱翔。曰儒曰释，曰老曰庄。皆潜通其奥旨，乃怀玉而中藏。

张三丰

大约朱椿的确见到了张三丰，与之交谈后，发现张三丰具有诙谐善言、谈笑自若、洒脱不羁的神仙风度，欣喜之余，以诗赞之。这足以使所有心慕仙道者钦羡不已。但张三丰对此似乎很失望，自此坚决不见任何帝王和达官贵戚了。

先蜀献王朱椿一年，即洪武二十三年(1390)，朱元璋的十二子湘王朱柏，朝谒武当山天柱峰，寻找张三丰不遇。写下《赞张真仙诗》一首，云：

> 张玄玄，爱神仙。
>
> 朝饮九渡之清流，暮宿南岩之紫烟。
>
> 好山劫来知几载，不与景物同推迁。
>
> 我向空山寻不见，徒凄然；
>
> 孤庐空寂大松里，独有老。

张三丰是历史上公认的极其神秘的人物，忽隐忽现，行踪无定，总是神龙见首不见尾。甚至连他的生卒年代、里籍交游等事，也概莫能知。因此有人怀疑是否真有其人。笔者以为，这正是高道之所为也。正如唐末吕洞宾一样，因为有学养、道术和操行，在十里八村的名气渐盛，经众口相传，声名愈隆。但张三丰不愿接近官府及达官贵人，也不愿成为众人关注的焦点，于是四处云游，行踪不定，唯求自适自乐而已。但是他越是这样，越引起众人的好奇，特别是帝王们。朱元璋及朱棣都曾遣使极力寻访，目的为何？不就是想让张三丰出来，分他些道果，获他些药方之类的东西，沾他些仙气儿罢了。当然这样做在百姓的眼中也可以显示帝王求贤若渴的光辉形象，同时"神仙"可以为他们的江山点缀升平，等等。张三丰与吕洞宾走了同样一条路，即由儒而道，由道而仙，逐渐被神化的过程。

金台观

张三丰其人，据《明史·方伎传》所言，名全一，一名君宝，号三丰，一号邋遢。他儒、道兼通。辽东懿州（今辽宁阜新）人[①]，据传生

[①] 关于张三丰的籍贯，还有福建邵武和陕西宝鸡两说。明初吏部右侍郎张用浣为宝鸡金台观撰《张三丰遗迹记》碑文，称其祖父张维（字叔廉，洪武时国子监学正）及父亲张位（字朝用）与张三丰有交情，来往密切。云："真仙陕西宝鸡人，大元中于吾河南开封府、鹿邑太清宫出家……真仙与吾高祖荣相识，常往来于家托为施主，最亲密，亦爱重吾父叔廉公勤学。"所谓福建邵武市和平古镇坎下村说，今有清末民初重修之张氏家谱为证，云张子冲生于宋景定甲子五年（1264），卒年无载。明嘉靖《邵武府志》中亦有"张子冲，又号三丰。邵武四十二都堪下人……"的记载。

于元定宗二年（1247），则入明前即已百岁余。有人考证张三丰卒于明天顺二年（1458），则其寿命长达二百一十一岁。此于情理上难通。关于他的生辰籍贯都有争议，一般认为他是元末明初武当山道士，活动时期约在元延祐（1314-1320）到明永乐十五年（1417）之间。

不过可惜的是，帝王的隐衷和热望，换来的不过是竹篮打水一场空。

明太祖洪武二十四年（1391），朱元璋遣三山高道张宇初等外出，遍历天下名山，迎请张三丰入京，无果。朱棣于永乐三年（1405），先遣淮安道士王宗道寻访，避而不见。后于永乐五年遣胡濙、张位等寻访，弗遇。永乐六年十月，又遣张宇初去邀请，依然没有找到。七年八月，又敕命张宇初再访，结果相同。大约感到自己态度不够严肃和虔诚，于是永乐十年命道录司右正一孙碧云到武当山建遇真宫以待；十二年二月，永乐帝谨作《御制书》一封，恭请张神仙大驾光临，云：

皇帝敬奉书真仙张三丰先生足下：朕久仰真仙，渴思亲承仪范。尝遣使致香奉书，遍诣名山虔请。真仙道德崇高，超乎万有，神妙莫测。朕才质疏庸，然而至诚愿见之心夙夜不忘。敬再遣使致香奉书虔请。拱俟云车凤驾，惠然降临，以副朕拳拳之怀。敬奉书。永乐十二年二月初十日。①

据明代笔记和方志记载②，永乐十五年（1417），朱棣又命龙虎山上清宫提点吴伯理"钦奉太宗皇帝玉音赍香暨御书，入蜀之鹤鸣山天谷洞，结坛诵经，祈告山灵。迎请真仙张三丰先生"。同年，再遣宝鸡医官苏钦等斋香书遍访张三丰于天下名山。总的说来，明成祖朱棣多年来所遣之人，要么被张三丰退避三舍而不见，要么就是遇而不识，擦肩而过。他们一会儿听说张三丰在青州云门山隐修，一会儿又听说去了凤翔

①见明任自垣纂修《大岳太和山志》卷二。
②见明宣德二年蒋夔所撰《张神仙祠堂记》，载录于清.赵彬纂修的《大邑县志》。

府金台观，一会儿又听说他在襄阳府，在邛州，在贵州平越，等等。因为张三丰总是在名山大川中云游，总是混迹于普通百姓当中，所以王公大臣及其亲信们始终不能寻访到他。正因为如此，张三丰的人格魅力越来越大，被传得越来越神。

明英宗天顺三年（1459），封张三丰为"通微显化真人"，并立《御赐张三丰铜碑》一座。该碑分为三截，碑首为篆额，中为诰文，下为张三丰像。碑文云：奉天承运，皇帝制曰：

朕惟仙风道骨，得天地之真元，秘典灵文，集阴阳之正气。顾长生久视之术，成超凡入圣之功。旷世一逢，奇踪罕见尔。真仙张三丰，芳姿颖异，雅思孤高，存想专精，炼修坚定。得仙录之宝诀，饵金鼎之灵膏，是以名隶丹台，神游玄圃，去来倏忽，岂但烟霞之栖，隐显渺茫，实同造化之妙。兹特赠尔为通微显化真人，锡之诰命，以示褒崇。于戏！蜕形不老，永惟物外之逍遥，抢道绝伦，盖动寰中景慕。尚期指要，式惠来英。

天顺三年四月十三日

据今人冯崇岩对《御赐张三丰铜碑》的考证[①]，认为天顺三年之际，英宗见过张三丰。文中所言的"旷世一逢"、"兹特赠尔"、"尚期指要，式惠来英"，都明确显示了当时张三丰真实存在。而张三丰羽化年代应在天顺末年。英宗的制诏只说明他思慕神仙的急切心情，无他。故冯说未必可信，存疑待考。

明宪宗成化二十二年（1486），封张三丰为"韬光尚志真仙"。明世宗嘉靖四十二年（1563），封张三丰为"清虚元妙真君"。天启三年（1623），嘉宗称张三丰降坛显灵，加封为"飞龙显化宏仁济世真君"。

明代帝王迷恋张神仙三丰，有些像元代帝王当年迷恋丘神仙处机，

---

① 见冯崇岩，武当拳之研究，北京体育出版社，1992。

帝王们对神仙的慕求与褒封，以及道门内部的有意神化和民间的推崇仰慕，使得神仙的传说更加丰富多彩，历久不衰。从宣德二年（1427）蒋夔所撰《张神仙祠堂记》开始，张三丰就被官方和民间正式载入方志、国史、文集、金石，等等。特别是野史、笔记、传说之中，极尽渲染之能事，竞相附会其里籍、身世和经历等，于是出现张三丰众多籍贯和生卒年的记载；社会也出现了一些假冒三丰之名骗取名利的假道人、假神仙。还有些人托称曾遇张三丰，或被传道，这种事直到近代仍时有所闻。

但不论张三丰如何被皇帝褒封仙号，也不论张三丰如何被众人神化，总之他已经成为华夏神仙世界当中极为亮眼的一员。因为他的身份是多重的，武当三丰派的开山祖师，太极拳、太极剑的创立者，妙手回春的神医，能诗善画的骚人墨客，等等。这些都是人们喜爱他的原因，但是史籍中许多关于他的事迹却找不到根据，比如创立太极拳。史书中只记载张三丰与其徒在武当山披荆斩棘，创草庐以修道。说得很清楚，他们在武当山只是"修道"，没有"练武"。所谓武当派武功或许出自近现代小说家言。

张三丰著述丰富，诸如《大道论》、《玄机直讲》、《玄要篇》，被后代收积成集，即流传至今的《张三丰先生全集》。其中不少篇章为后代奉道者所推崇，称《大道论》"穷尽性命归真之道，发微圣贤仙佛之理"。不过，张三丰最受推崇的还是《无根树》丹词。它采用歌词的体裁、通俗的文字，把玄奥的修真理论化为脍炙人口的曲词。这组诗歌共二十四首，包含了张三丰的全部修真理论和方法。张三丰在《自题无根树词》中说："要知端的通玄路，细玩无根树下花。"下面选录几首，以飨读者：

> 无根树，花正幽，贪恋荣华谁肯休。
> 浮生事，苦海舟，荡去漂来不自由。
> 无边无岸难泊系，常在鱼龙险处游。
> 肯回首，是岸头，莫待风波坏了舟。

丹词开宗指出人生贪恋荣华富贵，犹如在苦海里漂泊，时常处在危险之中，规劝世人要超脱名利，及时修炼。

> 无根树，花正孤，借问阴阳得类无。
> 雄鸡卵，难抱雏，背了阴阳造化炉。
> 女子无夫为怨女，男子无妻为旷夫。
> 叹迷途，太模糊，静坐孤修气转枯。

张三丰以雌雄、夫妻的浅显道理说明"阴阳相济"的深奥理论，从而指出不能孤修性或命，而必须性(心理)命(生理)双修。

张三丰在内丹修持的各个环节，诸如戒欲、采药、炼药等各有一首词加以阐述。就其内容而言，可以说没有超乎前人的独到之处。但是，他却突破了长期以来道学文字艰深玄奥的规束，把魏伯阳《参同契》、陈抟《无极图》、张伯端《悟真篇》的炼形、保精、调神、运气、归真还原等修真理论，以通俗易懂的歌词形式表达出来。这便是张三丰在促进道教思想传播方面的贡献。后世道众因此对他的《无根树》推崇备至，说它"吐老庄之秘密，续钟吕之心传"。不少道教宗师不厌其烦地对《无根树》进行注释阐发，其中以清代龙门派传人刘一明和内丹西派始祖李西月的注释最为详实和精到。他们对张三丰本人也极为崇拜。明清时出现的道教派别几乎都同张三丰有联系，例如宝鸡三丰派、武当三丰派、王屋山三丰派、三丰自然派、三丰蓬莱派、三丰日新派等，相继出现。据统计，清末时奉张三丰为祖师的道派就达十七个之多。其中不乏影响较大的派别，如道光年间李西月自称遇张三丰而亲授秘诀，讲道纳徒，活跃于四川乐山一带，创立了当时最大的道派之一：内丹西派。

第二节
入清逢时：龙门派代有传人

入清以后，全真教获得了中兴的机会，一则是社会环境原因。不甘沦落于异族的气节之士纷纷皈依北方全真门下以全身避害，全真势力得以壮大；一则是正一教内部腐化，日渐衰落。而从清政府方面讲，则是有目的性地拉拢全真教以为之服务。在此种社会环境下，龙门律宗迅速发展壮大，其他派系较之明代也呈现出兴旺景象。

（一）龙门律宗与王常月

全真七派中，以丘处机门下的龙门派最兴盛。龙门派尊丘处机为祖师，尊丘处机弟子为创派宗师。但从现存资料考察，金元之际，丘处机门下弟子虽然兴旺发达，法脉延绵，但并未形成宗派，其他六子亦然。清末陈教友《长春道教源流》认为，全真七派均出现于明代。据他考证，龙门派创始人为华山道士姜善信。姜是丘处机再传弟子，元时隐居于华山王刁洞，曾修复韩城龙门大禹庙等，世祖忽必烈敕额龙门建极宫，并赐给龙门派二十字①。其后姜善信徒众日盛，创此法派。则，龙门派之"龙门"指韩城之龙门，而与丘处机曾居之陇州龙门无涉。

姜善信（1196-1274），金元之际河东赵城人。《长春道教源流》卷六本传云：

> 姿秉恬默，年十九，师事莲峰真人靳贞常道元，隐居华山王刁洞。后承师命修习龙门山，访王刁故迹。炼情见性，神与幻化，知未来如响属。陕右兵乱，士大夫避地者皆依之。尝营建大禹庙、平阳尧庙、鼓堆孚圣庙神宇百余所。一时化身皆能遍历，名动京师。世祖南下，驻师驿亭，召问行师事，特陈仁义之举。其后三见聘，奏对多所裨益，（世祖）赐号静应真人。会龙门禹祝因兵而毁，善信募建之。陛辞日，敕赐曰"龙门建极宫"。命大司农姚枢书额，以示归荣。复给田四十余顷，命五弟子俱为建极宫提点。远近亦称"天师"，年七十八羽化。其夜有青虹贯斗。后葬龙门山左麓。

---

① 龙门派开派二十字，载于清王常月《钵鉴》。即：道德通玄静，真常守太清。一阳来复本，合教永圆明。此四句偈语，一说丘处机亲传，一说元世祖钦定。皆无可证的直接材料，当属明季龙门派流传过程中所创。民国时龙门十四代弟子查复功又续八十字，从而形成龙门百字谱，现已在全国各地龙门派中传承使用。

陈教友在传后按语中说：长春曾主华山席，靳贞常当即长春弟子。所以姜善信为丘处机再传弟子。他承世祖（忽必烈）崇遇，建龙门建极宫，广授门徒，肇始龙门一派。但姜善信而后的传承关系不明，诸书未见著录；且明前全真实无诸派之分流，诸派之分乃明后之事。故是说仅备参考。

而据王常月《钵鉴》所言，丘处机大弟子赵道坚为龙门派开创者。此说亦不足为据。因为赵道坚为丘处机十八弟子之首，随长春西行，不幸逝于途中塞蓝城。《钵鉴》和《金盖心灯》等清代早期道书记载，龙门第二代律师为张德纯。张德纯是元末人，上距赵道坚百四十余年，传承关系实难成立。而清道光间成书的《白云仙表》沿袭此说，遂谬误流传。赵道坚传法于河南道士张碧芝。其实，所谓律宗创始于赵道坚之说完全是后来龙门派假托赵道坚之名而已。故今人樊光春认为，龙门派首创于张德纯和陈通微[①]。因为自张德纯以下，律宗传承关系比较明确，有资料可供查考。

张德纯，元末明初人，号碧芝。开封洛阳富室。家破，病作，遂弃家入道，专精元旨，活动于华山。陈通微，号冲夷子。入华山归依张德纯，成为龙门派第三代律师，于秦晋间传道授徒，后归隐四川青城山。西安人周玄朴亦隐青城，明洪武二十年（1387）受教于陈通微，成为第四代律师。周玄朴又传张静定（余杭人）。嘉靖七年（1528）传戒于赵真嵩（号复阳），是为第六代律师。明末清初之际，龙门派传至第七代律师王常月。此后，龙门律宗得以兴盛。《白云仙表》记述王常月经历如下：

王真人，名常月，号昆阳子。山西潞安府长治县人也。生当明季之乱，慨然有出尘之心。年甫弱冠即遍历名山，参求大道。迨至中年，始于王屋山遇赵复阳祖师，恳求开示，师不答。乃饥食松柏，渴饮清泉。至月余，拜求益切。师见其诚，密于天坛王母洞告盟天地，授以戒律，且勉

①见樊光春，长安·终南山道教史略，陕西人民出版社，1998：293.

之曰："大哉至道，成之非易；易也，必以功行为先！"真人再拜受教。历八九年，参师二十余位，印证五十余人。闻九宫山内有隐士，亟往访之。遥见幽林密茂处，一人端坐石上，膝行而前，视之即复阳也，惊喜交集。师问："迩来应物持心，何得何失？"真人以玄风颓败，求师振拔为对。师曰："君子穷于道谓之穷，通于道谓之通，道备吾身，何患宗风之不振耶？"遂以《天仙大戒》密授之。别师后，居华山。一日拜斗，见斗姥自空而降，谓曰："汝缘在北，毋滞于斯。"

自明代起，龙门戒律的传授突然由开坛演戒转变成为秘密授受，由陈冲夷到王常月，师徒相传都是采取了秘密的形式，即心心相印的单传密授。上文所引《白云仙表》王真人传中，即简述了赵复阳向王常月密传戒法的经过。

当时明王朝已风雨飘摇，后金（清）大有南下之志。据《金盖心灯》记载，赵真嵩向王常月密授天仙大戒时，也预言"大军之后，必有荒年"，并认为因缘将到，"道（全真道）行之时"即将来临，全真教将重登历史舞台。所以郑重其事地把"三百年来独任之事"交给王常月第七代，令其待时而动，广行戒法，大阐玄风。

王常月谨记师命，告别师父后，即隐居华山，以复兴龙门为己任，待时而动。某日拜斗，斗姥降临，始知时辰已到，遂按照斗姥星君的喻示，于清世祖顺治十二年(1655)秋入京，挂单于灵佑宫，时年六十一岁①。次年三月封国师，奉旨说戒于白云观，帝赐紫衣。当时求戒者有黄虚堂、陶靖庵、黄赤阳等七人，以后分别开启一派，皆受王常月传戒。顺治十五年及十六年，又登坛传戒，得弟子千数百人。自此龙门律宗在天下各名山阐扬，四方流演，道风大振。这三次公开传戒，不仅发展了大批教徒，而且表明全真教已获清朝统治者的保护和支持。

①按王常月弟子吕守璞所撰《王昆阳传》，王生于明万历二十二年（1594）。则入京时为六十一岁。王常月徒孙范太清在《钵鉴续》中力辩其非，谓王生于明嘉靖元年（1522），则王入京时一百三十四岁。另，查所撰《龙门正宗觉云本支道统薪传》之"第七代王大律师传"，亦云：师生于嘉靖壬午五月二十二日，逝于康熙十九年，住世一百五十九岁。

康熙二年（1663），王常月率詹守椿、邵守善等南下，于南京、杭州、湖州、武当山等地立坛授戒，收徒甚多。一时间南方道众纷至门下，龙门派呈中兴之象。闵一得在《金盖心灯》中称王常月"是我朝高士第一流人物"。自是龙门派高道辈出，人才济济。其中如伍守阳、柳华阳、刘一明等皆为著名的内丹理论家。其支派繁衍，流传至今。

有清一代，释家临济宗兴盛，全真则龙门派兴盛，故世称"临济龙门半天下"。直到当今，龙门派几乎成为全真道的代表。

王常月先后三次登坛说戒，度弟子千余人。相传受赐紫衣三次，康熙帝曾从其受方便戒。所以王常月被后辈誉为全真龙门派的中兴之祖。康熙庚申(1680)九月九日，王常月以衣钵授弟子谭守诚，留颂而逝，享年八十六①。康熙皇帝闻而赐号"抱一高士"，命筑飨堂，塑遗像，每年道众致祭。

王常月生前撰有《初真戒律》一卷，《钵鉴》五卷。平时讲授心法正言，经后代弟子整理为《龙门心法》上下两卷，又名《碧苑坛经》。

（二）龙门法眷

王常月《钵鉴》记载，龙门派以丘处机为祖师，以赵道坚为创派宗师，是为龙门第一代律师。以后传张德纯、陈通微、周玄朴、张静定、赵真嵩，等等，皆按龙门字谱。字谱初为二十字，据《金盖心灯》中"赵虚静律师传说"言：

> 师于至元庚辰正月望日受初真戒、中极戒，如法行持无漏妙德，祖乃亲传心印，付衣钵，受天仙戒。赠偈四句，以为龙门派，计二十字，即"道德通玄静，真常守太清，一阳来复本，合教永圆②明。"

---

①按吕守璞《王昆阳传》王常月生于万历二十二年（1594）计算。若按范太清《钵鉴续》，王生于嘉靖元年（1521）计算，则住世一百五十九岁。
②"圆"字，原作"贞"。为避雍正（胤禛）庙讳而改。参阅《白云仙表》卷六姜善信传后陈教友之按语。

关于丘处机传赵道坚三大戒事，早有学者辩驳过，此说殊不可信。因为丘处机元太祖二十二年（1227）逝于长春宫，赵道坚（九古）先于丘师逝于太祖十六年（1221）西行途中，故至元庚辰年（1280），丘处机和赵道坚早已离世，不可能有传戒之事。当然丘祖亲传字谱[1]之事也不可信。至于元世祖忽必烈钦定此二十字的说法，也不大可能。都是后人附会传言。真实的情况应是龙门派传人自己创造产生，至于何时何人，限于资料的短缺则难以稽考了。

成书于民国十六年（1927）的《龙门正宗觉云本支道统薪传》是由龙门第十四代弟子查复功撰写的，书中言：元世祖皇帝御赐龙门派辈二十字，有清复奉敕赐八十字，续满一百字：

> 道德通玄静，真常守太清。
>
> 一阳来复本，合教永圆明。
>
> 至理宗诚信，崇高嗣法兴。
>
> 世景荣惟懋，希微衍自宁。
>
> 未修正仁义，超升云会登。
>
> 大妙中黄贵，圣体全用功。
>
> 虚空乾坤秀，金木性相逢。
>
> 山海龙虎交，莲开现宝心。
>
> 行满丹书诏，月盈祥光生。
>
> 万古续仙号，三界都是亲。

这龙门百字谱，虽难以考订产生的确切年代，但清末以后已在全国各地龙门派中传承。

王常月于康熙十九年（1680）九月在北京传衣钵给谭守诚，为第八代律师。谭守诚，号心月，于康熙四十八年（1709）传法于詹太林维阳，即第九代律师。詹太林又于康熙五十六年（1717）传戒于穆清风

---

①清·闵一得《金盖心灯》谓引自《逸林·全真录》。

升阳，为第十代。自詹太林开始，龙门律宗传戒重点地区移往秦蜀。第十一至十六代律师，均为终南道士，律宗戒坛设在陕西的时间长达八十年左右。

第十一代律师朱一和，字自明，号怀阳子，扶风人。

第十二代律师袁清举，号九阳，凤翔县人。

第十三代律师王来怀，字却尘，北京人。

第十四代律师白复礼，字慧直，号照图子，绥德人。

第十五代律师程本焕，字香岩，陇州龙门人。

第十六代律师张合皓，字朗然，号怡轩，长安人。张合皓受传于张本瑞。张本瑞实为第十六代律师，但他的字号不在龙门百字谱中相应位置，故律师序列中没有他的位置。然而，他身为耆宿，资历颇深。嘉庆十二年（1807）白云观住持遣张本重前往华山，礼请本瑞律师出山。冬十二月，本瑞抵达白云观，次年二月设坛说戒，受戒弟子一百二十人，并将法脉传于张合皓，遂羽化。

第十七代律师张教智，字慧生。为张本瑞当年传戒的一百二十人之一。他在白云观继张合皓成为新一代律师，前后开坛十次，度戒弟子一千一百余人，使龙门律宗臻于极盛。此后，龙门律宗的戒坛一直以北京白云观为中心。

明清时期，龙门派广布于全国各地。影响较大者有江南地区的金盖山支派，云南地区的鸡足山支派，广东的罗浮山支派，西北地区的陕西陇县龙门洞支派等，其中王常月和沈常敬的门徒最多，主要分布在南方江浙一带。而北方白云观和龙门洞，作为丘处机修炼成道及归真之地，也是法眷绵延，高道辈出。现将龙门洞二十九代法字辈以后历代道士名单列举如下：

二十九代法字辈：26人。

李法正 赵法忠 李法苗 夏法前 魏法修 崔法祥 郑法明 王法义

马法顺 任法久 任法融 李法科 陈法永 张法宽 杜法静 张法宇 甘法廉 朱法有 王法昌 王法云 李法原 阎法旺 田法辉 苟法长 陈法惠 孙法利

三十代兴字辈：18人。

安兴源 张兴云 革兴仪 王兴祈 袁兴合 萧兴仁 朱兴亮 张兴仪 魏兴善 武兴魁 阎兴隆 马兴丞 惠兴德 李兴泉 任兴之 严兴全 洪兴祺 彭兴宗

三十一代世字辈：7人。

王世南 阎世文 王世善 康世丰 张世登 刘世稔 李世俊

三十二代景字辈：6人。

李景春 赵景玺 陈景星 宋景赢 赵景福 李景治

三十三代荣字辈：5人。

王荣昌 李荣福 景荣贵 吴荣德 任荣华

以上所列，为新中国成立以后陇县龙门洞龙门各代法眷情况。可以看出道众日益减少的趋势，这其间有"文革"的破坏与中断，也有经济社会商品大潮以及科技文化等多重因素的综合影响。目前龙门派传至第三十三代荣字辈。龙门洞去村市极远，所以在山上修道的这五名道士，生活十分艰苦，但始终保持着全真道初期清苦的教风，着实不易。

龙门洞培养的历代著名高道主要有：金元时期的于庆善、毕知常、贺志真、蒲察道渊；明代情况不明，清后的有曾守云、黄本善、薛教玉、王世南、刘一明、阎崇德、任法融等。其中，现当代高道简况如下：

阎崇德（1898—1971）宝鸡人。龙门洞第二十六代传人。1918年出家陇县龙门洞，师从药王洞住持郑信元。他博通四书五经，过目成诵；性直口爽，有"疯子"的绰号。曾居汉中张良庙任账房。1925年游访北京白云观、西安八仙宫等地。1937年复返龙门洞，继冯高德任监院三十余年，直至归真。抗战时期，阎崇德在龙门洞数次建醮祈祷和平，追荐抗战亡魂，并当众焚毁道院历年积存之债务契约，废除了道院对附近农民的剥削关系，还施放粮米赈济灾民。他思想进步，同情革命，多次利

139

用龙门洞山区条件掩护地下党脱险。1947年因掩护陇东中共党员潘自力而被捕入狱，受尽严刑拷打，后经西安八仙庵监院邱明中极力营救而获释。新中国成立后，阎崇德历任陇县人民代表、陇县政协委员、陕西省人大代表、全国道协理事等职。在土地改革运动中，积极响应中国共产党的号召，捐献庙产土地和粮食。抗美援朝中他捐款五十万旧币，支援前线。合作化运动中他说服道徒加入合作社，并将信众捐送的耕牛廉价租给贫困户解决畜力不足的困难。1971年农历十一月初五病逝于陇县龙门洞，年七十三岁。

任法融（1936－），甘肃天水市人。龙门派第二十九代传人。幼入乡塾习读儒家四书，因家庭困难而废学，边作农事边从慈母习书。1955年冬，十九岁的任法融游览陕西陇县龙门洞，心颇慕之，逗留数日，遂拜龙门二十八代玄裔王嗣林道长为师，入全真教学道。1957年冬拜别师父，离开龙门洞到周至楼观台道院挂单。认梁宗和道长为师，在梁道长指导下认真学习《左传》《尚书》《易经》等儒家经典。同时认真研读历代大家对《道德经》的注释，准备重新注释《道德经》。1966年文化大革命爆发，楼观台道教徒受冲击，任法融时年三十一岁，仍坚持在楼观台，与道众垦荒种地谋生。在十年浩劫中，他们的生活十分困难，处境十分危险，但任法融处险不惊、遇难不悲、心胸豁达、信仰虔诚，一直没有放弃对《道德经》的研究。1980年任法融担负起了募筹资金，招工维修楼观台的责任，并于闲暇之余继续注释《道德经》。1985年，任法融被选为周至县政协常委员；1986年被推选

任法融

为第四届中国道协常务理事。同年陕西省道教协会成立，他被推选为会长。1988年任陕西省政协常委，1990年被选为周至县政协副主席；1992年3月，中国道协召开第五次全国代表大会，被推选为中国道协常务理事，并任中国道教学院副院长。2005年当选为中国道教协会会长，第八、九、十届全国政协委员，第十届全国政协民宗委副主任，第十一届全国政协常委。

（三）清代重阳宫

经过明末清初的战乱，重阳宫垣墉崩塌，殿宇倾颓，野居而露处。乾隆四十五年（1780），陕西布政使司理问佐理兼周至县事熊仪柬，莅临重阳宫，见状伤感而凭吊之。当时的住持吴明思，向熊仪柬谏言重修，获得支持。于是周至镇堡士庶及道众，捐资施力，共同努力，进行了不到两年时间的小规模修葺，使得重阳宫垣墉厚固、栋宇粉饰、神像焕然，虽然宫殿的高大宏伟不及从前，但保护和重建了元明遗留建筑物，为以后的大整修打下了良好基础。竣工后，周至县事熊仪柬撰文记其事，重阳宫住持吴明思、陈元喜等树碑立石。

清同治年间还有一次修葺，未见碑石记录。近年来修复重阳宫"灵官殿""祖师殿"时，发现两殿之大梁木头上均刻有"同治十三年岁次甲戌夷则月之望三日谷旦监院重修"字样，说明清朝第二次修葺重阳宫的时间为同治十三年（1874）。

清代全真教出现中兴的局面，但只以龙门派为盛。而且龙门派的高道大德多活动在东南江浙一带，西北只有西安八仙庵一家为当时龙门派的大丛林之一员。相比之下，重阳宫显得比较萧条。

第三节
重阳宫的仙真高道

重阳宫历史上的仙真，也是全真教历史上的仙真。除重阳祖师和七真宗师以外，重阳宫还培养了很多影响深远的高道和住持①。

元李道谦编撰的《终南山祖庭仙真内传》是有关早期全真教史实的大集合，分上中下三卷，记述了37位仙真高道的生平经历。其中上卷16人，中卷14人，下卷7人。这37人当中，和玉蟾、李灵阳当年与王重阳结茅共居刘蒋，是同道参同关系，而其余史处厚、刘通微等，与重阳是弟子或法孙关系。依《传》先后编次，他们分别是：和玉蟾、李灵阳、刘通微、史处厚、严处常、姚玹、曹瑱、来灵玉、雷大通、刘真一、李大乘、赵九渊、苏铉、于通清、赵悟玄、段明源、柳开悟、任守一、杨明真、周全道、乔潜道、李冲道、赵九古、陶彦明、王志达、薛知微、陈知命、宋明一、吕道安、毕知常、尹志平、李志常、于洞真、宋德方、綦志远、李志远及高道宽。

从现存重阳宫碑石看，《传》中诸仙真高道被立石刻碑者只有十位：即于洞真（约1252至1255年间立）、李志远（1255年立）、杨明真（1262年立）、尹志平（1264年立）、张志敬（1272年立）、周全道（1275年立）、高道宽（1278年立）、赵悟玄（1280年立）、綦志远（1288年立）、宋披云（1320年立）。《传》以外，有影响的仙真高道被立石刻碑且今存重阳宫者，尚有马丹阳（1283年立）、李道谦（1306年立）、孙志久（1289年立）、孙德彧（1335年立）四人。当然重阳宫历史上的仙真高道应当还有很多，或者曾经刻石立碑或者没有，而今天能够看到的仅有这十四位。将来某天也许会有新的碑石被发掘出土，此尚未可知。

---

① 全真七子中，唯玉阳子王处一终生未至终南祖庭，其余都住留或参拜过重阳宫。

诸多仙真高道的碑铭不只是个人的传记资料，同样也是重阳宫发展历史的如实记录，从中我们可以了解全真教在中国各地区的活动情况。

由于重阳宫的特殊地位，重阳宫的住持显得尤为重要，他们往往在宫观的兴衰际遇方面发挥着举足轻重的作用。下面对重阳宫的历代仙真高道做一简要记述。

1.宋金时期

王重阳（1112-1170），原名中孚，字允卿。排行第三，故自称王三，又因行为狂放，自呼王害风。入道后号重阳子。北宋末咸阳大魏村人。幼好读书，入京兆府（今西安）习儒业。曾应试文武举，皆无成。又易名世雄，字德威。年四十八遇仙人指授，遂辞去甘河酒监，慨然入道，于南时村掘地筑墓，榜曰"活死人墓"。闭关修炼两年，道成。大定三年（1163）自填墓坑，迁居刘蒋，结庵茅居。刘蒋庵，即今重阳宫之原形。王重阳在此隐居修道，与和玉蟾、李灵阳参同道要；又收弟子史处厚、严处常，训以名号，携之乞食炼心，往来于终南户杜间，进行着广泛的传道布教活动。大定五年（1165）在终南镇上清太平宫壁间题诗①，宣布全真道之核心是追求"一灵真性"，可以说从此竖起全真大旗。时王重阳既是全真教掌教，也是重阳宫（刘蒋庵）住持。大定七年（1167）四月，为谋求全真教更大发展机遇，王重阳焚庵东游，将陕西教事交由严处常处理。重阳住刘蒋传道布教凡四年。从《重阳全真集》诗词可以看出，四年里王重阳到过上清太平宫、滦村吕道人庵等处，与京兆、礼泉、武功等地的僧道俗众及官员都有交往，在社会上产生了一定影响，许多人慕名来刘蒋向他问仙求道。"谁识终南王害风，长安街里任西东"两句诗是他社会声望和影响力的生动描述。

马丹阳（1123-1183），原名从义，字宜甫。山东登州宁海县（今

---

① 见《重阳全真集》卷二《寿期》：害风害风旧病发，寿命不过五十八。两个先生决定来，一灵真性诚搜刷。

山东牟平）人。世习儒业，家巨富，号称"马半州"。排行居二，生于宋宣和五年。与妻生有三子。大定七年（1167）七月中元节遇王重阳，受点化，半年后归道，训名丹阳子，为大弟子。经重阳百般考验，道心甚坚。大定九年（1169）十月随重阳师西返，途经汴梁，重阳登仙，临终托付教事大业。是年正月（即大定十年，公元1170年）马丹阳掌教。掌教后马丹阳暂葬师于汴梁（今开封）孟庆献花圃，率三位师弟入秦修造终南刘蒋故庵，于大定十二年复返汴梁，迁祖师遗骨葬于刘蒋。守墓三载后，丹阳构筑环堵，入住其中，一方面整理付印师父《全真集》，一方面传道弘教于关陇大地间，以实现他在师父面前立下的"劝十方父母舍俗修仙"的宏愿。大定二十一年（1181）冬，金庭遣发无牒僧道返还原籍，马丹阳被迫离开祖庭，将教事托付给丘处机后率徒回山东宁海传道。之后的四年（即大定二十二年至二十六年）祖庭以无敕额故，为非法宫观而无人执事。在丹阳居祖庭的十余年间，他住持祖庭事务，为全真教第二代掌教。他的足迹踏遍关陇数十个县，收授道徒无数，广泛传播了全真教的内丹修持思想，为后来丘处机更大范围弘扬全真教打下了坚实基础。

丘处机（1148-1227），登州栖霞（今属山东）人。生于宋高宗绍兴十八年（1148）。自幼好学不娶。十九岁入居昆嵛山学道，闻重阳在宁海全真庵，遂往而拜焉。重阳赠以《金鳞颂》词，训名处机，字通密，号长春子。其跟随重阳师建立三州五会。重阳师归真后，于祖庭庐墓三年。大定十四年（1174）中秋，与三师兄弟秦渡镇月夜论志，曰"斗闲"。次日分别，分头传道，西入磻溪，凿洞隐居六载，后又迁龙门山修道七年，方圆满得道。大定二十六年（1186）应京兆统军夹谷龙虎之请，全面掌管全真教事，遂下龙门山居祖庭。他从弘道长远利益出发，扩建祖庵房舍，与社会各界有广泛交往。自是，求道者翕然从之，玄风愈振。金世宗闻丘长春道名，遂召至燕京，为自己主持生日大醮，问以治国养生之术。丘处机为世宗剖析至理，并进词五首，称赞世宗

"九重天子人间贵，十极仙灵象外尊"，大惬圣意。请旨还山时，世宗赐钱十万。丘处机掌教祖庭期间全真教不断发展，河南陕西一带信众极多，且平素交接官吏甚多，对社会上层产生一定影响。明昌二年（1191）金政府清牒、禁罢全真，长春无奈将教事交给弟子吕道安和毕知常，东归栖霞。在丘处机居祖庭掌教的六年时间里，全真教引起了朝廷的强烈关注。

吕道安（1142-1221），山东宁海人。马丹阳等四子在祖庵守墓时，吕道安千里入关，至终南拜丹阳为师。大定二十年（1180），马丹阳令其充祖庵庵主。马丹阳、丘处机因禁教先后东归山东，明昌六年（1195），祖庭庵院悉没于官。自是门庭萧索，道侣散逸，但吕道安一直坚守祖庭。承安三年（1198），吕道安应玉阳子之召赴燕京。王处一向朝廷买祖庭敕额为"灵虚观"，保授吕道安为"冲虚大师"，使充任观主。回陕后吕道安重振祖庭玄风，度门徒三百余人，遍布关中数十处宫观。兴定五年（1221）年羽化，享年八十，葬于祖庭仙茔诸师之侧。后朝命赠"凝虚真人"号。吕道安在祖庭执事达四十余年，功劳卓著。《终南山祖庭仙真内传》中有传。

毕知常（？-1231），生于乾州礼泉之豪家，兄弟四人均好道。大定十二年（1172）来终南拜丹阳为师。丹阳留之身边，深得教诲。丹阳东归宁海，使知常奉伺长春。长春东归后，留他与吕道安同主祖庭事。二人同辈，但毕以师礼待吕。祖庭庵院没官后，毕知常赴山东拜谒诸宗师，商议重建祖庭事。丘处机倾所有之资，尽付知常，又作书让他化导诸方募捐。承安三年（1198）去燕京谒见玉阳，玉阳又召吕道安至，买祖庭敕额，保赐毕知常为"通真大师"，令其为祖庭副知观，协助吕道安振兴祖庭。毕知常通晓医药之理，救死扶伤，不问贫富。吕道安兴定五年羽化后，毕知常嗣主灵虚观。他为灵虚观增葺了不少殿堂廊庑，道缘日弘，数年内度弟子百余。此后辞去知观，退隐岐山洞真观而颐真

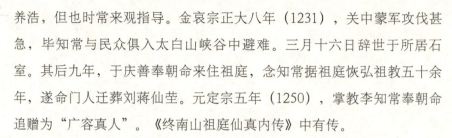

养浩，但也时常来观指导。金哀宗正大八年（1231），关中蒙军攻伐甚急，毕知常与民众俱入太白山峡谷中避难。三月十六日辞世于所居石室。其后九年，于庆善奉朝命来住祖庭，念知常据祖庭恢弘祖教五十余年，遂命门人迁葬刘蒋仙茔。元定宗五年（1250），掌教李知常奉朝命追赠为"广容真人"。《终南山祖庭仙真内传》中有传。

2.金元之际

李无欲（1169-1254），耀州美原（今属富平县）人，原名仲。金泰和五年（1205）南下长安，礼杨明真（号碧虚）为师，号无欲子。成为马丹阳徒孙。常蓬头敞衣，行乞于长安市中，时人呼为"酒李先生"。后于兴平隐居三年，居龙祥观五年，又迁楼观及京兆丹霞观等处修道。受师之托营建三原碧虚观。正大五年（1228）杨明真去世，李无欲继任观主。蒙兵侵陕，李无欲携道众入终南山避难，后辗转河南各地创建宫观二所。天兴三年（1234）金亡，李无欲至燕京，被尹志平授为陕西教门提点，更名志远。委以兴复祖庭之任，并赠营建之资。李无欲返回祖庭途中向沿路信众募捐，时关中甫定，祖庭荒芜。李无欲率徒往来于祖庭、京兆之间，奔波操劳，垦筑十数年，使祖庭走上复兴之路。元太宗十三年（1241）在祖庭会葬重阳祖师后，李志常令其住持重阳宫事，冬十月朝廷诏令提点重阳宫。乃马真后三年（1244），皇子阔端于重阳宫修金箓醮，因灵异，赐"无欲观妙真人"号。元宪宗四年（1254）赴燕京参加普天大醮，逝于长春宫，享年八十六。门徒奉柩西归，葬于祖庭。《终南山祖庭仙真内传》中有传。

于善庆（1166-1250），字伯祥，山东宁海人。马丹阳东归宁海时，于善庆投其门下，其父、母及妹同时入道。丹阳去世后，奉刘处玄、王处一命入关寻访丘处机。于善庆先至祖庭拜见李灵阳，后赴龙门洞礼丘处机为师。之后又奉丘师之令，往洛阳寻访谭处端修道。谭逝后，于善庆返关中，行乞于同州、华州一带。大定二十六年（1186），丘处机居祖庭，召于善庆同住。丘处机被迫返山东，嘱于善庆往汧阳石门全真庵修真。于善庆居洞数年，又往燕京拜王处一为师。泰和五年（1205）往山东礼见丘处机，经催促西还。中途于相州林虑（今河南林县）隐居天平观不出。翌年，丘处机遣毕知常持帖督责，令其下山复还汧陇，弘阐教门。西还关陇后，时遇大批宋俘滞留，皆求度为道士，于善庆收留数百人，让他们在汧阳、陇县、凤翔各地分立道观修道。金亡，蒙古朝廷遣使访求三教名人，于善庆居榜首，被召北上。抵燕京时致祭长春宫处顺堂。元太宗十年（1238）四月，朝廷选试道释，被授"通玄广德洞真真人"号，后居全真观。七月，灵虚观奉旨更名重阳宫，掌教李志常命于善庆住持重阳宫并主领陕右教门事。于善庆抵终南后，再度对重阳宫扩建。太宗十三年（1241）尹志平在祖庭白云殿主持会葬王重阳，于善庆负责具体承办。之后，于善庆又主持于甘河镇建重阳遇仙宫，丁磻溪丘师隐居处建长春成道宫。乃马真后三年（1244）上元日，于善庆在重阳宫主持罗天大醮，追悼海内亡魂。宪宗元年（1246）秋，丞相完颜凤哥迎请于善庆为巩昌（今甘肃陇西）总帅汪德臣作醮荐父。于善庆趁机化度西羌之民，信仰浮屠之风为之一变。次年春返终南，其秋皇太后赐以冠服。海迷失后二年（1250）留颂而逝，享年八十五岁，葬于祖庭仙蜕园，附玉蟾灵阳二师之侧。故翰林待制孟攀麟作文率众前往祖庭致祭，河南转运使杨奂作道行碑。弟子将于善庆度人倡道诗词结为《洪钟集》行世。《终南山祖庭仙真内传》中有传。

范圆曦（1178-1249），宁海人。号通玄子，郝大通弟子。曾任河间、真定等路道门提点。元定宗三年（1248）任重阳宫提点半年。

綦志远（1190-1255），字世玄，莱州掖县人。金大安元年（1209）往栖霞投丘处机门下，随师移居莱州昊天观。为丘处机西行十八弟子之一。还燕京后住长春宫，授"清真大师"号。丘师逝后，任长春宫知宫，掌教尹志平赐号"白云子"。曾奉命往山东传道。元太宗十年（1238）

秋，李志常掌教，令綦白云协助于善庆，任重阳宫提点。一度致力于营建重阳宫，又扩建京兆玄都万寿宫、骊山白鹿观、樊川白云观、凤栖原长生观、蓝田金山观以及终南山炭谷太一宫。乃马真后三年皇子阔端于重阳宫修金箓醮，为主醮五师之一，封"玄门弘教白云真人"。宪宗元年（1251）典领陕右教门事，二年冬有人诬告重阳宫道人与西蜀宋军相通，京兆府派兵搜捕，道众四散。次年夏，綦志远奔赴蒙哥汗（宪宗）行营六盘山奏告冤情，获降玺书抚慰。遂返终南再集道众，度弟子数百人，新建宫观二十余处。宪宗五年（1255）逝于玄都万寿宫，初葬长安樊川白云观，后迁葬祖庭仙蜕园。《终南山祖庭仙真内传》中有传。

高道宽（1195-1277），字裕之，应州怀仁（今属山西）人。通经史，性雅淡。金大安年间为避兵祸，挈家居长安，为刀笔小吏。因父母去世，兴定五年（1221）往蓬莱庵礼安全真为师，弃子离俗，坚心向道。后游大梁，居丹阳观，从李志源修道。金正大三年（1226）充任于善庆副手往见金主完颜守绪，于善庆奉命提点中太一宫，高道宽同住从其学。天兴二年（1233）北上燕京，金旋灭。又随于善庆入关兴复终南祖庭。高道宽多方化导，攒积所需，功劳卓著，于善庆授号"圆明子"，令其署知重阳万寿宫事并提点甘河遇仙宫。元宪宗二年（1252），掌教李志常来祖庭祭祀，任命高道宽为京兆路道录从事，十年间尽职尽责，"事有成而无替"。元世祖中统二年（1261），敕授陕西兴元等路道教提点兼领重阳万寿宫事，为祖庭创建南昌上宫和五祖大殿，增葺府库藏厩者甚多。至元五年（1268），永昌王赐给金冠锦服。八年（1271），掌教王志坦赠号"知常抱德圆明尊师"，永昌王再赐"洞观普济圆明真人"号。至元十三年（1276）七月，安西王颁降玺书命其掌管西蜀道教。至元十四年（1277）春正月，卒于重阳宫，享年八十三，葬仙蜕园。高道宽典领教门二十年，专尚德化，不施刑罚，逝后送葬道俗过万人。《终南山祖庭仙真内传》中有传。

李道谦（1219-1296），字和甫，大梁（今开封）人。早年习儒，因蒙古朝廷优待道流，后改装入道，修习老庄及内丹之学。乃马真后元年（1242）入关，师从于善庆，很受器重、元宪宗元年（1251）任重阳宫提点，协助李志常于重阳宫举办大醮。才华渐露，道众钦服。宪宗八年（1258）任京兆路道录，至元二年（1265）升任京兆道门提点。至元五年（1268）忽必烈下诏重阳宫，重申保护庙产诸事，并付李道谦决断道俗纠纷和抵制地方官府摊派索要的权力。至元九年（1272）被召入京，授诸路道教提举之职，旋返终南。至元十四年（1277），安西王下令旨一道，任命李道谦提点陕西五路西蜀四川道教兼领重阳万寿宫事，别赐金冠发服，授号保真大师。至元十七年（1280），忽必烈下圣旨追认安西王所授。三十一年（1294）又赐号玄明文靖天乐真人。李道谦素居重阳宫西北隅之筠溪道院，清泉茂竹，幽阒寥蔓，实修真佳处。李道谦于其中著文赋诗，积久而成《筠溪集》。与当时名士杨奂、姚枢、王磐、商挺结为方外之友，多有诗文应答。生平著述甚夥，有《终南山祖庭仙真内传》三卷，《七真年谱》一卷，《终南山记》三十卷，《甘水仙源录》六卷，于搜集整理全真教史贡献尤大。另有《筠溪笔录》十卷，诗文五卷。曾遣人修复岐山周公庙，助修长安孔子庙堂。元成宗元贞二年（1296）羽化登真，住世七十八年。

孙德彧（1243-1321），字用章，眉山人。因战乱丧亲，六岁寄养终南重阳宫。十岁着道服，先后以穆真人和李道谦为师。杨奂过终南，赏识其才，远近闻名。遂任京兆路讲经师，继授"开玄大师"号，提举重阳宫玄坛事。至元十一年（1274）升任京兆路道录。至元二十九年（1292）提举大重阳万寿宫。时重阳宫营建工程已达五十九年之久，殿阁坛宇尚未完全竣工。孙德彧提举期间使其告竣。后历任陕西五路西蜀四川道教副提点、提点及重阳宫提点等职。元成宗梦游重阳宫，赐御服一袭遣使送至，孙德彧宝而藏之，立碑记其事。又任诸路道教都提点。

元武宗二年（1309）领陕西道教事，旋奉诏入燕京长春宫任全真教掌教。仁宗朝有圣旨两道，令其掌管天下道教事宜，再申保护重阳宫庙产诸事。延祐七年（1320）奏请归终南。元英宗至治元年（1321）八月，卒于灵泉观。遗著有《希声集》。

庞德益：生卒年不详。元仁宗延祐年间任重阳宫住持，时孙德或为掌教。延祐二年（1315）奉命刻立《大元敕藏御服之碑》一座，以记成宗梦游重阳宫并赠御服之事。延祐四年（1317）又奉命立碑《褒封五祖七真制辞》一座。

（注：据王西平先生考证，于善庆仙蜕（1250）后至元末，重阳宫的住持依次为何道宁、高道宽、张志悦、梁守一、申志信、李道谦、高志隐、苏志和、孙德或、庞德益、张志柔、王志和焦德润。时间跨度为一百五十余年。其中高道宽、李道谦和孙德或三人有道行碑，其他人均无。[①]）

3.明清时期

侯圆方：约生于明太祖洪武八年（1375）[②]，里籍未详。是明中叶重阳宫著名高道。受业于说经台宗圣宫，深悟全真之理。因祖庭重阳宫兴举缺乏才干，而佥议领其观事。厥后，殚精竭虑，茂建大功。从成祖永乐十三年（1415）修陂头玄真观起，至英宗正统六年（1441）十月玉皇阁大典竣工，前后历时二十六年，主持重修了重阳宫之三清殿、祖师殿、灵霄门、七真殿、青龙白虎殿、太上殿、蓬莱门、陂头水磨等，并创建道院三间。特别是正统元年（1436）起建的玉皇阁，五层重檐，高二百余尺；土木功力，百倍于前。又，明英宗正统二年（1437）作重阳宫住持其间，将孔潜真[③]所书的"天下祖庭"四字，刊刻于《全真教祖碑》之碑阴。碑由正一嗣汉天师张与材题额。正统十年（1445），奉议大夫陕西等处提刑按察司佥事张楷撰《重阳宫住持侯圆方重修祖庭碑

①参见王西平、陈法永，重阳宫与全真道，三秦出版社.1999：165。
②据《重阳宫住持侯圆方重修祖庭碑记》，中云："虽然圆方年迈七旬，齿发就种，童颜盖盛，步履如飞，元神盎然充满四体焉"，碑文撰者张楷，落款时间署正统十年（1445）十一月十五日。以此推算，知侯圆方生于太祖洪武八年（1375）左右。
③孔潜真，明朝楼观台道士。

记》，记其重修祖庭，兴废扶颠事。陕西都指挥使司都指挥使汪寿，都指挥同知哈通，都指挥佥事后□（碑文缺字）等，为之立石。

吴明思： 清乾隆年间住持重阳宫。时重阳宫殿宇倾颓，垣墉崩塌，几乎野居而露处。乾隆四十五年（1780），陕西布政使司理问佐理周至县事熊仪柬游重阳宫，临兹凭吊，对景伤怀。又因镇堡士庶皆有兴复之意，遂于次年（1781）辛丑与熊布政商议，决定以补葺修缮为主，获得熊的支持。遂多方募捐集资，于正殿旧址上裁度布置，补旧建新，历时年余完工。规模虽远不及元明时，但垣墉厚固，栋宇、神像粉饰一新，可待后人踵事增华。竣工后请熊仪柬撰《重修大重阳万寿宫文》，乾隆四十七年（1782）壬寅冬勒石竖碑。

陈元喜： 与吴明思同时主持重修重阳宫，有挽衰待胜之功。生平未详。

尹□德[①]： 与吴明思同时主持重修重阳宫，有挽衰待胜之功。生平未详。

4.近现代

尹清宽： 新中国成立初（1949）住持重阳宫。时有道士十余人，宫内有老君殿、灵官殿及祖师殿，厢房十余间；另有耕地三十余亩为庙产。此时的重阳宫已属楼观台下院，失去了传道布教的功能。庙中众道徒过着自给自足、清修的宗教生活。

王圆德： 商州人。"文革"十年动乱期间，一直住持重阳宫。拨乱反正后，积极募集善款，于1985年在祖师殿重塑了重阳祖师像，并主动向上级主管部门请求恢复重阳宫的正常宗教生活。后当选户县政协委员，参与筹备陕西省道教协会。在他的努力下，台湾三清慈善会黄胜德先生于1990年捐资十五万元人民币，修建了重阳祖师纪念塔。1992年，道长羽化。

---

① 据《重修大重阳万寿宫文》碑，落款署重阳宫住持三人：吴明思、陈元喜，而第三人名字的"尹"与"德"中间一字，漶漫不清，故以符号"□"代。碑今存重阳宫，方形，无首无座。高120厘米，长112厘米。

陈法永：陇县人。龙门派二十九代传人。1984年参加中国道教协会举办的第二期道教知识专修班的学习。1995年11月在四川青城山举行的全真道第二次传戒法会上经考试，获得天字一号戒。1996年10月受中国道协副会长西安市道教协会闵智亭会长的委托，住持重阳宫。

陈法永道长向学者讲述龙门洞历史

到重阳宫后积极展开工作，排除一切干扰，登记庙产，制定宫观制度，规范管理，规划重阳宫修复方案，逐渐使重阳宫的宗教活动步入正轨。他先后主持修复了重阳宝殿、钟鼓二楼、三祖殿、白云灵祠及祖师仙茔，修缮了灵官殿、七珍殿；扩地三十余亩，植树八千余株，使重阳宫逐步发展为中国十大道教文化旅游胜地、国家AAA级景区。陈法永道长现任中国道教协会常务理事、陕西省道教协会副会长、西安市道教协会副会长、西安市政协委员、户县政协委员。

陆

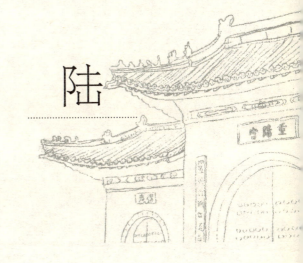

穿越时空的石刻博物馆

新中国成立以后，重阳宫原有碑石露天散弃。1956
年，陕西省人民委员会将祖庵碑石列为陕西省名胜古迹
第一批重点文物保护单位。1962年，省文化局拨款、县
政府抽调干部将散弃于镇北田间的三十一通碑石集中至
玉皇殿旧址。1973年户县人民政府建成十一间敞房保护
大厅，形成"祖庵碑林"，使碑石得到妥善保护。之后
碑石陆续增至四十余通，内容以记叙全真教祖及七真等
重要人物生平活动事迹，即以道行碑为多。其他还有圣
旨碑、诗歌碑及图像碑等。其中，经陕西省文物鉴定委
员会鉴定为一级文物的十二通，二级十通，三级四通。

重阳宫碑林现保存的四十余通碑石中，有三十一

重阳宫碑林

通耸立在碑厅，共刻文三十三篇、诗词六组、画像二幅、题字两帖、图一面。其中有著名的王重阳及七真画像碑、王重阳手书《无梦令》词碑、元书法家赵孟頫的《大元敕藏御服之碑》和《皇元孙真人道行碑》、蒙汉文合璧的元五代皇帝圣旨碑、明正一教天师张与村题额《天下祖庭》碑及唐吴道子《钟馗戏鬼图》画碑，等等。这些碑石文墨多出自名家之手，具有多方面的学术与文化价值。碑按内容可分为宗教历史类、书法名画类、语言文字类、内丹功法类以及诗词文学类五种。

2001年重阳宫祖庵碑林被国务院公布为第五批国家级重点文物保护单位，所以说游访重阳宫，一方面是寻觅全真祖师王重阳创教弘道的历史足迹，另一方面也可以说是在探访精妙绝伦的碑石文化，探访我国古代宗教学、历史学、语言文字学和绘画书法艺术的宝库。走在祖庵碑林当中，就是漫步于历史文化的丛林。

目前重阳宫碑林虽然得到各级部门的高度重视，但其保护工作还有待进一步展开。在这一方面，重阳宫已制定出新一轮的建设保护方案，在保护措施、管理规格、占地面积等软硬件设施方面都作出了新规划。

下面按照碑石的五种内容，分别选取一两方碑石予以介绍。宗教历史类选取《全真教祖碑》和《栖云王真人开涝水记》，语言文字类选取《蒙汉文合刻皇帝玺书碑》，书法类选取《大元敕藏御服之碑》和《皇元孙真人道行碑》，内丹功法类选取《全真教开教秘语之碑》及王重阳手书《无梦令》碑，诗词文学类选《摹刻商挺等诗词碑》等。当然这种强行分类未必合乎实际，也未必科学，因为有些碑石的价值是多重的，这样分的目的只是为了方便。

敕赐大重阳万寿宫碑

第一节
碑文中的历史岁月

重阳宫碑林中的《十方重阳万寿宫记》《全真教祖碑》《重阳祖师仙迹记》《重阳成道宫记》等，相当系统全面地记载了全真教及其祖庭重阳宫的创立、发展、衰落史，同时也记述了祖师王重阳的身世与生平事迹及其他十三位高道的行状。其中涉及金元及以后的不少重要社会历史资料，可以与正史相互补充、印证。

（一）《全真教祖碑》

此碑全称为《终南山神仙重阳真人全真教祖碑》，立石于元至元十二年（1275），距王重阳仙化（金大定十年，1170）的时间是一百零五年。立石者为陕西五路西蜀四川道教提点兼领重阳万寿宫事高道宽，重阳万寿宫提点申志信、张志悦等。

全真教祖碑

碑文撰者金源璹（1172－1232），即完颜璹，本名寿孙，字仲实，一作子瑜，号樗轩居士。他是金宗室，世宗完颜雍之孙，越王完颜永功之子，历任银青光禄大夫、开府仪同三司等职，哀宗朝进封为密国公。蒙古军攻汴梁，围城中以疾卒。他嗜爱文学艺术，长于诗词书法，日以讲诵、吟咏为乐。平生所作诗文甚多，今存诗词十三首。金源璹与玉阳子王处一友善，金哀宗正大二年（1225），全真弟子李志源和于善庆求记于他，遂援笔为之铭。

此碑书丹者李道谦，并篆其额。李道谦（1219－1296），字和甫，大梁（今开封）人，师从于善庆。元宪宗元年（1251）任重阳宫提点，宪宗八年（1258）任京兆路道录，至元二年（1265）升任京兆道门提点。

碑文详述王重阳之道行。前半部分为散文，后半部分为铭赞。清代王昶《金石萃编》云："文叙重阳子示现神异之事，大都皆本其法孙所陈事实。"故《全真教祖碑》向来被教界看做信史而成为最重要的祖师本传。此外，《甘水仙源录》《石墨镌华》《天下金石志》《西安府志》《陕西金石志》《续修陕西通志稿》及《道家金石略》，俱有著录。

（二）《重阳成道宫记》

该碑蒙古宪宗四年（1254）刻立。冯志亨撰文，李道谦书篆，梁守一、潘志素、田德灿同立石。碑文见录于《宫观碑志》及《道家金石略》。

重阳成道宫记

碑文记述王重阳大定初于南时村掘墓穴隐居修道之事，以及丹阳弟子周全道、李志源师徒等人历时数载创建重阳成道宫的过程。按碑文所述，元太宗七年（1235），"李公志源，率道众于此盛行营造事……所为殿者三，曰无极，曰袭明，曰开化；为堂者五，曰三师，曰灵宫，曰瞻明，曰朝彻，曰虚白；斋、厨、库、厩，方丈散室，檐霤户牖，金碧丹艧，灿然一新"。

观成之后，李志源令法弟吴志恒充任知观。元宪宗二年（1252），掌教李真常奉旨改观为宫，并刻石树碑。其一为《活死人墓》碑，掌教亲撰跋文，赵翰林闲闲老人亲笔书"活死人墓"四字。今碑佚文存。其二为《重阳成道宫记》碑，冯志亨撰文，1254年刻石，今存重阳宫碑林。

《重阳成道宫记》撰于元宪宗四年（1254）甲寅，时冯志亨年近八十，倦于笔砚久矣，然"宗师（掌教李真常）以润文见命，度其不可违，因按其实而编次之"，遂成斯篇。其目的是"表而出之，庶几使学道者知祖师以下得其传者，一动一静，皆天而不人也"。

（三）《终南山重阳祖师仙迹记》

元至元十三年（1276）立石。刘祖谦撰文，姚燧书丹并题额，高道宽等立石。碑文著录于《甘水仙源录》《弇州山人稿》《石墨镌华》《天下金石志》《陕西金石志》《道家金石略》等。

终南山重阳祖师仙迹记

刘祖谦（？－1232），字光甫，金时安邑（今山西夏县）人。承安年间进士，为吏有政声。南渡后，召为大理司直，拜监察御史。正大初，为右司都事，召为翰林修撰。遭乱北迁，为兵士所杀。祖谦博学，通佛老百家言，从赵秉文、李纯甫诸文人游，亦与全真高道友善。

据碑文祖谦言，此碑作于他任翰林修撰之时，当时他与李志源、于善庆、李志远为方外友，三子索文以记重阳仙迹，故有此篇。但他记述重阳事迹是有自己原则的，即突显重阳立教宗旨及其大道，而不为其神异方技事张目。所以他在碑文中说，"今观终南山重阳祖师，始于业儒，其卒道成，凡接人初机，必先使读《孝经》《道德经》……"盛赞重阳子"不主一相，不居一教"的作为，而"若其出神入梦、掷伞投冠、其它腾凌灭没之事，皆其权智，非师之本教。学者期闻大道，无溺于方技可矣，是不得以固陋辞"。对于这一点，明代前七子之一的王世贞在他的《弇州山人稿》中也评论道："文亦能略去幻化，语稍蕴藉，不为其徒张帝也。"可见儒家对于神迹之事的观念。

碑文撰于"天兴元年九月初吉"，即公元1232年；而立石时间为"至元丙子中秋"，即元至元十三（1276）年，中间相隔四十四年。

（四）《栖云王真人开涝水记》

元至元十六年（1279年）立石。安西王府记室参军薛友谅撰文并篆

159

额，安西路道门提点孙德彧书丹，正议大夫陕西等路行尚书省参知政事赵仁荣立石。《长春道教源流》、《关中金石记》、《道家金石略》等有著录。

元定宗二年（1247）年，栖云真人王志谨由大梁入关，祀香祖庭。见祖庭山水明秀，欲使甘水、涝水东西如双龙盘护重阳宫殿，遂率众凿渠引涝谷之水，自宫东而北，萦纡周折，复西合于甘河，连延二十余里，穿村度落，莲塘柳岸，蔬圃稻畦，潇然有江南风景。时栖云真人年逾七十，此举受到重阳宫道俗及京兆总管田德灿的称道。

碑文撰者薛友谅，号直斋，以明经擢用，累官翰林院直学士。碑

栖云王真人开涝水记

文称，至元己卯年（1279）王志谨高徒安西道录吴道素向薛求文。薛因王公"不挟权势，不取民财，以孑然之身，利及后人者，斯亦有功于时哉"，感其兴利济人而为之记。今天，我们通过此碑的记述，不但了解栖云真人王志谨的功德，而且也可以看到重阳宫发展史上的一些足迹。

褒封五祖七真制辞

（五）《褒封五祖七真制辞》

元延祐四年（1317）刻碑。掌教孙德彧书丹，重阳宫住持庞德益立石。《道家金石略》有著录。

元至大三年（1310），元武宗下诏书，褒封全真五祖的东华帝君为大帝君，正阳真君、纯阳真君、海蟾真君、重阳真君，均加赠为帝君；又将七真由"真人"，升格为"真君"。其实这些封号并无意义。仁宗、英宗及泰定帝朝，朝廷对

于全真掌教的褒封特别优渥，与其实际贡献相差悬殊。频繁的褒封到了失当过度的地步。学者称这种现象为"末流贵盛"，其消极影响是极为明显的，直接导致全真教的渐趋衰落。

（六）《重阳宫庙产碑》

明弘治五年（1492）立石。无撰人，亦未见有著录。

此碑记述明中叶重阳宫庙产情况。从中可以看出，重阳宫当时有下院二十余处，拥有田地少则二三十亩，多则"壹顷二十亩四"。而长春观一处有地四顷，道士约七八十人。以此推论，重阳宫拥有的土地应当更多，道士人数更众，则重阳宫仍为关陕一带大宫观。

重阳宫在明代衰颓不振，仅有正统年间《重修祖庭碑》和弘治年间的这块《庙产碑》遗留。借此我们可以略窥明代重阳宫的情况。

重阳宫庙产碑

（七）《重修大重阳万寿宫文》碑

清乾隆四十七年（1782）立石。熊仪柬撰文，李树声书丹。未见有著录。

此碑是重阳宫今存的一块清代碑石。记述乾隆年间重修大重阳万寿宫的原因经过。通过碑文可知，清初的重阳宫"垣墉崩塌，殿宇倾颓，野居而露处"。镇堡士庶及重阳宫住持等，皆有修缮之志，与陕西布政使司理问佐理周至县事熊仪柬商议，取得支持，于是进行了一次历时年余的小规模修葺，使得重阳宫"垣墉厚固，栋宇粉饰，诸神像复焕然一新"。

重修大重阳万寿宫文

第二节
绝响的文字宝库

　　重阳宫碑林里有数通蒙汉文合刻碑，记录着皇帝圣旨、玺书以及王子令旨和皇后懿旨，等等。这些既是重阳宫历史荣耀的见证，也是蒙元社会的历史史料。以双语书写的碑石主要有四通，即《大元崇道圣训王言碑》《蒙汉文问合刻令旨碑》《蒙汉文合刻皇帝玺书碑》以及《蒙汉文合刻大元宸命碑》。蒙古古语有畏兀儿文和八思巴文两种，现都已消失。八思巴文曾作为元朝国文颁行，应用于官方文件，翻译成汉语即为元代汉语白话，虽然似通非通，读起来不够流畅，意思也较含混，但是在一定程度上却反映了元代汉语白话的口语状况，是研究汉语史、蒙语史的第一手好资料。这些碑石上的文字还有少量的涉及突厥文字和波斯文字。

（一）《蒙汉文合刻皇帝玺书碑》

　　元仁宗延祐元年（1314）立石。碑额圭形，额刻篆字"皇帝玺书"四字。正文以蒙文和汉文两种文字并书。汉文碑文《关中金石记》《西安府志》《元代白话碑》《元代白话碑集录》《道家金石略》俱有著录。

蒙汉文合刻皇帝玺书碑

　　该碑蒙文为八思巴文，汉文为元代白话。内容是元仁宗甲寅年（1314）下发的一道圣旨：重申免除重阳宫差拨税粮，以及保护重阳宫庙产土地等，同时警告不得倚仗圣旨做"没体例的勾当"。

　　《中国大百科全书·考古学》中有《元代白

话碑集录》，其序言云："碑文内容包含丰富的的历史史料。其在历史学和语言学方面有重要价值。历史学上的价值：元朝一代，社会阶级关系和民族关系，异常错综复杂，而现存的史料则非常的稀少。元代白话碑，作为一种原始史料，不加修饰地反映出一些元代社会状况，特别是有关寺院经济的状况，可与元代史书的记载相互补充和印证。在语言学上的价值：白话碑在一定程度上反映了元代的白话和口语状况，成为研究元代汉语史的一种很好的资料。"

八思巴文，是元世祖命西藏大喇嘛八思巴制定的蒙古拼音文字。它脱胎于藏文字母，字形仿汉字的方体结构，自上而下书写。至元六年（1269）作为国字正式颁行，主要应用于官方文件，以后逐渐废弃。目前所存八思巴蒙古字碑已发现约有二十余种，多为皇帝圣旨、皇后懿旨、皇子诸王令旨或帝师之法旨，内容均为保护佛寺道观产业及减免僧道赋税差发诸事，是研究元代宗教史、社会史及寺观经济的重要资料。同时在语言文字学的研究上，也有极其重要的价值。

（二）《蒙汉文合刻令旨碑》

元至元二十四年（1287）立石。立石者为冯志显、严道成、孙志久（清阳宫住持），书丹题额者先秉彝，祖庭张德宁刊字。碑原在重阳宫下院清阳宫，后移竖于重阳宫碑林。

该碑碑额阴刻蒙古八思巴文。碑正文用蒙古楷书畏兀儿（回鹘）字和汉字两种文字书写。未见有书著录。从其汉文字看，是帖木儿大王的一道令旨：赐孙志久为"通真大师"，提点清阳宫事，要求当地政府免除该宫差发，保护其田地、水土和人口，以及该宫不得倚令胡为。令旨发出

蒙汉文合刻令旨碑

时间为"牛儿年十月初六日",即至元十四年(1277),与立碑时间间隔十年。

该碑的汉文,是半通不通的汉文,没有研究和流传的必要。但其所刻蒙文,极有研究价值。因为它与重阳宫现存的八思巴字碑不同,是另一种蒙古文字——畏兀儿文字。畏兀文字是元太祖时期用畏兀儿(回鹘)字母拼写而成,自上而下直写。在时间上,畏兀儿文字比八思巴文字出现早很多年。目前该文字早已废绝,但至今所发现的畏兀儿文字资料,也是为数极少。可见此碑的确极其珍贵,对于研究蒙古文字、语言的发展变化有着重要价值。

第三节
石头连接的书画长廊

重阳宫碑刻中,书法方面应首推元代书法家赵孟頫所书的《大元敕藏御服之碑》和《孙真人道行碑》。此二碑均为承旨中年以后所书,笔法有圆腴之美,说明其书法已达到炉火纯青、出神入化的地步,特别是《大元敕藏御服之碑》,碑石拍之鸣声,谓曰"响石",故人称"三绝碑";次则为溥光书的《敕赐大重阳万寿宫》碑,字大如斗,为榜书,笔法苍劲,神足韵胜。溥光为元僧,是元代唯一可与赵孟頫相媲美的大书法家,善真、行、草书,尤工大字;再次为斡冲书丹的《披云宋真人道行碑》,《陕西金石志》在斯碑按语中云:"书法模仿右军圣教序、颇圆熟可喜、元之嘉刻也。"另外《宸命王文碑》的汉字译文,《陕西金石志》评该碑书法云:"译字遒劲秀逸,以此为最,饶有山谷笔意。"

此外,碑林还存有王重阳及七真画像各一幅,"敕赐大重阳万寿宫"和"天下祖庭"题字各一帖,《重阳万寿宫图》一幅以及唐吴道子《钟馗戏鬼图》画碑一通。这些出自名家之手的书画作品,都具有很高的艺术欣赏价值。

（一）元·赵孟頫书《大元敕藏御服之碑》

元延祐二年（1315）刻立。赵世延撰文，赵孟頫书丹，李孟篆额。重阳宫住持都提点庞德益立石。碑文著录于《弇州山人稿》《石墨镌华》《天下金石志》《关中金石记》《西安府志》《陕西金石志》《续修陕西通志稿》《重修周至县志》以及《道家金石略》。

碑文记述元成宗梦游"金阙之庭"，醒而异之。众臣判断为终南祖庭，遂赐御服一套给重阳宫。仁宗延祐元年（1314），重阳宫住持孙德彧升任掌教，将此事详述给仁宗皇帝。仁宗遂令中书参知政事赵世延记述其事，集贤学士赵孟頫书丹，平章政事李孟篆额。次年，重阳宫住持庞德益为之立石刻碑。

此碑因赵孟頫书丹，故向以书法名碑见称。

碑额"大元敕藏御服之碑"八字，为李孟所篆。明代赵崡《石墨镌华》评之云："此碑亦媚媚大都，如前碑而稍逊其圆逸。"

碑文为赵孟頫所书。明代王世贞《弇州山人稿》批评该碑书法云："此书乃承旨之中年以后笔，当最妙。出入北海（李邕），有不胜其婉媚者也。"

大元敕藏御服之碑

（二）元·赵孟頫书《皇元孙真人道行碑》

元元统三年（1335）立石。集贤侍讲学士中奉大夫邓文原撰文，翰林学士承旨荣禄大夫赵孟頫书丹，鲁国公赵世延篆额。碑文著录于《石墨镌华》《关中金石记》《西安府志》《寰宇访碑录》《金

皇元孙真人道行碑

石萃编未刻稿》《陕西金石志》《重修周至县志》《道教金石略》等。

碑文记述孙德彧之道行，前为散文，后为铭赞。孙德彧（1243-1321），道号开玄，眉州眉山人。元延　元年（1314）至延祐七年（1320）期间为全真教掌教。卒于至治元年（1321），寿七十九。碑文撰、书后十四年，方勒石。

此碑之书法，实为元刻之精品。后世评论者甚多。《碑帖叙录》评论该碑书法曰："笔法圆腴，略似学虞世南，比他书尤为工整。"《石墨镌华》云："此赵孟頫书，虽出李北海（李邕）而加以婉媚，所可取者，生宋四家后能一变其倾欹笔耳。以方北海，北海瘦而劲，拙于藏锋；承旨肥而缓，巧于取态。而元美谓：'姿韵溢出于波拂间，盖能用大令指于北海挽者'，其然乎？他日又曰：'承旨可出宋人上，比之唐人尚隔一舍。'此则定论也。"

（三）元·溥光书《敕赐大重阳万寿宫》碑

约元中叶立石。题字刻于《大元敕藏御服之碑》碑阴。碑面正中双行正书"敕赐大重阳万寿宫"八个大字。左侧落款刻"昭文馆大学士荣禄大夫溥光书"十三字。

溥光，元时僧人。大同人，俗姓李，字玄晖，号雪庵，著名书法家，赐号"玄悟大师"，特封昭文馆大学士。明陶宗仪《书史会要》

敕赐大重阳万寿宫

云："溥光为诗冲淡粹美，善真、行、草书，尤工大字。国朝禁匾，皆其所书。"明李东阳（前七子之一）《怀麓堂集》云："赵松雪（孟頫）过酒肆，见'帘'字，注视久之，谓'当世书无逮我者，而此书乃过我！'问知为雪庵李溥光也。因荐之朝。"

溥光所书的这八个大字，可谓笔法苍劲，神韵十足。

（四）明·孔潜真书《天下祖庭》碑

明正统二年（1437）刻石。题字刻于《终南山神仙重阳王真人全真教祖碑》碑阴。碑面正中楷书"天下祖庭"四个大字。上款题楷书"正一嗣汉天师张与材题额，道祖说经台玄学弟子孔潜真重书"二十五字，下款题楷书"大明正统二年岁次丁巳孟夏粤四日重阳宫住持侯圆方等上石"二十六字。

天下祖庭

孔潜真重书的"天下祖庭"四字，方正饱满，锋头锋尾处略带"须刺"，似一气呵成者，极见功力。目前重阳宫山门巨石上"天下祖庭"四字，即仿此。

（五）《重阳祖师之图》碑

立碑时间不详。碑额圭形，刻篆书"重阳祖师之图"六字。该碑以线条刻画重阳子图像，栩栩如生，连眉目冠带及须髯，都清晰可辨。图像基本依照重阳传记资料里的描述："真人美须髯，大目，身长六尺余，气豪言辩。（《全真教祖碑》），"美须髯，目长于口，形质魁伟，任气而好侠。（《终南山重阳祖师仙迹记》）"

重阳祖师之图

碑右上角刻翰林学丞张邦直所撰《重阳祖师画像赞》，隶书十行，行十三字。赞词云："道之真以治身，而世之从事者多得其一，罕有得其全。自重阳子唱全真之道，马丹阳辈从而和之。然后，其教大行乎天下，而习他教者为衰。呜呼，其盛矣！故昔《庄子·休有》云：'后世之学不幸，不见天地之纯、古人之大体，道术将为天下裂。'惜不及见此公。" 赞文为《道家金石略》著录。

张邦直（？－1233），字子忠，河内（今河南沁阳）人。金卫绍王至宁元年（1213）进士。南渡后为国史院编修官，迁应奉翰林文字。在馆五六年，丁母忧，出馆居汴京。从学者甚众。金亡，北还，道病死。今存诗一首，生平及作品均见《归潜志》卷五。但此张邦直，似乎并非《重阳祖师之图》碑上之张邦直。因为《重阳祖师之图》碑为元碑，而《甘水仙源录》卷四另载有张邦直所撰《真常子李真人碑铭》。李真人志源谢世于元世祖至元三十年（1293），所以，为李志源作碑铭的张邦直必定要活到至元三十年以后才合乎情理。如此，可以肯定有两个张邦直，一个生活在金代，一个生活在元代。元代的张邦直，与宫观道士关系较密切，其具体情况尚不清楚。

此图像未署刻画者姓名。但自从立碑以后，逐渐已成为大家所认同和接受的王重阳形象。清代户县人王心敬有一首《过重阳宫题重阳真人遗像》，诗注云："像俨然如生，为海内奇观。"现在的一些文字图像资料，也喜欢以此图作为王重阳的真实形象来宣示。

（六）《玄门七真像》碑

立碑时间不详。

碑额圭形。额刻阴文篆书"玄门七真之像"六字。碑面左上方刻有两株松树，下面为全真七子立像。右上方有"七真上仙"四字。七真形象刻画得神情各异，惟妙惟肖，其手法和风格与重阳之像相似，应出自一人手笔。

玄门七真的称呼始自元世祖至元六年（1269）。正月，世祖下诏褒封正阳等"五祖"为真君，丹阳等七人为真人。其姓名与所赠封号为：丹阳真人马钰，长真真人谭处端，长生真人刘处玄，长春

玄门七真像

真人丘处机，玉阳真人王处一，广宁真人郝大通，清静渊贞顺德真人孙不二。

图像刻于《重阳祖师之图》碑阴。未署刻像人与刻像时间。

第四节
刻在石碑上的秘密

道家传道有普传和单传两种方式。一般而言，面向普通信众或道众传授一般的教义教理和修道方法。而师徒之间，常常口口相授，心心相印，绝不形诸文字，是为"密法"、"密传"。但是重阳祖师为了普度众生，对传统传道方式加以革新变通，把单传与普传结合起来。其方法就是形诸文字，而他的徒子法孙们又将之立石刻碑，或者刊刻文集流传，以此济世度人，使全真教获得更大的发展空间。

（一） 《全真开教秘语之碑》

约元大德年间刻立。立石者为陕西五路西蜀四川道教提点孙德彧、副提点范道和、提举杨志瑞等。圭额篆书"全真开教秘语之碑"八个字。碑文行书，十五行。《道家金石略》有著录。该碑未署书丹者及立碑时间。

全真教开教秘语，即王重阳从仙人所授修真密要，共五篇。金正隆己卯（1159）夏，重阳甘河遇仙，密付口诀。次年再会于礼泉，遂留秘语五篇。其五篇者（见本书附录二），篇首冠赋文一篇，后有七言诗三首，四言诗一首，三言诗一首，皆言九转内丹修炼之要旨。以后王重阳为五篇灵文作

全真开教秘语之碑

169

注，分五章详解金丹修炼事。其注早已成为全真经典之一。

（二）王重阳手书《无梦令》碑

金承安五年（1200）刻立。王重阳撰书，吕道安、毕知常立石。《金石萃编》、《陕西金石志》、《道家金石略》等俱有著录。

此碑原散置在祖庵乡北重阳墓田野间，1962年移竖于重阳宫后院进行保护。金章宗承安五年重阳日，为纪念祖师王重阳，祖庭灵虚观主吕道安和毕知常将重阳祖师手书的《无梦令》刻石立碑，竖于观中，以供道众瞻礼。

无梦令

碑文共六十八字，横题"无梦令"三字。词曰："大道长生门户，几个惺惺觉悟。铅汞紧收藏，方始澄神绝虑。心慕，心慕，便趋蓬莱仙路。"

重阳手书为行草，挥洒自如，颇有章法结构。就词内容而言，是一首悟道金丹词。其中，"铅汞紧收藏，方始澄神绝虑"是内丹修炼之基础。

第五节
石上诗墨香

重阳宫碑林诸多的道行碑和记事碑，其碑文多出自爵高位显的名臣或有影响文人墨客之手，如金源璹、姚燧、王利用、孟攀鳞、王磐、李庭、赵世延等。他们的文章记述重阳宫全真高道行状，都可作为优美的散文去品鉴。此外，许多诗文名家也都给重阳宫留下了他们的墨宝，如商挺、杨奂、王心敬等，皆有诗词与重阳宫高道相酬和。其诗词或刻之在石，或存于文集当中。而全真祖师，王重阳和刘海蟾的诗词歌赋，早就刻之石上，至今道风流韵，散发着墨香。

（一）《王重阳诗歌碑》

元大德十年（1306）刻石。洞然子杨太初书，"清真大师"刘道希刊。

碑文刻于《全真开教秘语之碑》碑阴。包括十首诗词，每首前有简略说明。这十首诗词均见于《重阳全真集》，只是个别字句有出入。

王重阳诗歌碑

（二）《刘海蟾诗碑》

诗刻于《十方重阳万寿宫记》碑阴。落款刻"终南山祖庭刻石"七个小字，未署刻石时间及刻石人。书丹者漳东道者宋渤。

碑文为行书，分上下两截书写。前有小序，后录刘海蟾《代州寿宁古诗十韵》诗。诗云：醉走白驴来，倒提铜尾秉。引个碧眼奴，担著独壶瘿。自言秦世事，家住葛洪井。不读黄庭经，岂烧龙虎鼎？独立都市中，不受俗人请。欲携霹雳琴，去上芙蓉顶。吴牛买十角，溪田耕半顷。种秫酿白醪，便是仙家景。醉卧古松阴，闲立白云岭。要去即便去，直入秋霞影。"

刘海蟾，全真北五祖之一。生卒年未详，为五代道士。姓刘，名操，字宗成，又字昭元，号海蟾子。燕山（今北京市西南宛平）人，一说后梁燕地广陵（今河南息县）人。

刘海蟾诗碑

摹刻商挺等诗词碑

(三)《摹刻商挺等诗词碑》

元至元二十五年（1288）刻石。商挺、赵著、赵复题。原刻石当在重阳宫附近西北方向的筠溪道院，重阳宫此碑为摹刻之作。两碑内容相同。

题诗刻于《洞真于真人道行碑并序》碑阴。碑文行草相间，分五截镌刻。包括济阴商挺《浪淘沙》词一首，七言律诗四首；虎岩赵著七言律诗一首；云梦赵复七言律诗二首。皆以赞颂筠溪道院李和甫（道谦）为主旨。其中商挺的"画栋层轩压翠微"一首，为历代吟咏重阳宫之佳作。

李和甫，名道谦，大梁（今开封）人。师从于善庆。元宪宗元年（1251）任重阳宫提点，常居筠溪道院，著文赋诗，有《筠溪集》及《筠溪笔录》传世。至元二年（1265）升任京兆道门提点。至元九年（1272）被召入京，授诸路道教提举之职，旋返终南。与商挺结为方外友，多有诗文应答。

商挺，字梦卿（一作孟卿），号左山。曹州济阴（今山东菏泽）人。曾为关中宣抚副使，受知于元世祖忽必烈，中统元年（1260）金陕西行省事。善书法，能诗文，与元好问、杨奂等友善。所作诗歌千余首遗失殆尽。赖此碑今存词一首，诗四首。《元史》有本传。

虎岩赵著，生平不详。云梦赵复，生平不详。

（四）《杨奂等挽悼李无欲诗》碑

碑原无题名，据内容而加今题。碑无刻立时间。但李无欲谢世于元宪宗四年（1254），故该碑及碑上挽诗均当在宪宗四年以后。

诗文刻于《无欲观妙真人李公本行碑》碑阴。碑文正书，分四截镌刻。包括杨奂四首诗，其中五言古诗（并序）有两首，七言古诗一首；四言体诗一首；王万庆七言律诗一首；敬铉七言律诗一首；云梦赵复五言律

杨奂等挽悼李无欲诗

诗一首；淮海谢钰七言古诗一首。总共八首诗。

李无欲，耀州美原人，原名仲。号无欲子。杨明真（号碧虚）弟子，马丹阳徒孙。于兴平隐居三年，居龙祥观五年，又迁楼观及京兆丹霞观等处修道。受师之托营建三原碧虚观，任观主。蒙兵侵陕，道众入终南山避难，以后辗转河南各地创建宫观。后被尹志平授为陕西教门提点，更名志远。委以兴复祖庭之任。李无欲即率徒垦筑十数年，使祖庭走上复兴之路。曾主持重阳宫事。元宪宗四年（1254）逝于长春宫，享年八十六。

杨奂，字焕然，号紫阳。乾州奉天（今陕西礼泉）人。金末举进士不第，居户县南山下柳塘，教授乡里，远近从游者数百。由耶律楚材举荐为河南路征收课税所长官，兼廉访使。在官十年，有政绩。后屡请归老，卒于家中。《元史》有传。生前著有《还山集》《天兴近鉴》《正统书》等，俱未传。今存《山陵杂记》一卷，明人宋廷佑辑有《还山遗稿》二卷。清人顾嗣立《元诗选·二集》选其诗一百一十六首。

柒

凌烟宫殿诗人眼

　　王重阳早年习儒，通经史，文化底蕴深厚，故常以诗词乞化、传道、遣怀示志或者记述见闻。行世著作《重阳全真集》《重阳教化集》和《重阳分梨十化集》中有大量诗词作品，虽以传道抒怀为本，然而也有一些较纯的咏物抒情之作，比如《黄鹤洞中仙·咏瓦罐》："瓦罐泥中宝，巧匠功成造。修炼之时向炉中，内有金光照。有耳何曾晓，有口何曾道。携向街前叫一声，莫教抛撒了。"此词微隐修真之道，但是通篇以瓦罐为叙述主体，言它泥中来，火中经工匠锻造而成身，成身后对世事不闻不问。诗人看见商贩们将它摆到街前摊位上叫卖，忍不住想提醒一声"莫教抛撒了"。可见，王重阳这首词是体物之作，观察细腻而情感丰富，大有"怜香惜玉"之嫌。一般而言，重阳诗词还是比较注重意象描绘和情感灌注的，其思想性与艺术性结合得比较好。当然直通通的宣教之作也是很多的，大约占十分之六。

　　全真七子也都通晓儒墨，能诗善文，各有诗词文集传世，今存道藏中。其中以马钰和丘处机的诗词为最多最好。马钰有《洞玄金玉集》《渐悟集》和《丹阳神光灿》三个集子，丘处机有《磻溪集》，另在李志常所

177

撰的《长春真人西游记》保存了相当数量的诗词作品。谭处端有《水云集》三卷，刘处玄有《仙乐集》五卷，王处一《云光集》四卷，郝大通《太古集》四卷。孙不二无诗词集，但生平亦作诗词数十首，元彭致中《鸣鹤余音》中存录孙不二诗词二十余篇，皆述内丹修炼之事。

下面将诸真诗词特点分而述之，并选录有关终南山及祖庭重阳宫的作品若干首，进行较为详细的注解说明。

七真画像

第一节
重阳诗词

重阳诗词有三个特征。

其一，喜用藏头诗传达修真道要。他的藏头诗采用拆字格式，即将诗歌首句第一字暗藏于诗末尾句最后一字中，而每一句的首字皆可从前一句的尾字中拆出。如拆前句末字"歌"为"欠"，作后句首字。在王重阳的影响下，全真七子，特别是马钰作了许多藏头拆字诗。

其二，喜作杂体诗娱情抒志。比如以结构布局取胜的宝塔诗，从一字至七字，形式和内容上都很别致，值得鉴赏玩味。王重阳曾作过咏酒、色、财、气、茶等的宝塔诗，十分有趣。

其三，对北宋流行词调变旧创新，使其符合传道需要。王重阳喜读柳词，他不仅大量填写了柳永《乐章集》中的词调（特别是那些具有仙化意味的词调），而且也继和柳永某些词调词韵。王重阳总共创制新调近五十个，改旧调名七十余个。他创制新声、改变调名的目的，是为了"词中味，与道相谒"的宗教目的。

王重阳吟咏终南山、刘蒋村或刘蒋庵的诗词，大约九首：

（一）《挂金灯·刘蒋庵》

好池亭，华丽于中莹。善修外景，装成内景。这两事、谁能省？谨按黄庭缉整，表里通贤圣。水心炎炎，火焰猛劲，溉炼出真清净。

（选自《重阳全真集》卷五）

【注解】

（1）挂金灯，为词牌名。为王重阳自制新声。双调四十七字，仄韵。

（2）此词作于金世宗大定三年（1163）秋天。当时王重阳填平了活死人墓，迁往附近刘蒋村，结庵居住。茅庵临水，翠竹环绕，烟霞蒸腾，故名"好池亭"。又以金灯悬之门楣，景象愈佳。这首词吟咏草庵的幽美别致，同时也抒发了修外明内，以有显无的修道理念。诗人通过"挂金灯"来说明修道者的清净境界，从词牌到词句，"金灯"实际上已经成为本词的主题意象，既是实景描述，也是隐喻象征。刘蒋庵，是重阳宫的前身。故此词是历代第一篇吟咏重阳宫的诗作。

（3）大定二十九年（1189）五月，刘处玄将重阳师的《挂金灯》

《挂金灯》石刻拓片

词手书并刻石，立于开国侯孛术鲁之园亭藕池北，宁海学正范怿作跋云："长生刘公先生，手挥此词，刻之于石，于藕池之北。《孛术鲁骠骑节使园亭记》之于后，贻厥将来，其有益于学者也。"（见《金文最》卷二四）该碑今存山东掖县武安村长生殿。

拓片高175厘米，宽88厘米。原碑正面前半部分刻刘处玄手书的王重阳《挂金灯》词，后半部分为范怿跋文《王重阳挂金灯词后》。其碑阴刻《东莱孛术鲁骠骑节使园亭记》，范怿撰，李含德正书。

（二）《系云腰·自咏》

终南山顶重阳子，真自在、最逍遥。清风明月长为伴，响灵吹，空外愈，韵偏饶。蓬莱稳路频频往，只能访、古王乔。丹霞翠雾常攒簇，弄轻飙，系云腰，上青霄。

（选自《重阳全真集》卷五）

【注解】

（1）词牌《系云腰》，系改俗调《系裙腰》而成。原词牌，双调六十一字，前段六句四平韵，后段六句三平韵。改后为五十八字，余同。

（2）此词当作于王重阳入道后居刘蒋期间。词描写终南山顶丹霞翠雾，流云飘缈的仙境，也抒发了道人崇尚自然，追求自由的美好愿望。

（三）《赠刘蒋村僧定院主》

玉名慧定定根芽，不灭无生证麦麻。

颠倒若能谈定慧，圭峰好景属公家。

（选自《重阳全真集》卷二）

【注解】

（1）僧定院主：即圭峰寺僧人慧定，时为院主，刘蒋村人，与王重阳过从甚密。

（2）圭峰：秦岭支脉之一，海拔1505米，因形似"圭"而名。为终南山名胜之一。峰位于陕西户县境内，从祖庵镇重阳宫可遥望。唐宋时山下有圭峰寺，寺有莲池，每逢秋月照射，池水清莹如镜，当地人视为一绝，称作"圭峰明月"。

（3）该诗是王重阳写给僧友慧定的一篇论道诗。诗既有对慧定的赞美，也有对他的揶揄调侃。王重阳赞美他名如其人，智慧不灭，能够"定根芽"，同时又让他把名字颠倒一下，问慧定能否定慧，假若可以的话，王重阳将把圭峰送给他。言下之意慧定是做不到的，还是我仙家的本领大呀！

（四）《终南刘蒋姚二官设醮》

（口）谈心应遇佳时，（寸）下修成大醮仪。

（义）俗喜逢真吉善，（羊）今虽有最慈悲。

（心）怀道德洪禧助，（力）拔先宗胜广施。

（方）谢圣贤多拥护，（户）人名姓已天知。

（选自《重阳全真集》卷二）

【注解】

（1）此诗是一首藏头拆字诗。缺字已补。

（2）姚二官，即姚玹，因排行二，人称姚二官。元李道谦《终南山祖庭仙真内传》中有传。本传载，重阳自汴京寄姚玹藏头诗，云："日前相识二官人，人你真灵看好因。大抵芝苗公未识，言成道果次须屯。"传云享年七十三，行世诗词为《破迷集》。

（3）王重阳在刘蒋村结庵修道时，曾与姚玹友善往来。姚氏为乡里巨族，好赈济贫苦，多积阴功。玹与重阳有缌麻之亲，性善仁慈，洒落有出尘之姿。金世宗大定七年（1167）四月，王重阳烧庵将东游海上，登门告别，本欲携之同行，为玹所拒。后马钰等四子入关居刘蒋庵，姚玹往见丘刘谭马四子，皆凌云仙客，愕然叹悔，由斯顿悟，弃家抛累，拜于马钰门下。丹阳授以修真玄旨，赐号云阳子。并赠诗云："灰心忘富贵，槁体乐清贫。甘作逍遥客，常为自在人。"

（五）《甘水镇留题》

谁识终南王害风，长安街里任西东。

闲来矫首沧溟上，钓出鲸鲵未是雄。

（选自《重阳全真集》卷二）

【注解】

诗作于王重阳入道后。重阳曾为甘河酒监，郁闷消沉。四十八岁遇仙人指授，遂辞官解印，弃家抛子，于南时村掘墓穴居，修炼两年而道成。后居刘蒋演道化人，往来于终南户杜间。这期间，重游甘河镇，不禁感慨万端，遂赋诗言志，"钓出鲸鲵未是雄"，即是说自己一定能做出一番大事业，能够钓出一条大鱼。

（六）《赠马钰》

一别终南水竹村，家无儿女亦无孙。

三千里外寻知己，引入长生不死门。

（选自《重阳全真集》卷二）

【注解】

（1）此诗题目下原有小序，云："先生尝於陕西作此诗，及到宁海军，马钰初相见得姓名，再书以赠之。"序文从语气上看，为重阳弟子所为，当是马钰在整理刊印重阳集的时候加注的。

（2）水竹村：即刘蒋村。元秦志安《金莲正宗记》卷二《重阳王真人》条载，"先生讳中孚，字允卿。家世咸阳，最为右族。当刘蒋水竹烟霞爽垲之地，营起别墅，作终焉计。"有学者认为王氏从咸阳大魏村迁到终南县后，建起了水竹、烟霞、爽垲三个小村落①。非是，这里水竹、烟霞、爽垲，都是修饰形容词，意在描述刘蒋村的幽美环境，即刘蒋村处于河边高地上，翠竹环绕，烟霞升腾。并非另有一个水竹村。另外，《重阳教化集》卷一亦收此诗，题作《遗丹阳》，并附有马丹阳继韵诗："得遇当归刘蒋村，黜妻弃妾屏儿孙。攀缘割断云游去，逝不回眸望旧门。"马钰在"得遇当归刘蒋村"一句下注云："真人言我在终南山刘蒋村住庵，故有是句。"这说明王重阳给马钰讲的也是刘蒋村，并非什么水竹村。马钰的这条注解也可以作为所谓水竹村就是刘蒋村的佐证。

（七）《烧庵》

茅庵烧了事事休，决有人人却要修。

便做惺惺诚猛烈，怎生学得我风流。

（选自《重阳全真集》卷二）

---

①见唐代剑《王喆丘处机评传》第二章第一节"动荡的少年时代"，南京大学出版社，2000年版。

183

【注解】

诗作于金世宗大定七年（1167）四月。一天晚上，王重阳忽焚其庵，婆娑而舞，邻人见火光冲天，都奔救不迭，他却笑着说："三年之后，别有人修。"即赋此诗。大家以为王重阳真是疯癫不可救药了，可是三年之后，即大定十年春，丘谭刘马四子入关，果然重修此庵，并名之祖庵。

（八）《望蓬莱·重阳子》

（注：烧了庵作。果有二弟子自宁海来，复修盖住。）

重阳子，物物不追求。云水闲游真得得，茅庵烧了事休休。别有好归头。存基址，决有后人修。便做玲珑真决烈，怎生学得我风流。先已赴瀛洲。

（选自《重阳全真集》卷四）

【注解】

此词与《烧庵》诗作于同时。王重阳以此表示他与旧决裂，寻求新机遇的决心。他说："我于东方有缘耳。"（赵道一《历世真仙体道通鉴续编》卷一），因此焚庵而后快，拽杖出关，谓人曰："吾'东游海上，丘刘谭中捉马去也。'"

（九）《踏莎行·烧庵》

数载辛勤，谩居刘蒋。庵中日日尘劳长。豁然真火瞥然开，便教烧了归无上。奉劝诸公，莫生悒快。我咱别有深深况。唯留煨土不重游，蓬莱云路通来往。

（选自《重阳全真集》卷七）

【注解】

王重阳在山东传教授徒时，曾回忆刘蒋烧庵的事情。又作了这首《踏莎行·烧庵》词。此词可与上两首诗词相互参阅，知王重阳烧庵是为了寻求新机遇和更大的发展。同时也可看出王重阳对创立基业是充满自信的。

第二节
七真诗词

（一）马钰

马钰家世儒业，富甲宁海。早年攻事文墨，长于词章，但不思进取，又轻财好施，爱虚玄之术。常邀名流谈玄论道，吟赏烟霞。生平所作诗词甚多，《全金元词》辑录马钰词作八百八十一首，主要来源于《洞玄金玉集》《渐悟集》和《丹阳神光灿》等。马钰词质朴浅白，内容上以修道、劝道、脱俗为主。作为文学作品，其价值不是太高，但作为传道工具，它却发挥了巨大的作用，收效良好。这种作用是正规开坛讲道所难以达到，也无法比拟的。

马钰大定十年（1170）春入关，大定二十一年（1181）冬被迫东归，前后十一年时间居祖庭弘道，以下选录其吟咏终南刘蒋祖庵的诗词八首：

1.《清心镜·祖庵环堵》

一莲池，二霞友。三松四桧，五株垂柳。卓环墙、围绕云庵，屏繁华内守。青龙飞，白虎吼。玉姹金婴，自然清秀。超造化、结就神珠，待圣贤来成就。

（选自《洞玄金玉集》卷八）

【注解】

（1）《清心镜》，词牌名。是马丹阳改《红窗迥》而成，原词牌双调，五十八字，仄韵。改后为五十二或五十三字，余同。

（2）环堵：顾名思义，即围墙封闭的区间，修道者入居其中则杜门不出，餐饮等生活必需品由孔道递入。

（3）大定十四年（1174）八月，丘刘谭马月夜共坐，各言其志。翌日而别。丹阳归刘蒋，即构筑环堵入居，并手书"祖庭心死"，表其庵楣以示志。词上阕描写祖庵环堵的秀丽景象，以"屏繁华内守"作结，紧扣词牌主旨。下阕叙写内丹修炼之事，尽显全真家修道本色。

2.《采桑子·我今誓死环墙内》

（自注：誓死赤脚，夏不饮水，冬不向火。）

我今誓死环墙内，夏绝凉泉，冬鄙红烟，认正丹炉水火缘。师恩欲报勤修养，炼汞烹铅。行满功圆，做个蓬瀛赤脚仙。

（选自《渐悟集》卷上）

【注解】

（1）此词题目原作《卜算子（本名采桑子）》。误。《采桑子》词牌，又名《丑奴儿令》、《罗敷媚》等。双调平韵，四十四字。《卜算子》，词牌，亦名《缺月挂疏桐》等，双调四十四字，仄韵。按本词韵脚及句字数，当以《采桑子》作词牌为是。

（2）此词作于马钰入居祖庵环堵期间。据《洞玄金玉集》卷八《清心镜·马风风》词之小序云："予在终南，居于环堵。飑腿赤脚，并无火烛相，仅六年矣。"可见，马钰坚心向道的决心和意志。

3.《悟黄梁·终南居环堵》

董宣强项岂寻常？如燕颔，即非狭。掀髯虚长不名疮。无破处，又何妨。道家贫后计多方。无腋袋，用皮囊。搕颐悬挂度炎凉。里面有，万般香。

（选自《洞玄金玉集》卷七）

【注解】

（1）词牌《悟黄梁》，马钰据《燕归梁》改。原词牌双调平韵，四十九字至五十二字不等。

（2）董宣：东汉陈留圉(今河南杞县南)人，曾任北海相、江夏太守等职。居职不畏强暴，惩治豪族。任洛阳令时，光武帝刘秀姊湖阳公主包庇奴仆杀人，被董宣处决。公主诉于刘秀，秀令其向公主谢罪，宣拒不低头。京师豪族贵戚莫不畏之，号为"卧虎"。

（3）燕颔：东汉班超自幼即有立功异域之志。相士说他"燕颔虎颈"，有封"万里侯"之相。后奉命出使西域三十一年，陆续平定各地贵族的变乱，官至西域都护，封定远侯。[①]后以"燕颔"为封侯之相。

（4）此词表达自己远离功名、追求内在充实的道家理想。

4.《瑞鹧鸪·住环堵》

冬虽无火抱元阳，夏绝清泉饮玉浆。 蜡烛不烧明性烛，沉香无用爇心香。

三年赤脚三年愿，一志青霄一志长。 守服山侗环堵内，无恩相报害风王。

（选自《渐悟集》卷下）

【注解】

（1）《瑞鹧鸪》为词牌名，又名《舞春风》《鹧鸪词》《天下乐》等。双调五十六字，平韵。《瑞鹧鸪》本为七言律诗，因唐人谱为歌词，便成为词调。

（2）据"三年赤脚三年愿"看，此词应作于丹阳入环堵满三年之时，即大定十七年（1177）。以后他又继续住了三年，才"瞥然心动，信步云游，西至华亭投宿於窑垕"。也就是说马丹阳入祖庵环堵共六年，以后西游陇州华亭一带传道收徒。

（3）此词具体描述了马丹阳环堵生活的大体状况。正如他所说的，夏不饮水，冬不向火，誓死赤足，清贫如洗而毫无怨言，坚定地践

---

①见《后汉书·班超传》。

行着他"斗贫"的志向，一心一意地进行全真内丹修炼。

（4）山侗，即马钰。侗，通"僮"，意为幼童。金源璹《终南山神仙重阳真人全真教祖碑》云："真人训马公法名曰钰，号丹阳子。又梦随真人入山。及旦，真人便呼马公曰山侗。"

5.《瑞鹧鸪·秦川胜景果非常》

秦川胜景果非常。最好终南珍藏乡。竹径梅溪生秀气，凤巢龙窟吐祥光。云庵处处成云集，道友多多论道长。刘蒋村名今改变，人人传说会仙庄。

（选自《渐悟集》卷下）

【注解】

此词吟咏终南刘蒋的自然景象以及人文景观。河水流过村庄，两旁竹茂梅艳，美不胜收；刘蒋周围，云庵处处，道友云集，谈玄论道，紫雾烟霞。一派仙家气象。因而，词人建议将村名改称"会仙庄"。其喜爱刘蒋之情溢于言表。

6.《赠刘蒋辛老宿》

谁为吉善好心人，刘蒋村中老宿辛。

悟道难迷尘世景，修真易见洞壶春。

（选自《洞玄金玉集》卷三）

【注解】

马钰自大定十年（1170）春居刘蒋，至大定二十一年（1181）冬被迫出关，前后共十一年。期间，马钰到过马坊、渼陂等地，他不但发展了许多男女道友和信徒，而且成立了"全真会"，使户县成为全真教在关中的基地之一。辛老，即为刘蒋村中耆宿有道者，应是全真会的成员。

7.《满庭芳·咏和师叔辞世》

和公师叔，猛悟良缘。弃官纳印休权。远俗终南山下，庵盖茅椽。

身披麻衣纸袄，乐清闲、笑傲林泉。怀美玉，便韬光隐迹，二十馀年。因甚山侗侍奉，遇风仙曾说，活底神仙。端的非常辞世，满室祥烟。经年忽然空里，便贻子、画钓诗篇。专诚我，莫教失见，休要夸玄。

（选自《丹阳神光灿》）

【注解】

（1）《满庭芳》，词牌名，又名《锁阳台》《满庭霜》等，双调九十五字或九十六字，有平韵和仄韵两体。

（2）和师叔，即和玉蟾。元李道谦《终南山祖庭仙真内传》有传。王重阳结茅刘蒋时，与和玉蟾、李灵阳二人一起参同道要，结庵同居。重阳子东游海上，和玉蟾、李灵阳一直居终南刘蒋。故全真七子以师叔尊之。大定十年（1170）春，丘刘谭马暂葬重阳师于汴京，入关拜见和玉蟾等，后庐墓居祖庭。是年秋九月，和玉蟾觉道体违和，丹阳命长春侍疾，至十四日顺化，四子葬于刘蒋庵侧。谥曰玉蟾普明澄寂真人。

8.《玩丹砂·赞师叔玉蟾普明澄寂和公真人辞世》

朴住虚无撮住空。岂分南北与西东。丹砂只在笑谈中。性命不由天地管，一声珍重别山侗。羽轮飙驾赴蓬宫。

（选自《洞玄金玉集》卷九）

【注解】

《玩丹砂》，是马钰改《浣溪沙》词牌而成。《浣溪沙》，一作《浣溪纱》，又名《小庭花》等。双调四十二字，平韵。原属唐教坊曲名，后用为词牌。

（二）丘处机

丘处机的诗词作品，在金元之际具有一定的代表性。后人所编《金诗选》《元诗别裁》《词林纪事》《全金元词》等都选有他大量的作品。丘处机善于交往，与金元两朝的社会上层人物都有较为密切的关系，其中的奥妙之一就是他善于以文会友，常与社会名流以诗词相唱和。元人郭起南《重修长春观记》云："常人入道，便废斯文，专事修养，长春则不然。访古则纪之吟咏，登程则寓之述怀。咳唾珠玑，语句超俗。曰《磻溪集》，曰《鸣道集》，曰《西游记》，历历可观。昔候，道华入道，手不释卷，或问之要此何为？答曰：'天上无愚懵仙人。'而长春好事述作者实似之，此其异于人者也。"①他本为农家子，跟随王重阳后得以识文弄墨，进步神速。居磻溪和龙门洞修道期间，丘处机有了充裕的时间静心读书，凡道经、儒典及梵书，无所不览，过后皆能倒背如流。那十三年的时间里，他喜与博学之士交往，向他们借书还书又续借，自己刻苦钻研，不明白的就向他们请教、讨论，这在《虢县银张五秀才处借书》、《赠泾州珈趺郎中暨刘解元》等诗词中可以看出。久而久之，丘处机成为一个文学修养深厚的道士。他的诗词，有许多是写景抒情或咏物言志的佳作，比如《磻溪集》卷一中的《春晓雨》《见月》《芭蕉》《鹤》《骤雨》《落花》，卷四之《秋雨》《初雪》等，风格委婉细腻，饶有情致。兹录一首描写栖霞太虚观的诗，借一斑而窥全豹：

竹轩

小轩幽槛不栽花，只种琅玕度岁华。

直节自非凡草木，虚心真合道生涯。

风吹瑟瑟香还冷，雨洗涓涓净更嘉。

不待岁寒方见重，吟窗朝夕思无邪。

此诗写景、抒情和言志，完美结合，绝无传道诗词生硬说教之嫌，道意却寄寓诗中。纯粹写景之作也有，如《初雪》云："行看十月尽，

①见陈垣《道家金石略》，文物出版社1988年版，P502。

偶见六花飞。散漫回风急，缤纷入夜微。山川淡屏帐，星斗失珠玑。晓色冲天净，银霞烂目辉。"

《磻溪集》收录丘处机诗词四百余篇，创作地域以磻溪、龙门山为中心，也包括终南山祖庭及山东登州。这些诗词较之六子诗词为胜，有着较为浓郁的文学气息。

丘处机虽然在祖庭居留有前后两次，约七八的时间，但第一次庐墓守服，第二次是掌教处理教事，故无闲暇及情思吟诗作赋。所以，丘诗以磻溪、龙门及栖霞期间的诗居多，而终南祖庭之诗赋很少。下面选录十三首吟咏陕西关中和终南祖庭的诗词：

1.《秦川》

秦川自古帝王州，景色朦胧瑞气浮。

触目山河俱秀发，披颜人物竞风流。

十年苦志忘高卧，万里甘心作远游。

特纵孤云来此地，烟霞洞府习真修。

（选自《磻溪集》卷一）

【注解】

（1）此诗当作于丘处机居龙门洞期间。诗中云"十年苦志忘高卧""烟霞洞府习真修"，暗示诗人正在龙门洞修道（按，丘处机居磻溪六年后，于大定二十年（1180）赴陇州重阳会，会后即留龙门山，于此山又修道七年，始功德圆满而道成）。所谓十年苦志，当从大定十四年（1174）居磻溪时起算，至大定二十三年（1183）为十年。此时，丘处机在龙门山修道刚有四年时间。所以，这首诗具体的写作时间大约在金世宗大定二十三年（1183）。

（2）诗通过赞美秦地山川、人物的不同凡响，明确表达自己修道的志向和宏愿。

2.《答甘北镇孟秀才》

> 一别家乡整十年，飘蓬云水入秦川。
>
> 衣宽放荡秋来补，食饱萧条夜处眠。
>
> 陕右不干浮世事，天涯曾遇大罗仙。
>
> 功亏未得长生信，坐待嘉音旷峪前。

（选自《磻溪集》卷一）

【注解】

（1）甘北镇：原诗题目下注云"乃处州也"。据《龙泉亭诗碑》注："甘北镇，唐醴泉旧址。"则甘北镇在今礼泉县县城西南。非甘河镇。

（2）一别家乡句：所谓的"十年"应从大定九年（1169）十月王重阳携四子西归算起，至大定十九年（1179）秋满十年。故此诗作于大定十九年秋季，此时丘处机在磻溪修道。

（3）衣宽放荡句：卷一《寄道友觅破布故履》诗小序云："余在西虢六年未尝一新衣履，每至中秋，唯完补褐衲耳。"可见丘处机磻溪修道生活之艰苦。此二诗可互参。另，《磻溪集》卷三《时八月间令人持诗于县中觅破布衲衣》一首，亦叙秋寒至，寻觅冬衣事。并证丘处机磻溪修道"烟火俱无，箪瓢不置"的清苦作风。

3.《岭北西京留守夹谷清神索》

> 东海疏狂犹目断，西京留守未心开。
>
> 去年奉敕三冬往，今夏赍书九月来。
>
> 北地官荣何日罢，南山道隐几时回。
>
> 直须早作彭城计，燕国家风自不颓。
>
> （自注：彭城，乃海蟾公也。）

（选自《磻溪集》卷一）

【注解】

（1）清神，道家对俗家道友的美称。夹谷清神，即夹谷龙虎，又称夹谷清臣。本名阿不沙，胡里改路桓笃人。姿状雄伟，善骑射，官至金朝宰相。曾任山东横海军节度使兼博州防御使、陕西路统军使兼京兆府事，大定二十六年(1186)改西京留守。夹谷是金代一个较大的女真人族姓。《金史》中有《夹谷清臣传》。

（2）诗作于大定二十七年（1187）夏，时丘处机在祖庭。大定二十六年（1186）冬，京兆统军夹谷龙虎邀丘处机下山住持祖庭，掌管全真教事务，宋明一率祖庭道众奉敕到龙门洞迎接。即本诗所云"去年奉敕三冬往"。

（3）这是一首劝道诗。诗奉劝夹谷龙虎早日修道。丘处机另有两首写给夹谷龙虎的诗词，即《答京兆统军夹谷龙虎书召》和《上丹霄·赠京兆府统军夹谷龙虎》，主要表达敬意。

4.《旧游》

> 秦川渭水好行程，不问长亭及短亭。
>
> 西岳云开仙掌白，南山雨过佛头青。
>
> 丹霄仿佛舒晨彩，碧岫参差列画屏。
>
> 海上交朋闻我道，虚心侧耳尽来听。

（选自《磻溪集》卷一）

【注解】

此诗当作于东归栖霞以后。诗人向山东的道友讲述秦川渭水之美景，历数华岳仙掌、终南春雨等景象，语带烟霞紫雾，娓娓而谈，使得听者虚心侧耳以闻，不觉沉醉。

5.《答虢县猛安镇国》

> 酷爱无人境，高飞出鸟笼。
>
> 吟诗闲度日，观化静临风。

杖策南山北，酣歌西坂东。

红尘多少事，不到白云中。

（选自《磻溪集》卷四）

【注解】

（1）猛安：金代初期军政合一的基层政权单位。亦用作该基层政权单位的武官名。《金史·百官志三》："猛安，从四品，掌修理军务、训练武艺、劝课农桑。"镇国：金时俗下对武官的敬称。丘处机与陇州防御使裴满有知己之交，亦称之为镇国。见《上丹霄·答陇州防御裴满镇国》。虢县猛安镇国，为女真贵族，与丘处机友善往来。

（2）诗作为回书，概因猛安镇国向丘处机问道。长春即以恬然自得的道趣回复。

6.《访终南怀道村宁之道留宿竹园》

怀道访之道，摅情远世情。

安居神自爽，欲睡梦还惊。

仙院风光雅，琼林月色清。

儒生真得趣，奚恋紫袍荣？

（选自《磻溪集》卷四）

【注解】

宁之道：终南怀道村人。从诗中所述推断，大约是一位攻事儒业的居士。居宅有竹园，似仙境，主人心清神爽，远离世俗，不慕荣华富贵，大有仙风。

7.《蓝田》

万壑舒纹锦，千峰列画屏。

雨余蓝水白，云断玉山青。

（选自《磻溪集》卷四）

【注解】

丘处机居陕期间曾到过蓝田。蓝田，在长安东南方向，处于终南山东段，素以产玉闻名。同时也是著名的仙乡，相传唐时韩湘子于此修道成真。这首诗描写蓝田仙境，无一字着染"仙"字，但仙气十足。

8.《水龙吟·西虢》

凤鸣南邑清嘉，大仙降迹行鸾地。琳宫宝阁，星坛月馆，槐阴竹翠。烟盖云幢，影摇寒殿，往来呈瑞。向虚亭东望，平川似锦，洪波泛，渺天际。

山秀水甜人义。遍坊村、各生和气。我来不忍，轻归刘蒋，天心地肺。须待他时，暗淘真秀，育成丹桂。去长安路上，眠冰卧日，作终身异。

（选自《磻溪集》卷五）

【注解】

（1）《水龙吟》，词牌名。又名《小楼连苑》《龙吟曲》等，双调一百零二字，仄韵。亦有平韵之作。

（2）凤鸣句。西虢宝鸡之得名，取自凤鸣岐山之义。《诗经·大雅》云："有凤鸣矣，于彼高岗；梧桐生矣，于彼朝阳。"高岗指的就是岐山。又，刘向《列仙传》记载，秦穆公时有萧史善吹箫，穆公女弄玉好之，穆公遂以女妻之。萧史每日教弄玉作凤鸣，久之，引得凤凰纷纷来栖，落于岐山之南。数年后某日，夫妇随凤凰驾鸾飞去。

（3）词作于磻溪修道期间。"我来不忍，轻归刘蒋"一句，道出了诗人留恋西虢磻溪神仙之地，不忍轻离的情思。

9.《报师恩·虢县渭南沠里》

一方胜景满川稀。水竹弯环四面围。簇槛名花红冉冉，当门幽桧绿依依。争歌稚子春风舞，斗巧灵禽晓树啼。社内人家三十户，崇真修道压磻溪。

（选自《磻溪集》卷六）

【注解】

（1）《报师恩》，词牌名。改《瑞鹧鸪》而成。双调五十六字，平韵。

（2）诗写磻溪修道生活。可与同卷《黄鹤洞中仙·虢县渭南泺里》相互参看。词云："此地风光胜。人物俱相应。水竹深藏数十家，户户知天命。我爱清虚景，策杖寻幽径。每日巡村转一遭，信步闲吟咏。"

10.《凤栖梧·述怀》

西转金乌朝白帝。东望银蟾，皓色笼青桂。渐扣南华排菊会。满斟北海醺醺醉。醉卧终南山色里。山色清高，夜色无云蔽。一鸟不鸣风又细。月明如昼天如水。

（选自《磻溪集》卷六）

【注解】

（1）《凤栖梧》，词牌名，又名《蝶恋花》《鹊踏枝等》。双调六十字，仄韵。

（2）诗作于居祖庭掌教期间，时近重阳佳节。描写八九月份终南山月夜景象，诗人从金乌西坠，玉兔东升写起。桂香扑鼻，菊酒邀客，不觉间抬头远望，万里流云，月光如泻，轻轻洒落枝头，微风吹拂中，鸟儿都静悄悄的，也好像与诗人一同沉醉在这终南秋月的美好景象当中。

11.《诉衷情·风景》

长安风景古今奇。吾道少人知。天心地肺时正，生杀按枢机。灵物秀，玉芝肥。射虹霓。山头凝望，目下三川，压尽华夷。

（选自《磻溪集》卷六）

【注解】

（1）《诉衷情》，词牌名，分单调双调两体。本词为双调四十四字，平韵。

（2）天心地肺：指终南山。古人以其居天之中、都之南，故又称中南山。《诗经》及《山海经》称其为南山。《括地志》云："终南山一名中南山，一名太一山，一名南山，一名橘山，一名楚山，一名秦山，一名周南山，一名地肺山，在雍州万年县南五十里。"则终南山，又称地肺山。概因为终南山地处中国版图中心，犹如大地之肺，滋阴补阳，水火互济，起着调节南北气候、保持生态平衡的作用。

（3）三川：指户县的沣川、长安县的樊川和蓝田县的辋川，皆在终南山下。登终南山可远望之。

12.《金莲出玉花·得遇行化》

重阳师父，昔日甘河曾得遇。大道心开，设教东游海上来。

天涯回首，挈得吾乡三四友。魏国升遐，惊动秦川百万家。

（选自《磻溪集》卷六）

【注解】

（1）《金莲出玉花》，词牌名。本名《减字木兰花》。双调四十四字，上下阙各二句仄韵转二句平韵。

（2）三四友：指丘刘谭马四子，皆山东人。

（3）魏国：指北宋之东京汴梁（今开封），春秋战国时期属魏国地界。大定十年（1170）正月王重阳羽化于此。

13.《望蓬莱·秦川》

秦川好，一片锦纹华。日出雨晴山色秀，月明风急水声嘉。千里净无涯。余到此，喜庆复难加。天祐时丰堪养道，地灵人杰不生邪。时复伴烟霞。

（选自《磻溪集》卷六）

【注解】

《望蓬莱》，词牌名。改《忆江南》而成。《忆江南》，又称《望江南》《梦江南》《江南好》等，分单调双调两体。单调二十七字，双调五十四字，皆平韵。

（三）王处一

　　据秦志安《金莲正宗记》载，王处一"平生所集歌诗近千余首，目之曰《清真集》《云光集》，盛行於世。"今《清真集》已佚，《云光集》收诗三卷，词一卷。一般而言，王处一所作诗词比较干涩，皆不离说教论道的范围。他诗词中喜用丹家词汇和意象，几乎没有针对现实的抒情或写景成分。因为诗词语句中没有写景、抒情的空间，所以往往直接对超现实世界进行描述。他写过不少叙事诗词，但大抵叙述斋醮之事，无特别之处。诗词在他手中，的确只是一种宣教工具。这可能与他执著而强烈的宗教情怀有关。因为他是全真七子中第一个、也是最受金庭崇遇的宗师，在民间也有巨大影响和崇高地位。所以他一生不遗余力地利用各种机会传播全真道义，十分忙碌，对全真教的扩展做出了很大贡献。

　　王处一是七子中唯一一个没有涉足终南祖庭的，对此他不无遗憾地说："赵州团正觉，商水赞希夷。玉阳不能去，长春自得知。"①但是，王处一在祖庭最困难的时候却能挺身而出，倾囊出资为祖庭买下灵虚观敕额，使全真教大本营获得合法地位而走向健康发展的道路。兹录一首与重阳宫有关的七言律诗：

《赠祖庵吕知观》

　　　　大悟威光朗太空，先天真瑞信匆匆。

　　　　虚无清净全今古，至道流传正祖宗。

　　　　三界十方通一致，千经万论了无穷。

　　　　忘情自现天元主，透出阴阳造化中。

　　　　　　　　　　　　　　　　（选自《云光集》卷一）

　　①见《寄长春丘公》。

【注解】

吕知观：即吕道安。金大定二十年（1180），受马丹阳命而充任祖庵庵主。马丹阳、丘处机因禁教先后东归山东时，吕道安一直坚守祖庭，前后四十余年。明昌六年（1195），祖庭庵院悉没于官，道侣散逸。承安三年（1198），吕道安应玉阳子之召赴燕京。王处一向朝廷买祖庭敕额为灵虚观，保授吕道安为"冲虚大师"，使充任观主，嘱其回陕重振祖庭玄风。并赠是诗。

（四）谭处端

谭处端行世诗词数百首，多言铅汞之道，结为《水云集》上中下三卷，今存《道藏》中。从内容上看，谭处端诗词与王重阳、马钰一脉相承，都以全真为旨归，倡导三教合一，阐述内丹修炼，劝人出家禁欲、及早修行等范畴。艺术上，谭处端诗词有可取之处。首先是文字雅洁，不像重阳和丹阳喜用白话俗语，相比之下他更有儒雅文人的味道。而其诗词风格可用"空灵飘逸"四字概括。这正如他集子的名称"水云"一样，因为谭处端本人就是一个旷达洒脱、无拘无束的逍遥客，虽说常在洛阳朝元宫居住，但行止不定，喜欢云游。"闲闲云水任东西。灵空一片随。"[1]"逍遥自在。去去来来无挂碍。一片灵空。"[2]在谭处端的诗词里"云水"、"灵空"、"逍遥"、"物外"等字眼俯拾皆是。

谭处端自大定十年（1170）春至十四年秋，居终南祖庵四年，期间主要是为重阳居丧守服。以后赴洛阳修道传教。兹录三首谭处端吟咏关中祖庭的诗词：

1.《游华山》

栎食粗衣度岁华，白云高卧隐烟霞。

---

①见《阮郎归》。
②见《减字木兰花》。

心香福炷灵源起，定观莲峰十丈华。

（选自《水云集》卷上）

【注解】

赵道一《历世真仙体道通鉴续编》卷二《谭处端》载，大定二十一年（1181），长真来华阴居纯阳洞。一日，疮生于首，以为不祥，复返洛阳朝元宫草庵。此诗应为谭处端居纯阳洞时游华山而作，诗叙述自己的修道生活，同时赞美西岳莲花峰的险峻峭拔。

华山

2.《如梦令·因遇重阳师父》

因遇重阳师父，引入全真门户。慧火炼灵空，不敢胡行一步。一步，一步，一步近如一步。

（选自《水云集》卷中）

【注解】

（1）《如梦令》，词牌名。又名《宴桃源》。单调三十三字，仄韵。

（2）词主旨在感谢师恩，表达内丹修炼不断进步的喜悦之情。内丹修炼有九次第之说，此说源自陈抟《无极图》，内丹学诸派沿袭至今。他们将内丹修炼的仙术分为初中上三关，对应于炼精化气、炼气化神、炼神还虚三个阶段，其上关仙术称九年关。

3.《南柯子·云去南山静》

云去南山静，风来渭水寒，凌波凝结一团团，万里晴空，清爽此时观。雄剑鸣开匣，人头落玉盘，一轮明月上栏杆，了了从斯，心意始闲安。

（选自《水云集》卷下）

【注解】

（1）《南柯子》，词牌名，又称《南歌子》《春宵曲》《风蝶令》等，有单调双调两体。单调二十三或二十六字，平韵；双调五十二字，有平韵、仄韵两种。

（2）"雄剑鸣开匣"句。典出西汉刘向《列士传》。中载："楚王夫人常于夏纳凉而抱铁柱，心有感，遂怀孕，产一铁。楚王命镆铘铸为双剑，三年乃成，一雌一雄，镆铘乃留雄而以雌进王。剑在匣中常悲鸣，王问群臣，对曰：'剑有雌雄，鸣者以雌忆雄耳。'王大怒，遂杀镆铘。"晋干宝《搜神记》中《三王墓》亦记述此事，情节生动，人物性格鲜明。其后此故事广为流传，成为典故，而屡入文人诗词文章。唐杜甫《秋日夔府咏怀奉寄郑监李宾客一百韵》中即有"雄剑鸣开匣，群书满系船。乱离心不展，衰谢日萧然"的句子。谭句当出自杜诗。

（3）此词描写终南山秋夜景象。上阕写景，尤为出色；下阕转入抒情，但情景交融，有道意寓焉。与前面所选丘处机的《凤栖梧·抒怀》相比，同是吟咏终南秋夜月下景象，然各具特色，绝无雷同。

（四）刘处玄

刘处玄生平著述甚丰，且精于玄理，著作主要有《仙乐集》《长生真人至真语录》《黄帝阴符经注》《黄庭内景玉经注》等。据《金莲正宗仙源像传》所录，还有《太虚集》《盘阳集》《同尘集》《安闲集》和《修真文》，可惜皆已佚失。今传《仙乐集》为诗文集，五卷。其诗词内容也以论道谈玄、抒写山林泉石之爱为主，风格上显示出超逸洒脱的艺术个性，这与他本人旷达不拘、向往山林的本性相关。刘处玄多作正统的传道布教诗词，但也有一些游戏之作，如叠韵诗、藏头拆字诗词等。

下面选录两首：

1. 叠韵诗

　　　　　　年春后，又花残。

　　　　　　景凋零，木草全。

　　　　　　道慧灵，无好丑。

　　　　　　了真清，意辩愚。

　　　　　贤人背剑游云洞，达士携琴住锦川。

　　　　　近终南，筠万顷。好来世外论长年。

　　　　　　　　　　　　　　（选自《仙乐集》卷一）

【注解】

　　（1）叠韵诗，是一种做文字游戏的诗体。即用两个或几个韵母相同的字进行押韵，这种诗读起来十分拗口，类似于绕口令。唐温庭筠《题贺知章故居》极为典型："废砌翳薜荔，枯湖无菰蒲。老媪宝葆草，愚儒输逋租。"

　　（2）此诗最后两字"长年"叠韵，其它各句不叠韵。审此诗，各联前句"零"、"灵"、"清"、"顷"同韵，后句"残"、"全"、"川"、"年"同韵，大概这是作者名之为叠韵诗的缘故。但这首诗并非严格意义的叠韵诗，只能算作变体。

　　（3）诗中提到终南山，言附近竹林广袤，是世外修仙的好所在。所云"贤人"、"达士"，疑即钟吕二仙。钟离权，汉咸阳人。相传，兵败入终南山，遇东华帝君授以至道，传青龙剑法。唐末复出，于长安酒肆度化吕洞宾，授之天遁剑法及龙虎金丹秘文。全真教尊钟吕为始祖。所以据此推断，此诗可能是刘处玄居刘蒋庐墓三载，为王重阳守坟时所作。

　　2.《述怀》

　　　　　　功成身退，清居养浩。

　　　　　　临水依山，闲看庄老。

　　　　　　地有松筠，四时常好。

洞天深处，要行便到。

修真灵验，命住见效。

旧业消亡，新怨莫造。

真崇至道，与世颠倒。

归去渊明，先游蓬岛。

趂了轮回，仙乡无恼。

古今达士，因通三教。

（选自《仙乐集》卷三）

【注解】

此诗抒怀言志，表现全真三教合一的基本理念。

（五）郝大通

郝大通洞晓阴阳律历之术，尤精于《周易》，入重阳门之前以卜筮为业，卖卦街前。后拜重阳为师。大定九年（1169）年秋，重阳携四子西归，留他与王处一居铁查山修炼。不久他离开铁查山，独自西来，一路跟踪在重阳师徒周围。四子葬师于终南后，他亦欲庐墓，被谭处端讥讽。翌日离去独修。郝大通与六子关系较为疏远，受重阳的教导也较少，可以说是七真中自学成才者。著有《太古集》《三教入易论》《周易参同契简要释义》等。《太古集》原十五卷，今存四卷。郝大通诗词作品流传下来的不多，大约诗歌三十首，词两首。风格清新流丽，洒脱超拔。以下选录与重阳祖师有关的诗词各一首：

1.《悟南柯·示众》

地肺重阳子，昆仑太古仙，二人结约未生前，托居凡世，飞下大罗天。

共阐玄元教，行藏度有缘，奈何不悟似流泉，别后相逢，再约一千年。

（选自《金莲正宗记》卷五）

【注解】

（1）《悟南柯》，即《南柯子》，词牌名。双调五十二字，有平韵仄韵两体。

（2）此词怀念恩师王重阳。上阕言师徒二人有缘，生前同为大罗天上仙，如今托居凡世。下阕讲二人相约下凡弘教，度化有缘人。（未悟者）若不抓住时机求道，恐怕得再等千年方有机会。作者以铺叙之笔写师徒前世今生的行藏，劝人及时修道，言语间流露出无限自豪感。

2.《金丹诗》

学道先须绝外华，修真养素属仙家。

忘情皆为烹金液，息虑都缘裎紫砂。

一性朝元攒五气，万神聚顶放三花。

从兹得达长生路，永向清霄混彩霞。

（选自《太古集》卷四）

【注解】

郝大通《金丹诗》共三十首，清一色为七言律诗。诗中内丹词汇极为丰富，如"青龙"、"白鹿"、"少女"、"长男"、"子午"、"刀圭"、"河车"、"宝货"、"黄芽"、"白雪"，等等，对内丹修炼的过程、要点以及感受等有不同程度的涉及。这里选的是第二十五首，强调了全真修仙的要旨是"忘情"和"息虑"。"忘情"和"息虑"是王重阳反复告诫弟子首先要做到的，也就是王重阳所说的"断酒色财气，攀援爱念，忧愁思虑"。只有做到"忘情"、"息虑"，才能最终达到内丹修炼的三花聚顶、五气朝元的境界。

（六）孙不二

孙不二于大定十二年（1172）春由宁海访至长安，在赵蓬莱庵宅中与马钰相见。马钰以"而今非妇亦非夫"为由，断绝夫妻之情，嘱咐孙不二访长安，筑环修炼。孙不二炼心环堵七年，三田返复，百窍周流而结成大丹。遂东至洛阳劝化度人，大定二十二年（1182）羽化于洛阳风仙姑洞。按理，孙不二居秦地数载，多少应有记述其经历的歌诗留存。但是，各种原因导致孙不二并无诗文集传世。只有元代彭致中的《鸣鹤余音》中存录孙不二诗词二十余篇，皆述内丹修炼之事。后人辑为《孙不二元君法语》一书，中收《坤道功夫次第》五言律诗十四首，《女功内丹次第》七言绝句七首。民国二十五年编的《牟平县志》中有《辞世颂》七言绝句一首。今人唐圭璋《全金元词》从《鸣鹤余音》中又辑录出孙不二词作两首。总共而言，孙不二今存诗词二十四首。近人陈撄宁曾为《坤道功夫次第》作注，取名为《孙不二女功内丹次第诗注》，凡例中称孙诗"辞句雅驯，意义浑涵，乃丹诀中之上乘。"兹录两首，以飨读者：

1.《辟谷》

> 既得餐灵气，清冷肺腑奇。
> 忘神无相著，合极有空离。
> 朝食寻山芋，昏饥采泽芝。
> 若将烟火混，体不履瑶池。

（选自《孙不二元君法语》）

【注解】

（1）辟谷：又称"却谷"、"断谷"、"绝谷"、"休粮"、"绝粒"等，即断绝烟火，不食五谷，属于方士道家修仙的一种方法。其术起于先秦，大约与行气术同时。道教创立后，承袭之，修习辟谷者，代不乏人。其理论根据大约源于《大戴礼记·易本命》："食肉者勇敢而悍，食谷者智慧而巧，食气者神明而寿，不食者不死而神。"辟谷术分服气和服药两种，有饮水和不饮水之别。

（2）此诗为《坤道功夫次第》之第十一首。《坤道功夫次第》是最早专述妇女内丹修炼方法的论著，它根据妇女生理特点提出了全真派女性修炼的方法，为女性加入全真道大开方便之门。孙不二将女子修炼内丹的功夫次第分为十四步，即收心、养气、行功、斩龙、养丹、胎息、符火、接药、炼神、服食、辟谷、面壁、出神和冲举。每一步都以五言律诗的形式进行说明。

（3）忘神：道家语。意即有智慧而不用。无相著：佛家语。意即不执著于色相。合极：合乎太极。有空离：即不落虚空。这两句丹经诗是说，色空两忘，方能与大道合一，同于太虚。

2.《女功内丹》

其二

小春天气暖风赊，日照江南处士家。

催得腊梅先迸蕊，素心人对素心花。

（选自《孙不二元君法语》）

【注解】

（1）小春天气：道家认为是少阳初动，先天之炁初萌之时。暖风：是先天之炁萌动的征候。

（2）日：道家认为日属阳之精。江南处士：指元神。处士家：指神舍。其位置古人认为在"心之后夹脊前"。

（3）腊梅：是最先感受阳气的花木。所以一阳来复之时，梅花最先迸蕊开花。以上"小春"、"处士"、"处士家"、"腊梅"等，都是丹家的比喻象征，意在说明丹道修炼的要妙。

（4）素心人：指邪念不生的修道者。素心花：指先天清灵之宝，即金丹。

第三节
历代吟咏

历代文人墨客题咏重阳宫的诗词亦不在少数，如元诗人商挺、杨奂、孟攀鳞，明前七子中的王九思、康海，清代大诗人王士祯、王心敬等人都留下了有关重阳宫和全真教的诗作。仅元李道谦《甘水仙源录》收载的题咏"遇仙宫"的诗作就有二十一首。历代吟咏重阳宫的名作，如元商挺的《题甘河遇仙宫》，杨奂的《遇仙观》《重阳宫》，明康海的《临川寺与鄠令王念觉夜坐》，清王士禛的《遇仙桥即事》，等等，近千年来经众口相传，早已成为脍炙人口的名篇佳作。本节将对这些诗歌分门别类，予以简注。

（一）元·商挺

商挺（1209—1288），字孟卿，一作孟卿，号左山。曹州济阴（今山东菏泽）人。曾为关中宣抚副使，受知于元世祖忽必烈，中统元年（1260）金陕西行省事。历任参知政事、枢密副使、安西王相等职。后因赵炳案，两次入狱，并被抄家。后因"帝惜其老"未被再用，卒于家中。谥号"文定"。《元史》有本传。商挺善书法，能诗文，与元好问、杨奂友善。著有《藏春集》六卷，但其集早已散佚。所作诗歌千余首，至清时已遗失殆尽。清顾嗣立所编《元诗选·癸集》收其诗四首。另有《浪淘沙》词一首，见重阳宫《摹刻商挺等诗词碑》。兹录有关重阳宫的三首：

1.《题甘河遇仙宫》

> 子房志亡秦，曾进桥下履。
>
> 佐汉开鸿基，屹然天一柱。
>
> 要伴赤松游，功成拂衣去。
>
> 异人与异书，造物不轻付。
>
> 重阳起全真，高视乃阔步。
>
> 矫矫英雄姿，乘时或割据。
>
> 妄迹复知非，收心活死墓。
>
> 人传入道初，二仙此相遇。

于今终南下，殿阁凌烟雾。

我经大患余，一洗尘世虑。

巾车徜西归，拟借茅庵住。

明月清风前，曳杖甘河路。

（选自元·李道谦《甘水仙源录》）

【注解】

（1）元宪宗三年（1253）商挺任关中宣抚副使，此诗应是此时所作。

（2）子房：即张良。桥下履，典出《史记·留侯世家》。原文曰："良尝闲，从容步游下邳圯上。有一老父，衣褐，至良所，直堕其履圯下，顾谓良曰：'孺子，下取履！'。良鄂然，欲殴之。为其老，强忍，下取履。父曰：'履我！'。良业为取履，因长跪履之。父以足受，笑而去。良殊大惊，随目之。父去里所，复还，曰：'孺子可教矣！后五日平明，与我会此。'良因怪之，跪曰：'诺。'五日平明，良往，父已先在，怒曰：'与老人期，后，何也？'去，曰：'后五日早会！'五日鸡鸣，良往，父又先在，复怒曰：'后，何也？'去，曰：'后五日复早来！'五日，良夜未半往。有顷，父亦来，喜曰：'当如是！'出一编书，曰：'读此，则为王者师矣。后十年，兴。十三年，孺子见我——济北谷城山下黄石，即我矣。'遂去，无他言，不复见。旦日，视其书，乃《太公兵法》也。良因异之，常习诵读。"

（3）赤松：秦汉传说中的上古仙人。《列仙传》载："赤松子者，神农时雨师也，服水玉以教神农，能入火自烧。往往至昆仑山上，常止西王母石室中，随风雨上下。炎帝少女追之，亦得仙俱去。至高辛时复为雨师，今之雨师本是焉。"

（4）异人：指黄石公。异书：指黄石公所授张良之《太公兵法》。就王重阳而言，异人指钟吕二仙，异文指《五篇灵文》等。

（5）"矫矫英雄姿，乘时或割据"句：清人陈教友认为，王重阳是有宋一代忠义之士，"不惟忠愤，且实曾纠众与金兵抗矣"。本书第一章第二节专述此事。

（6）"我经大患余"句的"大患"，以商挺生平论，当指两次入狱事。若此，则此诗当作于诗人出狱后闲居家中的晚年。待考。

（7）商挺此诗从张良（子房）圯上进履写起，铺陈他佐汉开基的伟业以及功成身退的智慧抉择，把汉之遇仙桥与金之遇仙桥联系起来，自然而然转入对王重阳的歌颂。"重阳起全真"，有似当年子房助刘邦赢取天下，其功厥伟。最后落笔于眼前之凌烟殿阁，想象自己若能巾车西归，定然结茅而居，与明月为伴，以山松为邻，也像重阳子那样曳杖甘河之上，过着神仙般的生活。

2.《重阳宫》

> 画栋层轩压翠微，紫烟香雾锁丹梯。
>
> 固知福地因人胜，益信玄门用力齐。
>
> 鹑野山河归指厥，中天日月定高低。
>
> 嚣尘回首真堪鄙，拟乞残年注马蹄。

（选自重阳宫《摹刻商挺等诗词碑》）

【注解】

（1）《摹刻商挺等诗词碑》立石于至元二十五年（1288）清明日。诗第五句后二字漶漫不清，以"□"代或作"指厥"二字当是。

（2）诗作于元世祖中统二年（1261）秋七月。时商挺金陕西行省事，登重阳宫通明阁即景抒怀，而作是诗。

（3）商挺任职陕西时，重阳宫正处于发展的鼎盛阶段。从金末遭焚到元初修复，到敕赐重阳万寿宫，等等，经过几代掌教和重阳宫住持的努力，不断增葺和扩建。按明正统年间《修复祖庭碑》的记载，元时修建的重阳宫通明阁大殿，五层阁檐，高二百尺，十分雄伟。当时重阳宫道众万人，宫域辽阔，为天下道教丛林之冠。

3.《送和甫提点还秦》

> 常记分携灞水东，十年音问马牛风。
>
> 红尘不料到方外，白发相看疑梦中。
>
> 学道贵□无执着，忘机未可失和同。
>
> 诚明仙去今谁继，叹息玄门及物功。

（选自重阳宫《摹刻商挺等诗词碑》）

【注解】

（1）和甫：即重阳宫提点李道谦。李道谦（1219－1296），字和甫，大梁（今开封）人。师从于善庆。元宪宗元年（1251）任重阳宫提点，宪宗八年（1258）任京兆路道录，至元二年（1265）升任京兆道门提点。至元九年（1272）被召入京，授诸路道教提举之职，旋返终南。与商挺结为方外友，多有诗文应答。

（2）诗第五句有缺字，原碑文无法辨认。故以符号"□"代之。

（3）诚明：即全真教掌教张志敬。张志敬（1219－1270），号诚明，掌教时间为宪宗六年（1256）至至元七年（1270），共十四年时间。

（二）元·杨奂

杨奂（1186－1255），字焕然，号紫阳。乾州奉天（今陕西礼泉）人。金末举进士不第，居户县南山下柳塘，教授乡里四年，远近从游者数百。元太宗九年（1237）以儒生就试东平，两中赋论第一。由耶律楚材举荐为河南路征收课税所长官，兼廉访使。在官十年，有政绩。后屡请归老，卒于家中。赐谥文宪。《元史》有传。生前著有《还山集》《天兴近鉴》《正统书》，俱未传。今存《山陵杂记》一卷以及明人宋廷佑所辑《还山遗稿》二卷。清人顾嗣立《元诗选·二集》选其诗一百一十六首。

杨奂为元代关中人，时重阳宫正处于兴盛时期，故吟咏之作较多。兹录四首。

1.《遇仙观》

一饮甘河万事休，唤回蝴蝶梦庄周。

口传铅汞五篇诀，神驭云龙八极游。

寰海玄风开羽客，遇仙清迹想甄裳。

百年更有何人酌，人自无缘水自流。

（选自元·骆天骧《类编长安志》）

【注解】

（1）遇仙观：元太宗十年（1238）洞真真人于庆善在重阳祖师遇仙之地甘河镇创建，初名遇仙观，后升为宫。至元二十九年（1292），掌教孙德彧又在甘河上修建了一座遇仙桥。今遇仙宫无存，而遇仙桥尚在。

（2）此为七言律诗。诗从歌咏重阳遇仙事起笔，以百年后无人有缘再酌河水（仙酎）作结，显示了无比钦慕的情感。

2.《重阳宫》

终南佳处小壶天，教起全真自在仙。

道纪宏开山色里，通明高耸日华边。

南连地肺花浮水，西望经台竹满烟。

最爱云窗无事客，寂然心月照重玄。

（选自元·骆天骧《类编长安志》）

【注解】

（1）壶天：传说东汉费长房为市掾（管理市场的官员）时，市中有老翁卖药，悬一壶于肆头，市罢，跳入壶中。长房于楼上见之，知为非常人。次日复诣翁，翁与俱入壶中，唯见玉堂严丽，旨酒甘肴盈衍其中，共饮毕而出。事见《后汉书·方术传下·费长房》。后即以"壶天"谓仙境和胜境。

（2）通明：即重阳宫之通明阁。

3.《宿重阳宫》

> 村落到山尽，轩窗临水多。
>
> 野禽如旧识，邻叟渐相过。
>
> 林静连官竹，篱疏补女萝。
>
> 夜深眠不著，倚杖看星河。

（选自清·顾嗣立《元诗选·二集》）

【注解】

（1）《元诗选》分初集、二集、三集和癸集四部分。本诗及下一首都选自二集之乙集。

（2）此五言律诗描写重阳宫夜景，以"静"字为核心，十分契合道家旨趣，同时也是诗人告老还乡的晚岁生活的真实写照。

4.《题终南和甫提点筠溪》

> 仙家静住西南溪，竹外须信无余师。
>
> 平生高节鬼亦畏，一点虚心人得知。
>
> 林深自有天地在，岁暮不受风霜欺。
>
> 何时借我半窗月，万里黄尘双鬓丝。

（选自清·顾嗣立《元诗选·二集》）

【注解】

（1）筠溪：即筠溪道院。在重阳宫西北隅。《筠溪道院记》[①]中描述，其地清泉茂竹，幽闳廖蔓，实修真佳处。李道谦（和甫）提点重阳宫时常居其中，著文赋诗，积久而成《筠溪集》，另有《筠溪笔录》十卷。

（2）作者杨奂与李道谦友善，素以诗文应相酬和。

（三）元·孟攀麟

孟攀麟（1204-1267），字驾之。云内（今内蒙古呼和浩特西南）人。

---

①见陈垣《道家金石略》。

官宦世家，受过良好的家庭教育，有神童之誉。金正大七年进士。工书，擅文章。仕至朝散大夫、招讨使。元世祖中统三年，授翰林待制、同修国史，就议陕西五路四川中书省事。延祐三年，赠翰林学士承旨、资德大夫、上护军、平原郡公。至元四年卒，年六十四。谥号文定。《元史》有传。孟攀鳞为元初开国重臣，是元行汉法的主要推动者。他与当时全真教高道来往密切，曾为赵九渊作墓碑文（《湛然子赵先生墓碑》）。

遇仙宫诗

道源将启寓真筌，会际因缘岂偶然？
云本无心闲出岫，珠由罔象得成玄。
二仙秘诀归亲授，一饮神机已默传。
唯有善渊流派远，纷纷沧海几桑田。

（选自元·李道谦《甘水仙源录》卷十）

【注解】

（1）原诗无题。惟注"翰林待制孟攀鳞上"。诗题《遇仙宫诗》为编者加。

（2）二仙：指王重阳甘河第一次所遇异人，形象气质完全相同的两个，有的说都是吕洞宾，有的说是钟吕二人。总之，二仙授之秘诀而去。后，礼泉再遇。

（3）一饮：王重阳结庵刘蒋。一日归庵途中，遇一人向他索酒。与之，那人饮尽以壶授重阳，令下河酌水。重阳如其言，将满壶递与，其人复授重阳，令饮，乃仙酊也。自是重阳唯饮水，而有醉容。此人即刘海蟾，已将神机暗传于重阳。

（四）明·康海

康海（1475—1540），字德涵，号对山、沜东渔父，陕西武功

213

人。明代文学家，以诗文名列"前七子"之一。弘治十五年（1502）中状元，任翰林院修撰。武宗时宦官刘瑾（与康海为同乡）事败，因名列瑾党而免官。自此，康海放歌泉林，与户县王九思共创"康王腔"，自娱自乐三十余年。著作有诗文集《对山集》、杂剧《中山狼》、散曲集《沜东乐府》等，尤以《武功县志》最为经典。

临川寺与鄠令王念觉夜坐

多君省春野，逢我遇仙宫。

共宿临川寺，徘徊及夜中。

弦歌兴汉邑，恭俭即邠风。

更听忧时论，何惭砥桂功。

（选自明·康海《对山先生集》卷五）

【注解】

（1）临川寺：在今周至尚村乡。

（2）弦歌：本指礼乐教化。《论语·阳货》记孔子学生子游出任武城宰，以弦歌为教民之具。后又因以"弦歌"为出任邑令之典。

（3）邠风：即《豳风》。《诗经·国风》之一，为西周时代豳地（今陕西彬县）民歌。其中《七月》篇叙述"农夫"一年四季所从事的农事劳动，反映了农奴生活的艰辛和质朴。后人因以《邠风》借指农歌。

（4）砥桂：即修月。古代传说月由七宝合成，人间常有八万二千户给它修治。见唐段成式《酉阳杂俎·天咫》。元好问诗《蟾池》曰："下界新增养蟾户，玉斧谁怜修月苦。"

（五）清·王心敬

王心敬（1656-1738），字尔缉，号丰川，陕西鄠县人。十八岁补博士弟子员，文名噪甚，督学待以非礼，弃去。受学于李颙，研读诸子书十年，造诣益深，四方学士，争识其面。朝臣以隐逸荐，皆不赴。

后应湖北巡抚陈铣之邀，讲学于江汉书院。丰川为人仁慈宽恕，淡泊名利。康熙五十三年、雍正元年两次"奉旨特征"，皆托病推辞。乾隆元年，举孝廉方正，以老病不赴。著有《丰川全集》二十八卷，《续集》三十四卷，《诗说》二十卷，《关学编》五卷，《丰川易说》十卷，等。《清史稿》有传。

1.《题重阳宫二首》

（自注：先儒谓金元之际，高士隐于黄冠，即指重阳师弟也。）

其一

掉头事金丹，雄心万丈寒。

当年隐君子，端的在黄冠。

其二

满眼兵戈林，月空愤懑深。

金丹结不就，何处消雄心。

（选自清·王心敬《丰川全集》）

【注解】

（1）"掉头事金丹"句：王重阳年轻时曾欲仕途进取，"忤意而黜"；又应武举，易名世雄。但"天谴文武之进两无成焉，于是慨然入道"。王心敬有感于斯，遂有是篇。两首诗中"雄心"之"雄"，可理解为王世雄（重阳）。

（2）黄冠：道士的代称。据《至道太清玉册·冠服制度章》云："古之衣冠皆黄帝之时衣冠也，自后赵武灵王改为胡服，而中国稍有变者，至隋炀帝东巡使于畋猎，尽为胡服，独道士之衣冠尚存，故曰有黄冠之称。"

（3）"满眼兵戈林"句：比喻金元之际，兵荒马乱的状况，即王重阳所处的时代大环境。

2.《过重阳宫题重阳真人遗像》

（自注：像俨然如生，为海内奇观。殿前有仙迹，《无梦令》刻石。）

拟向全真细问津，神仙那复号全真。

将无初地即禅旨，直与金仙结性邻。

万丈雄心消海市，千秋精气化阳春。

经过每喜参仙偈，道貌天人更肃神。

（选自清·王心敬《丰川全集》）

【注解】

诗题中所谓重阳真人遗像，概指立于元初的《重阳祖师之图》碑。碑额圭形，额刻阴文篆书"重阳祖师之图"六字。通碑线刻重阳图像，栩栩如生："目大于口，美髯过腹。"完全按照重阳传记里的描述来塑造。碑右上角刻张邦直所撰《重阳祖师画像赞》，曰："道之真以治身，而世之从事者多得其一，罕有得其全。自重阳子唱全真之道，马丹阳辈从而和之。然后，其教大行乎天下，而习他教者为衰。呜呼，其盛矣！故昔《庄子·休有》云：'后世之学，不幸不见天地之纯、古人之大体，道术将为天下裂。'惜不及见此公。"张邦直时为翰林学丞。

《重阳祖师之图》碑

（六）清·王士禛

王士禛（1634-1711），字子真，号阮亭，又号渔洋山人。桓台（今山东新城县）人。顺治年进士，清初杰出诗人，为一代宗匠，与朱彝尊并称。他继钱谦益而主盟诗坛，论诗创"神韵"一说，影响颇大。擅长各体，尤工七绝。但未能摆脱明七子摹古余习。王士禛博学好古，能鉴别书、画、鼎彝之属，书法高秀。曾任扬州推官、礼部主事、刑部尚书等。因受王五案牵连，被革职回乡。后特诏复职。乾隆赐名士祯，谥文简。主要著作有《渔洋诗集》《带经堂集》《五代诗话》等。

遇仙桥即事

浮云收渭北，初日照终南。

驿道连秋水，官桥渡晓骖。

人烟生浦树，鸟语入晴岚。

欲访渔川隐，芦中有钓船。

（选自清·王士祯《蜀道集》）

【注解】

（1）康熙十一年（1672），王士祯三十八岁，在户部任职。六月，奉命典西川乡试，途径陕西云阳、户县、宝鸡、凤县、汉台而抵达西川，游历山水得诗三百五十篇，为《蜀道集》。本诗作于是时。

（2）渔川隐：即垂钓磻溪。典出《韩诗外传》卷八及《史记·齐太公世家》。相传周初姜尚隐居垂钓于渭水之滨的磻溪，文王出猎访贤，与之相遇。言语甚契合，遂同车载归，拜为太师，称太公望。后来姜尚为周兴立下大功。

（七）当代·武元海

武元海，陕西户县祖庵镇人。当地文化人士，能诗词，善书法。

赞赵茂忠老汉

（注：欣逢赵茂忠老先生八旬寿辰，闻赵老保护重阳祖师灵骨经过有感。）

王者风范昭后生，重弘全真振祖庭。

阳光之下浩劫难，灵魂深处潜善行。

骨弃荒野神灵渎，保全遗蜕善念生。

护道彰德显正气，人颂贤士无量功。

（录自凤凰卫视《寻找王重阳》视频画面）

【注解】

（1）2009年冬十一月，凤凰卫视采访赵茂忠先生，逢赵老八十寿辰刚过。武元海书此诗于红纸，贴在赵老门首壁间。诗题为编者所加。

（2）此诗藏头，各句首字连起来，即为"王重阳灵骨保护人"。诗赞扬文革期间赵茂忠冒风险，保护重阳祖师灵骨的事迹，颂扬他功德无量。赵茂忠，1929年生于陕西户县祖庵镇。其保护灵骨事，详见本书第十章第三节《遗迹发现述要》。

捌

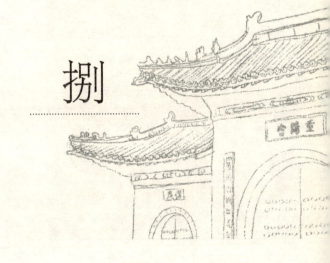

画栋层轩压翠微

　　由于全真教在元代一教独尊，十分兴盛，故重阳宫的建制也达到空前绝后的规模。宫城东到涝河，西至甘河，南抵终南山，北邻渭水，殿堂楼阁多达5000余间，住道士近万名，附近甘、涝二谷左右的田产，均为宫观所有。明代以后，重阳宫屡遭破坏，开始衰落，宫院逐渐缩小。建国前，仅存重阳殿和灵官殿，均为清同治十三年（1874）重修，建制和规模远不如元代。历经八百余年的历史沧桑，今天我们可以看到的元代大重阳万寿宫实物遗存，只有四十余通碑石和数个石棺，以及闲置在院中的几块硕大的筑基石和一件残存的屋脊。这些珍贵的碑石，解放以后都是露天散弃的。1962年，这些散弃于田间的碑石被集中到玉皇殿旧址，形成一座碑林。

天下祖庭重阳宫

第一节
祖庭今貌

　　1979年5月，户县人民政府出资，将重阳殿四周的三亩多地征收并划归重阳宫所有，砖砌围墙，构成一座院落。1982年12月户县文化部门修葺了祖师殿与灵官殿，并改建了灵官殿两侧的耳门。1986年，县文物管理部门多方筹款，建成重阳宫山门。自此，重阳宫才有了昔日宫殿的模样。

　　1990年11月，台湾三清慈善会黄胜德先生来重阳宫瞻礼，无偿捐资十五万元人民币善款，由户县人民政府负责征购土地，组织施工，修建了七层琉璃重阳祖师万寿塔。进入新时期以后，中国道协原会长傅圆天、闵智亭以及香港青松观侯宝垣等宗师，均对重阳宫的复兴给予了极大关心与支持。他们出资出力，协调关系，四处奔波，共同努力，使重阳宫主体建筑不断修复，基础设施建设用地逐渐扩展到五十余亩。特别是侯宝垣大师等知名人士投资上千万元的重阳宫修复工程，首段告捷，金碧辉煌的重阳大殿和钟鼓二楼已经落成，灵官殿、七真殿得以修缮，各殿神像进行了重塑，并购置《道藏》一部。

　　2001年重阳宫晋升为国家重点文物保护单位，2007年入选中国十大道教文化旅游胜地。2010年底成为国家AAA级旅游景区。

　　进入山门，依次可以看到的建筑是：

　　灵官殿：1998年秋修缮。殿内正中供奉护法神王灵官，东侧供奉东方之神青龙，西侧供奉西方之神白虎。此三神，都是镇守

灵官殿

山门的天神。

鼓楼：1998年夏竣工。

七真殿：1998年秋修缮。殿内供奉"北七真"，世谓全真七子。即马钰（道号丹阳）、谭处端（道号长真）、刘处玄（道号长生）、丘处机（道号长春）、王处一（道号玉阳）、郝大通（道号广宁）及孙不二（道号清静散人）。

重阳宝殿：1997年香港青松观侯宝垣大师捐资修建。1998年春告竣。殿内正中供奉全真祖师王重阳，两侧供奉和玉蟾、李灵阳两位真人。

碑林：1962年由田野集中到玉皇殿原址，1973年建敞房保护。

重阳万寿塔：台湾三清慈善会黄德胜先生捐资建造。1990年落成。

鼓楼

七真殿

重阳殿

碑林

白云仙祠：2006年由任法融及台湾林国隆等捐资修建，同时在祠下修建了地宫。祠内供祖师法像。地宫内珍藏祖师灵骨。白云仙祠是信众拜祭祖师之圣地。

祖师仙茔：在白云仙祠的后面。2006年重新修缮，历时两年完成。周边草木绿化一新，遗存的石函置于墓室。

银杏树：为马丹阳手植。金大定十二年（1172）至十四年（1174），马丹阳与谭处端、刘处玄、丘处机四人为重阳师守墓，期间马丹阳在墓旁亲植此树，现已八百余年。十年浩劫中，祖师仙茔遭毁，此树枯死；灵骨重新发掘后，此树复活。随着重阳宫道教活动的恢复，其枝叶渐渐茂盛。当地信众称其为"神仙树"，将红色的平安带挂满树身，以祈求子孙兴旺，合家安康。

重阳万寿塔

白云仙祠

祖师仙茔

银杏树

金连池：2008年修建。西安陈秀云女士捐资。池成圆形，直径三十米。池内栽植七朵福莲，形如北斗七星之状。因道书《金莲正宗记》称七真为"七朵金莲"，故取名金连池。

金连池

太极园：2010修复。重阳祖师曾在此练习武功，四周碌碡环绕，按"一气两仪三才四象五行六合七政八卦九宫十极"的格局摆放。其间有一块演道石，上留有重阳祖师的足印。

太极园

全真祖堂：亦称三祖殿。2011年6月落成。内奉钟离权、吕洞宾和刘海蟾三祖师像。本书出版之时，全真祖堂正在作彩绘，三师像未塑成。

目前，重阳宫宫域总面积已达53亩，原有灵宫殿、七真殿经过整修彩绘，焕然一新，喜迎八方宾客。重阳宫地处景色秀丽的终南山之北，南有清凉山、望仙坪，东有草堂寺，西有楼观台，在关中旅游风景区具有举足轻重的地位。

全真祖堂

第二节
道教活动纪略

1.庙会

重阳宫每年举行四次庙会。期间有各种福寿文化活动，诸如祈福迎祥的道场法事、养生功夫展、武术交流以及书画笔会等，是群众及游客体验道家文化的最佳时机。正月期间的重阳宫庙会，在当地又称"上九会"，源于正月初

庙会图

四重阳祖师成道日和正月初九玉皇大帝诞辰日。从大年初一到重阳宫抢头香开始，期间祈福、保平安活动不断，直到元宵佳节结束。主要的活动有祭祀祖师、祈福法会、锣鼓会、灯笼会等。

2.祖师灵骨瞻礼法会

2009年5月16日，重阳宫举行了祖师灵骨瞻礼法会。清晨，中国道教协会会长任法融与著名学者霍松林一行四十余人，赴户县祖庵镇，瞻礼了全真派祖师王重阳的遗骨。任法融主持瞻礼法会，他身着紫红

灵骨保护座谈会

道袍，手执笏板，开启法会，一时钟鼓齐鸣，仪轨庄严。法会之后，任法融对重阳宫住持、省道协副会长陈法永郑重表态，自己以个人名义出资十万元，专门用于重阳祖师灵骨的保护。当天，道界与学界还就如何

保护灵骨举行了专题研讨。学者们建议，从各方面综合考虑，应当把重阳祖师灵骨安奉到地宫更为稳妥。会上霍松林教授认为，王重阳的一些理念，诸如正心诚意、清心寡欲、澄欲静观等，最后都指向和谐，在当下建设和谐社会之时，纪念王重阳具有重大意义。

3.纪念重阳祖师甘河遇仙850周年（1159-2009）祈福大法会

2009年是重阳祖师甘河遇仙八百五十周年纪念日。史载，金正隆四年（1159）夏，重阳真人在甘河镇遇真仙，"饮之神水，付以真诀"，遂弃家修道。后创立全真教派，度化众生，福祉百姓。重阳宫于11月16日至17日在重阳宫举行了"纪念重阳祖师遇仙850周年祈福法会"，祝福国泰民安，社会和谐。法会由重阳宫住持陈法永道长主持，重阳宫周边道教徒及居士三千余人参加了祈福迎祥活动。户县书画

祈福法会

奉安大典

家以精湛的书法和绘画技艺隆重纪念全真道祖，并将一百余幅书画作品捐赠给了重阳宫。此次活动有力地宣传了中国传统的道文化。

4.重阳祖师灵柩奉安大典

2009年11月18日。上午九时，在陕西户县重阳宫隆重举行了"重阳祖师灵柩奉安大典"。这是全真道历史上第四次安葬重阳祖

师①。大典由中国道协副会长黄信阳主持，中国道协会长任法融致辞，国家宗教局副局长齐晓飞等分别讲话。奉安法事九点三十分准时开始。陕西省道协副会长邹通玄为法坛主礼，任法融主法拈香，嘉宾代表依次献花，海内外高道大德纷纷进香。经坛科仪在典雅悠扬的仙乐声中有条不紊地进行：任法融会长宣读祭文，中国道协教务部主任孙常德道长宣布迎请灵柩，重阳宫住持陈法永道长、香港青松观孙常德道长宣布迎请灵柩，重阳宫住持陈法永道长、香港青松观周和来道长和白云观李信军道长分别恭奉灵骨、玉棺及楠木寿椁，最后在四位护灵使者及九十九位经师的引领下将灵柩缓缓送入地宫，进行奉安。重阳宫内外观瞻礼拜的道众、信众、社会名流以及与会嘉宾，数以千计。

与奉安大典配合举行的还有两场座谈会和一场全真道济世思想学术报告会，都在西安陕西宾馆举行。18日晚，举行追忆傅圆天、闵智亭、侯宝垣三位大师的座谈会；19日下午举行的是关于重阳宫重建规划方案的座谈会。全真道济世思想学术报告会安排在19日上午举行。来自四川大学、山东师范大学、南京大学、西北大学、陕西师范大学以及陕西省社会科学院的数十位专家学者参加了会议。会后，与会专家参观考察了山西永乐宫、华山玉泉院、宝鸡磻溪宫、磨性山、陇县龙门洞等西北地区全真教道观和主要历史遗迹。

据粗略估计，重阳祖师灵骨奉安大典系列活动前后持续约一周，来自全国各地以及海外人士接近万人。此次奉安大典，不仅规模宏大，而且意义重大，是中国当代道教史上的一件大事。"文革"期间，重阳祖师墓在"破四旧"活动中被红卫兵掘开，灵骨抛散。祖北村民赵茂忠于心不忍，悄悄收集了祖师灵骨并埋在银杏树下，直到2005年12月才将这

①第一次为金大定十年（1170），重阳祖师羽化于大梁（今开封），丘刘谭马四子暂葬师于孟宗献花圃。后入关传道并修治葬所，大定十二年复返汴京迁葬刘蒋故庵。第三次为元太宗十三年（1241），尹志平在祖庭白云殿主持会葬重阳祖师，国内高道纷纷入关，参与祭祀的道俗多达数千人。

一秘密告诉了重阳宫住持陈法永道长。为了使祖师灵魂得以安息，陈法永道长多方筹措资金，重新修葺了白云仙祠，在祠下修建地宫。为了保护好祖师灵骨，又在地宫中设置了"三重棺"：最外一层是石棺，中间是金丝楠木棺椁，最里边是玉棺，用以盛放灵骨。

5.道家养生功夫展示

2010年2月5日至17日，重阳宫举行了一系列道家养生功夫展示活动。活动主旨在于弘扬道教养生文化，推动道教养生文化的研究以及运用道教养生方法服务民众健康。活动内容分三块：道家养生功夫展示活动的启动仪式；道家武术功夫表演；地宫辟谷。

2月5日上午九时，重阳宫住持陈法永道长在重阳大殿前主持本次活动的启动仪式。陕西省民族宗教文化交流协会常务副会长徐忠科、陕西省社科院宗教研究所研究员樊光春、陕西省道协常务副会长贠信升、西安市武术协会副会长田文朝、户县政协主席徐化民应邀出席并致辞。

启动仪式结束后，陕西省武术协会、西安市武术协会以及西安重阳武术研究会的师生们开始表演道家武术功夫，主要有太极拳、太极剑、八卦掌和螳螂刀等。表演者既有年轻的武术学员，也有童颜鹤发的老者，他们精湛娴熟的武功展示引来围观群众阵阵喝彩。

本次道家养生功夫展示活动，选择的日期具有特殊意义。2月5日（农历腊月二十二），是重阳祖师诞辰纪念日，而2月17日（农历正月初四）又是重阳祖师羽化登仙纪念日。这十三天，也在中国传统节日春节期间，所以吸引了省内外有关专家学者及周边无数群众的热切关注，进一步增强了重阳宫的社会影响力。

6."祈祷风调雨顺、国泰民安、世界和平"水陆法会

2011年8月25日，应香港飞雁洞提议，经中国道教协会报请国家宗教局批准，香港飞雁洞邀请甘肃崆峒山（兰州白云观）、安徽涡阳老子庙、江西龙虎山、江苏茅山元符宫、四川彭州阳平观、陕西重阳宫、武汉长春观七所道观在道教"地官诞辰"期间联合举行七七四十九天水陆法会。法会主旨是弘扬中华道学文化，促进人类和谐发展。西安户县重阳宫秉承祖师"慈爱和同，济世利人"之精神，于8月25日至31日（农历七月二十六日至八月初三日）按照道教传统科仪开坛诵经，虔诚祈祷"风调雨顺、国泰民安、世界和平"。 8月25日，第六坛法会在重阳宫山门口举行了庄严的开坛仪式。全国政协常委、中国道教协会会长、陕西省道教协会会长任法融大师应邀出席开坛仪式，并亲临经坛拈香祈祷。出席的各界代表计一百余人。

中国道教协会副秘书长袁志鸿道长主持开坛仪式，户县副县长杨帆致欢迎词，任法融大师，徐忠科副会长，吴诚真道长，香港飞雁洞刘松飞观主先后致辞。随后，中国道教协会会长、陕西省道教协会会长任法融大师，陕西省道教协会副会长、重阳宫住持陈法永道长，香港飞雁洞刘松飞观主身着法衣，在经乐团的引领下，到灵官殿、七真殿、重阳宝殿依次拈香叩拜，祈愿中华大地风调雨顺、国泰民安、世界和平、人类幸福。重阳宫邀请武汉大道观经师组成28人经乐团，从8月25日开始，按照既定方案，持诵《太上诸品仙经》，跪诵《高上玉皇本行集经》，如法仗剑踏罡步斗、破狱放赦、演放铁罐施食，虔诚为十方信众祈福纳祥，消灾延寿，超度先祖；并为在地震、洪灾、战争中亡故者设放云厨济炼斛食，超度亡魂，早升仙界。8月29日（农历八月初一）晚，300多位居士参加了重阳宫在户县涝河放法船、河灯的祈福度亡活动。8月31日（农历八月初三戊日）上午，组织200多名居士到终南山望仙坪开展"保护环境，珍爱生命"放生活动，36只和平鸽及其他10只鸟走出笼子飞向蓝天，回归大自然，体现了道教"仙道贵生，无量度人"的重生爱生教义思想。

重阳宫本次水陆法会，是陕西改革开放以来时间最长、科仪最全、诵经最多的法事活动。

第三节
遗迹发现述要

1.重阳宫后院发现祖师石棺

1957年11月，户县祖庵乡兴修水利，村民在重阳宫后院施工，挖砖时掘开王重阳墓，发现墓中石棺。时有人欲撬棺取物，西安八仙宫监院乔清心道长闻讯赶到现场制止，并及时上报市领导，政府出面保护，石棺得以填埋。由于八仙宫的制止和保护，墓体未遭到破坏。

石棺

据当时重阳宫住持王园德道长和当地老人回忆，墓高一点五米，面积约一百五十平方米。墓内青砖砌壁，石棺居中，棺内安放木刻重阳像及遗骨。有方砖两块，上刻"重阳祖师压骨在此"。该砖在修建"碑林"时遗失。

2.甘河村出土王重阳明代石雕像

1987年在遇仙桥旁挖掘出土的王重阳明代石雕像，村民供奉在桥畔的小庙中。石雕像栩栩如生，重阳祖师端坐正中，气宇轩昂，颇有大家风范，两个书童站立两旁，形象逼真，妙趣油然而生。

明代王重阳石像

3.遇仙桥复现

1999年甘河镇政府整治河道，使得埋没已久的遇仙桥再次现身。这是至今保存最好的一座元代石拱桥。史载，至元二十九年

（1292），全真教第十二任掌教孙德彧（掌教时间1314年至1320年）在甘河上修建了遇仙桥。此桥原为遇仙宫的一部分，至今已有七百余年的历史。解放初，甘河上游峪口修建水库，下游水枯，淤泥逐渐埋没了遇仙桥桥身。此次治理河道与文物保护紧密结合，以后还要对古桥维修加固。遇仙桥现为陕西省重点文物保护单位。

4.重阳真人灵骨重新发掘

2005年12月24日，台湾南投县慈惠堂住持林国隆来重阳宫朝宗拜祖。下午三时许，陈法永道长与林先生等人一同，根据赵茂忠记忆的具体藏骨方位，在重阳宫银杏树下找到当年埋藏的祖师灵骨。灵

重新发掘祖师灵骨

骨发掘出来后，立即被众人请到大殿。林国隆先生用台湾打卦的形式判断这些灵骨真实不虚。赵忠茂老人是重阳祖师灵骨的保护人。据他回忆，1966年文化大革命开始后，红卫兵"破四旧"，祖庵乡所有神庙、神像和坟墓，都遭到了破坏。大约阴历六七月份，秋庄稼快成熟的时候，红卫兵掘开了重阳祖师墓，用大绳拉开石棺盖子，将祖师遗骨连同衣裳拉出来。当时众人见遗骨成睡姿安卧状，惧不敢动。惟有一"二杆子"逞强，将遗骨挂于树枝上。灵骨遭击纷坠，众人践踏过后，灵骨散佚而所剩无多。下午赵茂忠（当时三十七八岁）参加生产队劳动（平地或扬粪，记不太清了），回家路上有意落在最后，独自悄悄收集所剩灵骨，得胫骨两节及臂骨一块，用铁锨在银杏树下挖出一大窟窿，将祖师灵骨入土掩埋。四十年后，当重阳宫完全交由道教界管理时，赵茂忠先生年近八旬，才把这一秘密告诉给重阳宫住持陈法永道长。

5.户县甘河镇出土元代全真教洞真真人于善庆碑

2011年6月19日，户县甘河镇甘河村在修建村东部洪济桥时，从桥墩下挖出一通元代宪宗时期的全真教于真人道行碑。碑为青石质地，身首一体，通高3.95米，碑身呈梯形，上宽1.16米、下宽1.22米，碑厚0.36米；碑首为六龙攀护浮雕，中下部为圭形碑额，额内阴刻篆书大字"终南山重阳遇仙宫于真人碑"。龟座缺头，碑身正书32行。碑文主要记述洞真真人于善庆的生平重要事迹。上款书"洞真真人于先生碑"，下款书"岁次甲寅十月三日门人"。此甲寅，为宪宗四年，即公元1254年。

由于该碑做桥基长期受到重压和振动，出土时碑身已成两截，除少部分字迹漫漶不清外，整体保存较好。可惜撰文、书丹和篆额者文字内容模糊不清，经查碑文与户县重阳宫的《洞真于真人道行碑》和汧(千)阳县玉清宫内的《洞真真人于先生碑》，碑文相同，由此可知撰文者为杨奂。但是书丹和篆额者，以及立碑原因和经过、它与重阳宫和玉清宫所存碑之间的关系等诸多问题，待考。

据史料记载，元太宗十年(1235)七月，于善庆任终南祖庭重阳宫住持并主领陕右教门事。此后的15年里，于善庆对重阳宫进行了大规模扩建，并主持修建了甘河遇仙宫、磻溪长春成道宫，在重阳宫承办了会葬王重阳大典，主持了罗天大醮。该碑的发现，为研究全真教及其祖庭重阳宫以及下院遇仙宫等宫观的历史提供了难得的实物资料，也进一步丰富了甘河镇的宗教文化内涵。

石碑出土后，户县文物管理部门已与甘河村协商碑石栽立保护事宜，拟在遇仙宫原址实施保护。

此碑现树立于甘河镇遇仙桥旧址。在遇仙广场的前面。

附录

附录一
【重阳宫大事记】

金世宗完颜雍

大定三年，即公元1163年。王重阳于刘蒋村结茅而居。祖庵从此始。同修者有和玉蟾、李灵阳二公。

大定七年，即公元1167年。四月二十六日，王重阳忽焚其庵。曰："三年之后，别有人修。"次日，辞众出关东游。七月十八日，抵达宁海。

大定十年，即公元1170年。正月初四，王重阳升霞于汴梁（今开封）。丘刘谭马四子暂葬师于孟宗献花圃。入关传讯，重修故庵，整治葬所。是年秋，和玉蟾仙逝，葬之庵侧。

大定十二年，即公元1172年。四子复返汴梁，迁祖师仙骨归葬刘蒋。庐墓守坟三载。期间毕知常、柳开悟、周全阳等先后来祖庵拜师。

大定十四年，即公元1174年。八月，四子秦渡镇真武庙月夜共坐，各言其志。翌日分别，择地传道。丹阳留居祖庵，构筑环堵，书"祖庭心死"，表其庵楣。故庵从此称祖庭。

大定二十一年，即公元1181年。冬，金政府清查度牒，马钰被遣返还乡。教事托付于丘处机。两年后升仙于莱阳游仙宫。

大定二十六年，即公元1186年。长春真人下龙门山，居祖庭掌教。构筑祖堂一新，玄风愈振。

金章宗完颜景

明昌元年，即公元1190年。十月禁罢全真。

明昌二年，即公元1191年。长春东归栖霞，命吕道安、毕知常同主庵事，宋明一为尊宿，引度新入道者。

明昌六年，即公元1197年。祖庵以无敕额，庵院悉没于官。道侣散逸，门庭萧索。

承安三年，即公元1198年。玉阳真人向金庭买祖庭观额为"灵虚观"，保授吕道安"冲虚大师"号，使之主领观事。保赐毕知常"通真大师"，令为副观主。嘱二人重振祖庭。

承安五年，即公元1200年。九月九日，吕道安、毕知常将重阳祖师《无梦令》词刻石立碑，竖于观中，以供道众瞻礼。

金哀宗完颜守绪

正大三年，即公元1226年。灵虚观毁于蒙古兵火。宋明一与观俱焚。

元太宗窝阔台

六年，即公元1234年。金灭，元遣使抚慰关中，掌教尹志平命李无欲入关，住持灵虚观事，招集道众，兴复终南祖庭。

八年，即公元1236年。清和真人至祖庭，规划兴复祖庭事。命创"成道宫"，复兴太平宫，并准备会葬祖师等事。

十年，即公元1238年。春，清和传位于真常李君。七月，奉旨改"灵虚观"为"重阳宫"，敕命于洞真住持重阳宫事。

十三年，即公元1241年。正月，清和真人主持会葬祖师于白云殿。于洞真、綦白云及李无欲同主宫事。四方道众络绎入关，不下数千。葬毕，寂然子冯志亨作会葬碑以记其事。

元太宗后（乃马真氏）

四年，即公元1245年，朝命赠封重阳宫为"重阳万寿宫"。

元定宗贵由

二年，即公元1247年。春，于善庆为巩昌总帅汪德臣作醮还。栖云真人王志谨祀香祖庭，率道众引涝河水盘护重阳宫，兴利济人。

元定宗后（海迷失后）

元年，即公元1249年。十一月九日，重阳宫道士朱志完等镌立《十方重阳万寿宫记》碑。

二年，即公元1250年。六月，重阳宫之通明阁经十年营建而告竣。十月，于善庆仙逝，享年八十五岁。葬仙蜕园。

元宪宗蒙哥

元年，即公元1251年。掌教李真常署李道谦为重阳宫提点。二月六日，清和尹公登真，享年八十三岁。七月初九，立《大蒙古国累朝恩命之碑》，同年又刻《清和、真常二大宗师仙翰》于碑阴。

二年，即公元1252年。正月初一，掌教李真常来终南祖庭恭行祀礼，规度营建，整治玄纲。凡山下仙宫道观，皆为一到，赐赍各有差。是冬，有人妄告重阳宫道众与西蜀有通，官府出兵按制，道众骇散。次年，綦白云往见天子释疑，蒙降敕书，道众得安。

六年，即公元1256年。六月，李真常上仙，享年六十四岁。张志敬掌领全真教事。

元世祖忽必烈

中统二年，即公元1261年。掌教张志敬奏请朝廷，授高道宽为陕西兴元等路道教提点，兼领重阳宫万寿宫事。

至元二年，即公元1265年，李道谦升任京兆道门提点。

至元七年，即公元1270年。十一月，张诚明登真，享年五十一岁。淳和真人王志坦继任掌教。

至元九年，即公元1272年。十一月，王志坦仙逝，享年七十三岁。

祈志诚继任掌教。

至元十二年，即公元1275年。安西王召高道宽至行宫，修金箓罗天大醮，因灵验赐冠服。七月立《全真教祖碑》，十二月立《周尊师道行碑》。

至元十三年，即公元1276年。七月，安西王降书，命高道宽兼领西蜀道教。八月，立《终南山重阳祖师仙迹记》碑。

至元十四年，即公元1277年。正月，高道宽仙逝，享年八十三。葬祖庭仙蜕园。送葬道俗逾万人。同年，安西王开府陕西，命李道谦提点陕西五路西蜀四川道教，兼领重阳万寿宫事，赐黄金冠服。

至元二十九年，即公元1292年。孙德彧提举重阳万寿宫事。

元成宗铁穆耳

元贞二年，即公元1296年。李道谦逝世，享年七十八岁。会葬者云集。

大德三年，即公元1299年。皇帝玺书授孙德彧陕西五路西蜀四川道教提点兼领重阳万寿宫事。

元仁宗爱育黎拔力八达

皇庆元年，即公元1312年。召孙德彧赴燕京长春宫，掌领全真教事。

延祐二年，即公元1315年。三月，立《大元敕藏御服之碑》。碑阴刻溥光书"敕赐大重阳万寿宫"八个大字。

延祐四年，即公元1317年。立《皇元褒封全真五祖七真制辞》碑。

元英宗硕德八剌

至治元年，即公元1321年。八月，孙德 谢世，享年七十九岁。葬仙蜕园。完颜德明继任掌教。

明成祖朱棣

永乐十三年，即公元1415年。重阳宫住持侯圆方开始修建陂头玄真观。厥后九年，殚精竭虑，茂建大功，先后主持重修了三清殿、祖师殿、灵霄门、七真殿、青龙白虎殿等建筑。

明宣宗朱瞻基

宣德三年，即公元1428年。侯圆方为重阳宫创建道院三间，修太上殿。后又补修三清殿、蓬莱门，陂头水磨等。

明英宗朱祁镇

正统元年，即公元1436年。侯圆方起修玉皇阁，阁建五层，高二百尺，其土木功力，百倍于前。历时六年始成。

明孝宗朱祐樘

弘治五年，即公元1492年。正月，重阳宫立《庙产碑》。

清高宗弘历

乾隆四十六年，即公元1781年。重阳宫住持吴明思及周至镇堡士庶商议并开始集资修葺破败的祖庭，次年冬月工竣。周至县事熊仪柬撰《重修大重阳万寿宫文》，并立石记其事。

清穆宗载淳

同治十三年，即公元1784年。重修灵官殿和祖师殿。

公元1957年。即十一月。农业合作化时期，户县祖庵乡兴修水利工程，在重阳宫后院掘出祖师石棺。乔清心道长闻讯上报，政府出面干预，石棺得以保护。

公元1968年。即文化大革命中。重阳墓遭受严重破坏。石棺被撬，灵骨抛散。祖北村村民赵茂忠悄悄收集了祖师灵骨，埋于银杏树下。

公元1995年。即四月，陕西省政府部门协商制定重阳宫管理权归属方案。十一月，重阳宫交由西安市道教协会管理。

公元1996年。即十月，西安市道协任命陈法永住持重阳宫事。十二月，成立"大重阳万寿宫修复委员会"。

公元1997年。即四月十五日，重阳宫召开了"西安户县大重阳万寿宫修复工程开工典礼"。七月七日，中国道协副会长闵智亭陪同捐资修复重阳宫的香港青松观侯宝垣大师考察工程进度。十月底，重阳大殿落成。购置《道藏》一部。

公元1999年。即春，"文革"中遭破坏的重阳墓得到重新修复。

公元2009年。即十一月十八日。重阳宫隆重举行了"重阳祖师灵柩奉安大典"。

公元2011年。即五月十二日。《重阳宫保护修建规划设计方案》在西安八仙宫顺利通过专家评审。

附录二：【重阳遇仙所得五篇灵文】

1.蓦临秦地，泛游长安。或货丹于市邑，或隐迹于山林。因循数载，观见满目苍生，尽是凶顽下鬼。今逢吾弟子，何不顿抛俗海，猛舍浮嚣，好餐霞于碧峤之前，堪炼气于松峰之下。斡旋造化，反覆阴阳，灿列宿于九鼎之中，聚万化于一壶之内。千朝功满，名挂仙都；三载殷勤，永镇万劫。恐尔来迟，身沉泉下。

2.莫将樽前恋浮嚣，每向尘中作系腰。龙虎动时抛雪浪，水声澄处碧尘消。自从有悟途中色，述意蹉跎不计聊。有朝九转神丹就，同奔蓬岛去一遭。

3.蛟龙炼在火烽亭，猛虎擒来囚水晶。强意莫言胡论道，乱说纵横与事情。

4.铅是汞药，汞是铅精。识铅识汞，性住命停。

5.九转成，入南京，得知友，赴蓬瀛。

【注】

（1）此文录自重阳宫《全真开教秘语之碑》，碑约刻立于元大德年间，重阳宫提点孙德彧等立石。

（2）文前有小序，云："重阳祖师以正隆己卯之夏，遇真仙于终南甘河镇，密付口诀。明年庚辰，再会于礼泉，遂留秘语五篇。"

（3）五篇灵文，实即五篇诗赋。前两篇劝道，第三第四篇言内丹修炼之要。最后一篇为谶诗，预言重阳子成道并在南京（汴梁，今开封）羽化登真。

附录三：【重阳立教十五论】

第一：论住庵

凡出家者，先须投庵。庵者，舍也，一身依倚。身有依倚，心渐得安，气神和畅，入真道矣！凡有动作，不可过劳，过劳则损气；不可不动，不动则气血凝滞。须要动静得其中，然后可以守常安分。此是住庵之法。

第二：论云游

凡游历之道有二：一者看山水明秀、花木之红翠，或玩州府之繁华，或赏寺观之楼阁，或寻朋友以纵意，或为衣食而留心。如此之人，虽行万里之途，劳形费力，遍览天下之景，心乱气衰，此乃虚云游之人。二者，参寻性命，求问玄妙，登峋嶙之高山，访明师之不倦；渡喧矗之远水，问道无厌。若一句相投，便有圆光内发。了生死之大事，作全真之丈夫。如此之人，乃真云游也。

第三：论学书

学书之道，不可寻文而乱目，当宜采意以合心。舍书探意采理，舍理采趣。采得趣，则可以收之入心，久久精诚，自然心光洋溢，智神踊跃，无所不通，无所不解。若到此，则可以收养，不可驰骋耳！恐失于性命。若不穷书之本意，只欲记多念广，人前谈说，夸讶才俊，无益于修行，有伤于神气。虽多看书，与道何益？既得书意，可深藏之。

第四：论合药

药者，乃山川之秀气，草木之精华。一温一寒，可补可泄；一厚一薄，可表可托。肯精学者，活人之性命；若盲医者，损人之形体。学道之人，不可不通。若不通者，无以助道。不可执著，则有损于阴功。外贪财货，内费修真，不足今生招愆，切忌来生之报。吾门高弟，仔细参详。

第五：论盖造

茅庵草舍，须要遮形；露宿野眠，触犯日月。苟或雕梁峻宇，亦非上士之作为；大殿高堂，岂是道人之活计？斫伐树木，断地脉之津液；化道货财，取人家之血脉。只修外功，不修内行，如画饼充饥，积雪为粮，虚劳众力，到了成空。有志之人，早当觅身中宝殿。体外朱楼，不解修完，看看倒塌。聪明君子，细细察详。

第六：论合道伴

道人合伴，本欲疾病相扶。你死我埋，我死你埋。然先择人，而后合伴，不可先合伴，而后择人。不可相恋，相恋则系其心；不可不恋，不恋则情相离。恋与不恋，得其中道可矣！有三合三不合：明心，有慧，有志，此三合也。不明著外境，无智慧性愚浊，无志气干打哄，此三不合也。立身之本在丛林，全凭心志，不可顺人情，不可取相貌，唯择高明者，是上法也。

第七：论打坐

凡打坐者，非言形体端然，瞑目合眼，此是假坐也。真坐者，须十二时辰，住行坐卧，一切动静中间，心如泰山，不动不摇。把断四门——眼耳口鼻，不令外景入内。但有丝毫动静思念，即不名静坐。能如此者，虽身处于尘世，名已列于仙位。不须远参他人，便是身内贤圣。百年功满，脱壳登真，一粒丹成，神游八表。

第八：论降心

凡论心之道，若常湛然，其心不动，昏昏默默，不见万物，冥冥杳杳，不内不外，无丝毫念想，此是定心，不可降也。若随境生心，颠颠倒倒，寻头觅尾，此名乱心也，速当剪除，不可纵放，败坏道德，损失性命。住行坐卧，常勤降心。闻见知觉，为病患矣！

第九：论炼性

理性如调琴，弦紧则有断，慢则不应。紧慢得中，琴可调矣！则又如铸剑，刚多则折，锡多则卷。刚锡得中，则剑可铸矣！调炼性者，体此二法，则自妙也。

第十：论匹配五气

五气聚于中宫，三元攒于顶上，青龙喷赤雾，白虎吐乌烟。万神罗列，百脉流冲。丹砂晃朗，铅汞凝澄。身且寄向人间，神已游于天上。

第十一：论混性命

性者神也，命者气也。性若见命，如禽得风，飘飘轻举，省力易成。《阴符经》云："禽之制在气。"是也。修真之士，不可不参。不可泄漏于下士，恐有神明降责。性命是修行之根本，谨紧锻炼矣！

第十二：论圣道

入圣之道，须是苦志多年，积功累行。高明之士，贤达之流，方可入圣之道也。身居一室之中，性满乾坤。普天圣众，默默护持，无极仙君，冥冥围绕。名集紫府，位列仙阶。形且寄于尘中，心已明于物外矣！

第十三：论超三界

欲界、色界、无色界，此乃三界也。心忘虑念，即超欲界；心忘诸境，即超色界；不着空见，即超无色界。离此三界，神居仙圣之乡，性在玉清之境矣！

第十四：论养身之法

法身者，无形之相也。不空不有，无后无前，不下不高，非短非长。用则无所不通，藏之则昏默无迹。若得此道，正可养之。养之多则功多，养之少则功少。不可愿归，不可恋世，去往自然矣！

第十五：论离凡世

离凡世者，非身离也，言心地也。身如藕根，心似莲花。根在泥而花在虚空矣！得道之人，身在凡而心在圣境矣！今之人，欲永不死而离凡世者，大愚，不达道理也！

言十五论者，警门中有志之人，深可详察知之。

【注解】

（1）选自《正统道藏》第三十二册，文物出版社、上海书店、天津古籍出版社1998年影印本。

（2）《重阳立教十五论》反映了王重阳初创全真道时的基本思想。包括三教合一的立教主旨，道士修行的生活准则，内丹修炼理论以及全真道修真成仙的基本理论。实为全真派立教之纲领。

附录四：【元太祖成吉思皇帝召丘神仙手诏】

天厌中原，骄华大极之性。朕居北野，嗜欲莫生之情。反朴还淳，去奢从俭，每一衣一食，与牛竖马圉共弊同飨。视民如赤子，养士若兄弟，谋素和，恩素畜，练万众以身人之先，临百阵无念我之后。七载之中成大业，六合之内为一统。非朕之行有德，盖金之政无恒。是以受天之佑，获承至尊，南连赵宋，北接回纥，东夏、西夷，悉称臣佐。念我单于国，千载百世以来，未之有也。然而任太守，重治平，犹惧有阙。且夫刳舟剡楫，将欲济江河也；聘贤选佐，将以安天下也。朕践祚已来，勤心庶政，而三九之位，未见其人。访闻丘师先生，体真履规，博物洽闻，探赜穷理，道冲德著，怀古君子之肃风，抱真上人之雅操；久栖岩谷，藏身隐形，阐祖宗之遗化，坐致有道之士，云集仙径，莫可称数。自干戈而后，伏知先生犹隐山东旧境。朕心仰怀不已，岂不闻渭水同车，茅庐三顾之事。奈何山川悬阔，有失躬迎之礼。朕但避位侧身，斋戒沐浴，选差近侍官刘仲禄，备轻骑素车，不远千里。谨邀先生暂屈仙步，不以沙漠悠远为念；或以忧民当世之务，或以恤朕保身之术。朕亲侍仙座，钦惟先生将咳唾之余，但授一言斯可矣。今者聊发朕之微意万一，明于诏章。诚望先生既著大道之端要，善无不应，亦岂违众生之愿哉！故兹诏示，惟宜知悉。五月初一日笔。

【注解】

（1）此诏书作于于元太祖十四年(1219)。时年五月，成吉思汗行军至乃蛮（今额尔齐斯河上游）。因年近六旬，身体状况欠佳，亟需保养仙术，故令侍臣刘仲禄持诏，悬虎头金牌，赴汉地敦请丘处机。

（2）元武宗至大二年（1309）四月，河南普济宫道众为感谢皇恩，纪念丘祖之功德，特请工匠将手诏刻碑立石。碑今存河南省内乡县石堂山普济宫。元·陶宗仪《南村辍耕录》等文献有载录。

（3）诏文为耶律楚材代草。耶律楚材（1190-1244），字晋卿。号玉泉老人，法号湛然居士。燕京人，本为契丹贵族后裔，其父为金章宗尚书左丞。十七岁中进士。为开州同知。二十五岁那年，宣宗南迁，奉令留守中都（燕京），目睹战火之灾。遂皈依佛门。贞祐三年（1215），蒙军攻下中都，遂降成吉思汗。因才干卓异，言辞机敏，深得赏识。成吉思汗令其随侍左右，以备顾问。后为宰相，辅佐成吉思汗及其子孙成就霸业。有《湛然居士文集》、《西游录》传世。

附录五：【丘处机《陈情表》及成吉思汗回旨】

丘处机上表曰：

登州栖霞县志道丘处机，近奉宣旨，远召不才。海上居民，心皆恍惚。处处自念：谋生太拙，学道无成，辛苦万端，老而不死；名虽播于诸国，道不加于众人。内顾自伤，衷情谁测？前者南京及宋国屡召不从，今者龙庭一呼即至，何也？伏闻皇帝天赐勇智，今古绝伦，道协威灵，华夷率服。是故便欲投山窜海，不忍相违；且当冒雪衔霜，图其一见。盖闻车驾只在桓抚之北，及到燕京，听得车驾遥远，不知其几千里。风尘洒洞，天气苍黄，老弱不堪，切恐中途不能到得。假之皇帝所，则军国之事，非己所能；道德之心，令人戒欲。悉为难事。遂与宣差刘仲禄商议，不若且在燕京德兴府等处，盘桓住坐，先令人前去奏知。其奈刘仲禄不从，故不免自纳奏帖。念处机肯来归命，远冒风霜，伏望皇帝早下宽大之诏，详其可否。兼同时四人出家，三人得道，惟处机虚得其名，颜色憔悴，形容枯槁。伏望圣裁。龙儿年三月□日奏。

成吉思汗的回旨：

"成吉思皇帝敕真人丘师：省所奏应召而来者，具悉。惟师道逾三子，德重多方。命臣奉厥玄星，驰传访诸沧海。时与愿适，天不人违。两朝屡召而弗行，单使一邀而肯起。谓朕天启，所以身归。不辞暴露于风霜，自愿跋涉于沙碛。书章来上，喜慰何言！军国之事，非朕所期。道德之心，诚云可尚。朕以彼酋不逊，我伐用张，单旅试临，边陲底定。来从去背，实力率之故。然久逸暂劳，冀心服而后已，于是载扬威德，略驻车徒。重念云轩既发于蓬莱，鹤驭可游于天竺。达磨东迈，元印法以传心；老氏西行，或化胡而成道。顾川途之虽阔，瞻几杖以非遥。爰答来章，可明朕意。秋暑，师比平安好。旨不多及。十四日辛巳。"

【注】

（1）本文录自元·陶宗仪《南村辍耕录》卷十。《道藏》第三十四册《长春真人西游记》亦有载。

（2）丘处机的《陈情表》作于元太祖十五年（1220）三月，由蒙古护卫曷剌驰奏送达。成吉思汗当时正在围攻撒马尔干（今乌兹别克境内），回旨十月到达燕京。

（3）此诏文出自耶律楚材之笔。元·耶律楚材《西游录》云："丘公《表》既上，朝廷以丘公惮于北行，命仆草诏，温言答之，欲其速致也。"

参考文献

1. 《道藏》，文物出版社、上海书店、天津古籍出版社1998年影印本。

2. 《藏外道书》，巴蜀书社，1990年版。

3. 《王重阳集》，金·王重阳著，白如祥辑校，齐鲁书社2005年版。

4. 《马钰集》，金·马钰著，赵卫东辑校，齐鲁书社2005年版。

5. 《丘处机集》，金·丘处机著，赵卫东辑校，齐鲁书社2005年版。

6. 《谭处端、刘处玄、王处一、郝大通、孙不二集》，金·谭处端等著，白如祥辑校，齐鲁书社2005年版。

7. 《清河真人北游语录》，元·尹志平著，《道藏》本。

8. 《金莲正宗记》，元·秦志安编，《道藏》本。

9. 《甘水仙源录》，元·李道谦编，《道藏》本。

10. 《终南山祖庭仙真内传》，元·李道谦，《道藏》本。

11. 《玄风庆会录》，元·耶律楚材编，《道藏》本。

12. 《历世真仙体道通鉴》，元·赵道一撰，《道藏》本。

13. 《历世真仙体道通鉴续编》，元·赵道一撰，《道藏》本。

14. 《长春真人西游记注》，元·李志常撰，清·王国维注，《藏外道书》本。

15. 《西游录》，元·耶律楚材撰，中华书局2000年版。

16. 《长春道教源流》，清·陈教友，《藏外道书》本。

17. 《随机应化录》，明·何道全撰，门人贾道玄编集，《道藏》本。

18. 《大岳太和山志》，明·任自恒撰，《藏外道书》本。

19. 《白云仙表》，清·完颜崇实撰，《藏外道书》本。

20. 《钵鉴》，清·王常月撰，《藏外道书》本。

21. 《龙门心法》，清·王常月撰，《藏外道书》本。

22. 《金盖心灯》，清·闵一得撰，《藏外道书》本。

23.《龙门正宗觉云本支道统薪传》，民国·查复功撰，《藏外道书》本。

24.《王喆、丘处机评传》，唐代剑著，南京大学出版社2000年版。

25.《全真道祖王重阳传》，郭武著，香港蓬瀛仙馆2001年版。

26.《重阳宫与全真道》，王西平、陈法永主编，陕西人民出版社1999年版。

27.《南宋初河北新道教考》，陈垣著，中华书局1989年版。

28.《长安·终南山道教史略》，樊光春著，陕西人民出版社1998年版。

29.《陕西道教两千年》，樊光春著，三秦出版社2001年版。

30.《丘处机与龙门洞》，张文主编，陕西人民出版社1999年版。

31.《全真七子传记》，林世田等编校，宗教文化出版社1999年版。

32.《宋史》，中华书局1977年版。

33.《元史》，中华书局1976年版。

34.《金史》，中华书局1975年版。

35.《类编长安志》，元·骆天骧撰，黄永年点校，中华书局1990年版。

36.《重阳宫道教碑石》，刘兆鹤、王西平编著，三秦出版社1998年版。

37.《道家金石略》，陈垣编著，文物出版社1988年版。

38.《金元全真教石刻新编》，王宗昱编，北京大学出版社2005年版。

39.《中国道教史》，任继愈主编，上海人民出版社1990年版。

40.《明清全真教论稿》，王志忠著，巴蜀书社2000年版。

41.《金元时期道教文学研究》，左洪涛著，人民出版社2008年版。

41.《全金元词》，唐圭璋编，中华书局1979年版。

43.《元诗选》，清·顾嗣立编，中华书局1987年版。

44.《遗山先生文集》，金·元好问著，《四库全书》本。

后记

辛卯仲春，陕西省社科院王西平老先生打电话约我共同写一本关于重阳宫的书稿。说按出版社的要求，该书品味应该是兼顾宗教、历史以及文学的多文化特征，融学术性与通俗性于一身，深入浅出，具有相当的可读性。于是，王老与我商讨书稿的体例及内容，初步拉出一个提纲，并由我做了一个样章交给出版社。出版社审查通过了样章，将出版协议交给了我们，敦促依照提纲尽快开始写作。但此时，王老先生因为事务较多以及身体原因，忽然提出退出。这让我这个后辈深感遗憾和不安，因为关于重阳宫的书王先生已经有两本（《重阳宫与全真道》和《重阳宫道教碑石》）面世，他是这一领域的学术权威。现在他不参加这本书的写作，而完全由我来完成这部书稿，本人实感到捉襟见肘，有一种巨大的压力，很是担心能否胜任。惶恐之余又邀老先生，亦未蒙允诺，惟言此机会宜年轻人放手一搏，努力完成而已。无奈，笔者只好挑战自我，硬着头皮去做了。到了夏末，书稿才做了一半。出版社那边在不停地催稿，那一阵子确有些灰心和放弃的意念；但还是紧咬牙关挺了过来。中秋节前后，书稿基本成型；但直至国庆节之后还处在收官阶段。之后又集中精力收集图片，实地考察并走访多位重阳宫的道者和当地文化人士。所以，这本书从年初的受命，到着手收集资料、研读文献，再到最后的拍照、访谈等，经过了诸多环节。

本书原计划十章，其中有"全真经典解读"和"漫谈养生法门"两章，正是王老先生擅长的所在，但最终只能割弃了。这也许就是本书不够完满的地方了。在书稿初稿完成的时候，笔者特请陕西省社科院宗教研究所所长樊光春先生审阅，根据樊先生的意见增删了某些章节，修改了一些有学术争议的观点和提法。实地采访的过程中，笔者又得到陕西省道教协会副会长、西安市道教协会常务副会长、户县重阳宫住持陈法永道长的鼎力支持，道长详细介绍了重阳宫近年来的发展状况以及未来规划，并陪同考察了有关重阳宫的历史遗迹。在考察过程中，户县民政局宗教事务科原科长史光辉先生为本人提供了大量有关重阳宫及祖庵镇近代变迁的情况，讲述不少有关逸闻轶事。另外，社科院宗教所的潘存娟夫妇也为本人提供许多珍贵的图片及文字资料。在此，一并致以最诚挚的感谢！

作者

二零零一一年十二月于白鹿原居所